Torsten Gebhard
LANDLEBEN IN BAYERN

Torsten Gebhard

LANDLEBEN IN BAYERN
in der guten alten Zeit

Altbayern
Franken · Schwaben

Süddeutscher Verlag München

Umschlagentwurf: Kaselow Design, München,
unter Verwendung einer Zeichnung von Rudolf Schiestl.
Mit 16 Farb- und 100 Schwarzweiß-Abbildungen.

ISBN 3-7991-6316-6

Inhalt

FÜR GABRIELE

Vorwort

Die Zeit romantischer Verklärung des Lebens auf dem Lande ist vorbei. Im Zeitalter der Vollmotorisierung, eines breiten Touristenstroms sowie angesichts riesiger Ballungsräume im Umfeld unserer Großstädte gibt es kein Dorf, keinen Weiler und keine Einöde, die nicht irgendwie vom »Fortschritt« überspült worden wären; ganz abgesehen davon, daß die Massenmedien jede Hausschwelle, und würde sie noch so zäh verteidigt, zu überwinden verstehen. Wozu dann eine Rückschau auf das Landleben von gestern?

Die Auseinandersetzung zwischen Stadt und Land hat im Kultur- und Wirtschaftsleben eines Volkes immer eine Rolle gespielt. Die Gegenwart läßt sich nicht begreifen, wenn man die vorausgehenden Zeiten nicht kennt und sich nicht mit Ernst um ihr Verständnis bemüht. Solche Kenntnis des Vergangenen ist aber vor allem notwendig, wenn man die Absicht hat, bestimmte Entwicklungen unserer Zeit zu steuern oder, sofern dies überhaupt möglich ist, Kurskorrekturen vorzunehmen.

Die Anregung zum Thema dieses Buches kommt aus der Praxis. Jahrelange eigene Beobachtungen und Beratungen von Studierenden während vieler Semester haben immer wieder Anlaß gegeben, Überlegungen und Erfahrungen zu ordnen, zu sichten und schließlich zu formulieren. Dies ist nun ein ganz persönliches Buch geworden. Selbstverständlich steht und fällt die Wissenschaft mit der Objektivität. Wer aber behauptet, rein objektiv bleiben zu können, lügt im Grund genommen. Denn je intensiver wir uns mit einem Gegenstand unseres wissenschaftlichen Interesses befassen, um so mehr subjektives Erleben fließt mit ein, insbesondere, wenn vom Tun und Treiben von Menschen die Rede ist. Vergleichsweise darf an ein musikalisches Beispiel erinnert werden. Max Reger versah einmal ein Scherzo (*Aus meinem Tagebuch*, Opus 82) mit dem Vermerk: »Ich bitte dieses Stück nie vor Sachverständigen zu spielen.« Auch hier sind die folgenden Ausführungen nicht so sehr für den erfahrenen Fachwissenschaftler bestimmt als vielmehr für die vielen, die das Bild einer sich wandelnden Welt durch Rückschau in die Vergangenheit bereichern möchten.

Wegweiser soll dabei Johann Andreas Schmeller sein, dessen zweihundertster Geburtstag in das Jahr 1985 fiel, in dem das Manuskript abgeschlossen wurde. Die zahllosen Zitate seines *Bayerischen Wörterbuches* sind nicht mehr und nicht weniger als die *Georgica Bavarica*, das Landleben in Bayern. Neben Schmeller waren natürlich andere Autoren heranzuziehen. Auch schien es angezeigt, gelegentlich über die Grenzen Bayerns hinauszugehen, da Bayern nicht aus dem weiteren oberdeutschen Kulturkreis herausgelöst werden kann.

Der nachstehende Überblick wäre ohne vielfache Hilfe nicht zustande gekommen. Herzlichster Dank gilt in erster Linie meiner Gattin, die mich immer wieder ermuntert hat, das Thema nicht aufzugeben, trotz so mancher Schwierigkeiten, die sich der Durchführung entgegengestellt haben. Ihr sei das Buch daher auch gewidmet, zumal sie, wie seit Jahren, die Schreibarbeit übernommen hat. An zweiter Stelle möchte ich dem Verlag danken, der den Stoff mit Interesse aufgenommen hat und sich in jeder Beziehung um die Buchausstattung bemüht hat. Nicht zuletzt ist aber auch der Museen, Institute, Vereine und Bibliotheken zu gedenken, die mir mit der Bereitstellung wertvollen Materials entgegengekommen sind und die Reproduktionserlaubnis erteilt haben.

Deisenhofen, Ostern 1986   Torsten Gebhard

Zur Einführung

Seit 200 Jahren hat der Ruf *Zurück zur Natur* nichts von seiner zündenden Kraft verloren. Nach den Philosophen und Dichtern kamen die Künstler, die mit Stift und Pinsel die heimatliche Landschaft entdeckten; alsbald folgten die Sommerfrischler, dann die Bergsteiger und Alpinisten, die Wandervögel und Pfadfinder wie auch vielfältig orientierte jungendbewegte Gruppen. Gegenwärtig sind es die großen Campinglager im Rahmen des modernen Massentourismus, die möglichst »naturnahe« angelegt werden und diese dabei nur zu leicht gefährden. Alles träumt vom Leben auf dem Lande. Letztlich in einer unverbindlichen Form. Wann immer die Beschwernisse das Vergnügen zu überwiegen beginnen, sind alle diese Menschen frei, sich sogleich wieder zurückzuziehen. Was aber hier im folgenden veranschaulicht werden soll, ist die Unerbittlichkeit der Lebensform für alle jene, die von Jugend an auf dem Lande leben müssen, sich jahrzehntelang abrackern und schließlich dort auch sterben. Vor Beginn des Industriezeitalters war es für die meisten ein Leben fernab vom Getriebe der Welt.

Der Sohn des Dichters Christian Friedrich Daniel Schubart, Ludwig Albrecht, unternahm zwischen 1803 und 1811 eine Reise auf den Grünten im Allgäu. Er legte seine Erlebnisse und Empfindungen in einem Bericht nieder, den er in den *Miszellen für die neueste Weltkunde* 1811 (Nr. 28) veröffentlicht hat. Sein Bericht gehört zu den frühesten dieser Art. Nur ein Satz sei zitiert, weil er typisch für die damalige Zeit ist und ihre Einstellung zu Land und Gebirge beleuchtet: »Tausend Grillen, Sorgen, Rücksichten, die den Bewohner des Tales pressen und ängsten verschwinden wie Dunst auf der Höhe des Gebirges und die Gedanken und Empfindungen gewinnen eine Größe, die uns das seligste Gefühl unseres Daseins gewährt.«

»Land« wird oft als Gegensatz zum Wasser, zum Meer genannt; bei der Gebirgsbevölkerung als Gegensatz zu den Bergen.[1] Man geht von den Bergen ins Land, vom Land in die Berge. In einem Wettersegen von 1581 heißt es: »Daz du daz Wetter wendest und kehrest, daz es uns zue Land und zue Gepürg khain Schaden nindest thue.« Die »Landmeister« waren die Handwerker auf dem Lande im Gegensatz zu ihren Berufskollegen in der Stadt. Neuerdings hat sich Helge Gerndt mit dem Stadt- Landproblem befaßt[2] und festgestellt: »Land ist als Erkenntnisobjekt eben ein Mythos.« Leben auf dem Lande besagt bei den folgenden Schilderungen ein vorzugsweise von der Landwirtschaft bestimmtes Leben außerhalb der Städte. Als solches läßt es sich bis etwa zur Mitte des vorigen Jahrhunderts erkennen. Das, was mehr oder weniger statistisch dargestellt werden kann, ist die im Lauf der Zeit immer stärkere Zurückdrängung der landwirtschaftlich genutzten Flächen wie auch der Wälder im Verein mit der Verringerung der Zahl der Bauernhöfe. Dazu kommt seit 100 Jahren die wachsende Verstädterung im Umfeld der großen Ballungsgebiete. Aufgrund des statistischen Materials läßt sich rückwärtsschreitend der ehemalige Geltungsbereich des landwirtschaftlich genutzten Grundes erschließen beziehungsweise rekonstruieren.

»Land« hat aber auch die Bedeutung von Umland, Gegend, so zum Beispiel Egerland, Berchtesgadener Land, Dachauer Land undsofort. Es gibt also keine universale Bedeutung von Land. Das Wort ist von verschiedenen Bedeutungsinhalten erfüllt, je nach der Blickrichtung, unter der man es betrachtet. Man vergleiche hierzu im Französischen das Wort *terre* in der Bedeutung Acker, Feld, Land, aber auch Gebiet. Die Bevölkerung außerhalb der Städte auf dem Lande besteht nicht nur aus Bauern, das heißt aus Familien, die Landwirtschaft betreiben, sondern auch aus Gutsherren, Pfarrern, Lehrern und Ärzten (nicht von ungefähr spricht man vom Landarzt, vom Landpfarrer), die so oder so an dem Leben auf dem Land teilhaben. Viele Landpfarrer betrieben früher eine Ökonomie. Das Leben auf dem Lande hat von jeher einen erschwerten Existenzkampf mit den Naturkräften bedeutet: Sturmfluten an den Meeresküsten, Lawinenunglücke und Vermurungen im Hochgebirge, schwere Unwetter, die zur Vernichtung der Ernte geführt haben, Einbruch von Raubtieren in die Höfe und Stallungen und anderes mehr.

Zeitlich sei das Thema begrenzt, beginnend mit dem 16. bis herauf etwa zur Mitte des 19. Jahrhunderts, da sich damals das Leben auf dem Land grundlegend zu verändern begann. Selbstverständlich lassen sich viele Äußerungen auch noch weiter zurück in das Mittelalter verfolgen, doch wird im Zurückschreiten die Quellenlage für uns immer ungünstiger und damit das Wissen ungenauer. Jüngst hat der Göttinger Historiker Werner Rösener[3] das Thema *Bauern im Mittelalter* in einen weitgespannten Rahmen gestellt und vieles, was bisher nur allgemein bekannt war, dabei in scharfes Licht rücken können. Vom Beginn des 16. Jahrhunderts an steht uns auf allen Gebieten eine erstaunliche Dichte der Belege zur Verfügung. In wichtigen Fällen soll auch über die Mitte des 19. Jahrhunderts hinaus bis in unsere Zeit verwiesen werden, da Geschichte sowieso keine scharfen Grenzen kennt.

Unter den verschiedenen Möglichkeiten der Stoffgliederung wurde, um die Bindung des Menschen an das Land und die dörfliche Gemeinde scharf herauszuarbeiten, folgender Weg gewählt: Begonnen wird mit einer kurzen Analyse der ländlichen Gesellschaft in der Dorfgemeinschaft. Hierüber geben in Süd- und Südwestdeutschland reichlich vorhandene Dorfordnungen Auskunft. Aus ihnen läßt sich unter anderem die herausragende Stellung der Dorfmeister, der Wirte, Schmiede, Müller und Bader erkennen.

Im 2. Kapitel wird die dingliche Erscheinung von Siedlung und Flurform, von Haus und Hof geschildert und auf die ehemaligen Möglichkeiten der Wasserversorgung wie auch der Wohnstätten eingegangen. Dabei werden naturgemäß schon die Themen der folgenden Abschnitte berührt: Arbeitswelt des Bauern (Kap. 3), Arbeitswelt der Bäuerin (Kap. 4). Dem Bauern werden die Knechte, der Bäuerin die Mägde und die Kinder zugeordnet. Allgemein betrachtet besteht ein innerer Zusammenhang zwischen allen Abschnitten, da der Mensch in seinem Tun und Treiben, in seinem Denken, Wollen und Fühlen in Wirklichkeit eine Einheit darstellt und jede Stoffgliederung zugleich gewisse Abstraktionen mit sich bringt. Bauer und Bäuerin sind mit ihrem Gesinde und ihren Kindern zugleich an allem beteiligt, was mit Feierabend und Feiern zusammenhängt. Das wichtigste Kommunikationsmittel ist jedoch die Sprache (S. 77ff.). Um sie gruppieren sich viele Einzelerscheinungen wie die Verwendung von Sprichwörtern und Redensarten, von Rätseln, Erzählungen undsofort. Hier werden Mundartbeispiele des 19. Jahrhunderts für Altbayern, Franken und Schwaben gebracht.

Das 6. Kapitel behandelt den Volksglauben. Früher sprach man betont vom Aberglauben, der im Gegensatz zur wissenschaftlichen Erkenntnis wie auch zu den Dogmen der christlichen Religion stehen konnte und deshalb ohne nähere Überlegung nur allzu oft abgeurteilt wurde. Heute ist man etwas vorsichtiger und erkennt, wie auch hinter unscharfen rationalen Vorstellungen Erfahrungen stehen können.

Mit dem Volksglauben hängen auch viele medizinische Vorstellungen zusammen. Ihre Behandlung (Kap. 7) leitet über zu allgemeinen Fragen der Hygiene auf dem Lande (Badstubenwesen!) und zu der bei uns noch nicht so häufig behandelten Nahrungsvolkskunde (Kap. 8). Da es bei der Nahrung nicht nur um die tägliche Kost, sondern auch um die Festessen geht, wird hier bereits das letzte Kapitel, Bräuche und Feste, angekündigt.

Das gleiche Problem von Alltag und Festtag, das sich bei der Nahrung stellt, bietet auch das Thema Kleidung und Tracht (Kap. 9). In unserem Zusammenhang wird der Schwerpunkt auf der Kleidung des Alltags liegen, während die Festtagskleidung, die oft schon unter dem Stichwort Volkstracht behandelt wurde, etwas zurückgestellt werden kann.

Es ist nicht möglich, alle die hier aufgezählten Themen für jede einzelne Landschaft Bayerns zu untersuchen. Das würde nicht nur zu ermüdenden Wiederholungen führen, sondern auch mehr als einmal an den immer noch beträchtlichen Forschungslücken scheitern. Die Kenntnis der wichtigsten landschaftlichen Räume ist natürlich notwendig, denn sie prägten in erster Linie das Weltbild des Landvolkes. Zu diesen Räumen gehören Berchtesgadener Land, Rupertiwinkel, Chiemgau, Leitzachtal, Miesbacher Land, Isarwinkel, Werdenfelser Land; Pfaffenwinkel, Lechrain, Dachauer Land, Erdinger Land, Hallertau, Kröning, Gäuboden; der Bayerische Wald mit seinen Untergliederungen; das Rottal, das Donaumoos, der Oberpfälzer Wald, das Stiftsland Waldsassen. Im Schwäbischen insbesondere das jeweilige Umland um die ehemaligen Reichsstädte Nördlingen, Augsburg, Kaufbeuren, Memmingen, Kempten, Lindau sowie die schon im Mittelalter hervorgehobenen Räume des Allgäus und des Rieses. Auch im Fränkischen spielten Reichsstädte eine hervorragende Rolle bei der Formung ihres jeweiligen Umlandes. Weißenburg, Dinkelsbühl, Windsheim, Rothenburg ob der Tauber, Nürnberg und Schweinfurt. Raumgliedernd

Oberbayerisches Einfirsthaus in Kutterling. Ölgemälde von Johann Sperl, um 1895.
Nürnberg, Germanisches Nationalmuseum.

wirkten sich auch der Odenwald, die Rhön, das Grabfeld, der Steigerwald und der Frankenwald aus. Die Reihe dieser Kleinräume ließe sich noch fortsetzen. Zu der inneren Gliederung sind auch noch die Grenzgebiete zu stellen, das heißt die Nachbarschaft Bayerns zu Württemberg, Vorarlberg, Tirol, Salzburg, Oberösterreich, zu Böhmen, Thüringen, Hessen und Baden.

Bei der stammlichen Gliederung Bayerns nach Altbayern, Franken und Schwaben stößt man immer wieder auf die Frage, inwieweit man tatsächlich von einem Stammescharakter und von unterschiedlicher Lebensart sprechen darf, ob überhaupt noch Zusammenhänge irgendwelcher Art mit den oberdeutschen Stämmen des Frühmittelalters erkennbar sind. Nur mit größter Vorsicht wird man solche Fragen angehen dürfen.

In den dreißiger Jahren konnte man beispielsweise lesen: »Ganz im Gegensatz zu diesen aufgeschlossenen, weltoffenen Schwaben westlich des Lechs sind die östlich des Lechs angrenzenden Bayern. Man kann von ihnen mit Oskar Weise sagen, daß sie der konservativste der oberdeutschen Volksstämme sind. Ihre Kleidung, Wohnart und ihr Bekenntnis haben im Lauf der Jahrhunderte von außen her wenig Beeinflussung und kaum Veränderung erfahren. Die Bayern sind aus gröberem Holz geschnitzt als die feinsinnigen grüblerischen Alemannen. Diesem entspricht auch die Kost, die keine feinen Gemüsearten kennt, sondern mit Mehlspeisen, viel Fleisch und dem unersetzlichen Bier auskommt.« Hier ist vieles einfach falsch.

Nun ist die Frage der Stammeseigenart bereits von den Humanisten gestellt worden. Man denke beispielsweise an Aventin und Johannes Boemus oder auch an den Zeitgenossen, den Chronisten Pommerns, Thomas Kantzow. Aventin schreibt beispielsweise: »Das baierisch Volk (gemainlich davon zu reden) ist geistlich, schlecht und ge-

recht, get, läuft gern kirchferten, hat auch viel kirchfart, legt sich mer auf den Ackerpau und das viech dan auf die krieg ... pleibt gern daheim, raist nit fast auß in frembdte land, trinkt ser, hat vil kinder, ist etwas unfreuntlicher und ain muetiger als die nit vil außkommen, gern anhaims eralten, wenig hantierung treiben, fremde länder und gegent haimsuechen, achten nit der kaufmannschaft, kummen auch die kaufleut nit vast zu inen.« Aventin sagt damit, daß seinem Land große Handelsstädte wie Augsburg und Nürnberg fehlen, daß die Neigung zur Abgeschlossenheit und die Wertschätzung der eigenen Scholle, des engsten Raumes, dominieren.

Eine Rückkoppelung zu älteren kulturellen Verhältnissen bietet im Grund genommen die jeweilige Mundart, die neu Hinzugekommene im Lauf von ein bis zwei Generationen eingliedert. Es läßt sich auch nicht leugnen, daß sich immer wieder neue Gemeinschaften mit einem ausgesprochen örtlichen Zusammengehörigkeitsgefühl entwickeln.

Solche Gemeinschaft äußert sich am sinnfälligsten in Veranstaltungen weltlicher und religiöser Art, wobei beide Bereiche oft miteinander verquickt sind, sei es nun der Lebens- oder Jahreslauf. Feste sind »Gesamtkunstwerke«, bei denen Formen und Farben, Lied, Musik, Tanz, Spiel und Ernst zusammenwirken, bei denen Speise und Trank, Kleidung und Schmuck, kurz alles was der Mensch in seinem Leben erwirbt und besitzt, eingesetzt werden.

Natürlich läßt sich fragen, ob das Leben auf dem Lande wirklich so stark von dem städtischen unterschieden ist beziehungsweise gewesen ist, daß es eine eigene Betrachtung verdient. Möge sich daher der Leser selbst ein Urteil bilden, was ihm umso leichter fallen wird, je mehr er selbst noch aus eigener Erfahrung schöpfen kann.

Die bäuerliche Gesellschaft und Dorfgemeinschaft

»Der Wirt ist der Vater der Gemeinde.« Josef Wimmer, 1858

Jeder hat wohl irgendwann in seinem Leben ein Dorf und seine Bewohner als eine Welt im Kleinen erlebt. Kam man noch zu Anfang unseres Jahrhunderts des Weges, so merkte man bald, wie sich hie und da ein Fenster, eine Türe mehr oder weniger verstohlen geöffnet hat, wie einer hinter verschlossenen Fenstern hinausschaute in einer Mischung aus Neugierde und Mißtrauen, wer wohl der Fremde sei, warum er in das Dorf gekommen sein könnte, bei wem er wohl vorsprechen würde. Von Haus zu Haus, von Hof zu Hof die gleiche Reaktion. Nicht selten wurde danach die Türe deutlich wahrnehmbar verschlossen.

Oder ein anderes Bild, ein anderer Eindruck: Am Morgen um sechs Uhr, mittags um elf und abends um sechs je nach der Jahreszeit auch etwas früher oder später – weithin vernehmbares Geläut; der Englische Gruß, wie er seit Jahrhunderten verpflichtend war, dazu an den Freitagen um drei Uhr nachmittags das Todesangst-Christi-Läuten. Gelegentlich einmal eine helle einsame Glocke, das Zügenglöcklein, das geläutet wurde, wenn jemand in einem Haus zum Sterben kam, wenn er in den letzten Zügen lag. Mahnung und Bitte an alle, für den Sterbenden zu beten. Die gleiche Glocke wurde und wird geläutet, wenn der Leichenzug sich zum Grabe hin bewegt. Solches Geläute konnte nie im lauten Getöse knatternder Maschinen untergehen. Wie auf den fremden Wanderer, so konzentrierten sich hier die Gedanken aller Dorfbewohner auf den, der die Gemeinschaft verlassen mußte.

Hier geht es aber nicht bloß um den ersten Eindruck einer Dorfgemeinschaft, der sich dem Fremden aufdrängte. Es geht um deren Ordnung und Hierarchie. Es zeichneten sich auch in den bescheidensten Verhältnissen gewisse Rangstufen ab. Neben dem Nachbarn als dem zunächst Wohnenden gab es solche, die Aufsichts- und Kontrollfunktionen besaßen. Es zeigt sich, daß die Bauern, zumindest in Bayern, selbst im Zeitalter der Leibeigenschaft einen gewissen Raum für eigene Entscheidungen und eigene Willensbekundungen besaßen.

Ehe wir dies an Hand von historischen Texten genauer belegen, sei auf eine Persönlichkeit des Dorfes hingewiesen, die sowohl die Verbindung zur rechten Ordnung pflegen mußte, aber zugleich auch Mittelsmann zwischen allen Dorfbewohnern war: der Wirt. Der königliche Assessor Josef Wimmer (1819–1883) war von 1844 bis 1865 in verschiedenen Funktionen am niederbayerischen Landgericht Eggenfelden tätig. Er beschrieb 1858 die sozialen und volkswirtschaftlichen Zustände im königlichen Landgericht Eggenfelden; diese Darstellung ist 1862 in Landshut erschienen. In diesem Büchlein bringt Wimmer eine anschauliche Schilderung von der Stellung eines Wirtes im Dorf. Sie gipfelt in der Aussage: »Der Wirt ist der Vater der Gemeinde.« Alle Ereignisse, freudige und traurige, wie sie auf dem Lande vorkommen, werden im Wirtshaus besprochen und verhandelt. Nach der Erkenntnis Wimmers ist der Wirt für den Bauern auch seine Getreidebörse. Um sich zu vergewissern, welches der für das Getreide allgemein gültige Preis ist, geht er ins Wirtshaus, um den Wirt persönlich darüber zu befragen. In der Eggenfeldener Gegend wurde, wie Wimmer anmerkt, jeder Verkauf von Früchten und Getreide im Hause oder im Wirtshaus bewerkstelligt, wohin das verkaufte Quantum gebracht und dann von den Unterhändlern – damals in Eggenfelden Vorkäufler genannt – weiter expediert wurde.

Zum Wirt ging man auch, wenn es hie und da im Kasten (das heißt an Geld) ein wenig gefehlt hat. Ihm machte man auch zuerst ein Angebot über vorhandenes Getreide, bei ihm erzählte man teils offen, teils versteckt, was im Hause oder beim Nachbarn vorgegangen ist. Daß man beim Wirt Geld leihen konnte, war keineswegs auf das Rottal beschränkt. In der Polizeiordnung der Herrschaft Wellenburg vom Jahre 1787 ist unter Ziffer 51 angegeben, daß die Wirte den Armen nichts borgen dürfen. Dem Bauern können sie bis zu vier, den Lehnern bis zu zwei und den Söldnern bis zu einem Gulden leihen.

Wimmer wußte noch anschaulich zu schildern,

Wilhelm Leibl, Szene im Wirtshaus um 1875. Ob Tageszeitung oder Katasterauszug, in jedem Fall geht es um Dorfpolitik. Winterthur, Slg. Reinhart.

Handwercksman.
Ein feiner Handwercksman bin ich/
Mit harter arbeit nehr ich mich.

Baur.
Ich bin ein arbeitsamer Baur/
Mir wirt gar offt mein leben saur.

Ich bin ein freyer Handwercksman/
Vnd niemand mein gerathen kan.
Vrsach/ ich mus zu allen sachen/
Kleider/Werckzeug vnd Hausrat machen.
Ach Gott die Tewrung/Krieg vnd Sterben/
Hond meinen stand bracht in verderben.
Das ich mich schwerlich kan ernehren/
Mit langer Arbeit/ kurtzem zehren.
Erwart der Hoffnung doch darneben/
Gott wird ein besserung bald geben.

Man nennet mich einen Baursman/
On mich der Mensch nit leben kan.
Durch mein Hand wird jm alles geben/
Was dienet zu Menschlichem leben.
Gros müh vnd sorg mus haben ich/
Mit meinem Ackerbaw vnd Vieh.
Auch Krieg/ Hagel vnd Vngewitter/
Machet mir auch die Narung bitter.
Sonst wer mein Stand der aller best/
Er ist der erst vnd bleibt der letzt.

Handwerker und Bauer, Holzschnitt aus der Zeit um 1600.

wie neue Verordnungen »von oben« im Wirtshaus zu Ausbrüchen der Freude oder Klage führen konnten. Dorfpolitik heißt er dies noch nicht.
Um 1890 war dieser Begriff jedoch schon Allge-
meingut geworden. So nennt auch Wilhelm Leibl
sein Gemälde, auf dem Bauern beim Studium der
Zeitung um den Wirt gruppiert sind, folgerichtig
»Die Dorfpolitiker«. Einige Bemerkungen zu der
Darstellung: Der Wirt ist an der weißen Schürze,
dem Schaber, zu erkennen. Anstelle der häufig
üblichen Schlegelkappe trägt er eine rote Zipfel-
mütze. Solche Zipfelmützen waren im 19. Jahrhundert ziemlich allgemein bei den Bauern verbreitet. Daß sie auf dem Gemälde rot ist, mag mit
kompositorischen Überlegungen des Malers zusammenhängen. Der dritte Bauer von links trägt
eine Mütze, wie sie nach der Jahrhundertmitte
bei Bauern und Arbeitern Mode wurde. Der breit-
randige Hut des vierten ist eine Abwandlung alter
Schattenhüte. Es war allgemein üblich, Hut und
Mantel im Wirtshaus nicht abzulegen. Der Bauer
rechts im Bild schaut gedankenvoll in die Ferne,

als würden sich ihm weltpolitische Perspektiven
eröffnen. Wie es aber üblicherweise im Wirtshaus
zugeht, das hat niemand besser als Ludwig Thoma
geschildert. Stammtisch- und Vereinswesen
machten sich im Wirtshaus aber erst nach der
Mitte des 19. Jahrhunderts breit. Insofern ist die
Schilderung des Assessors Wimmer noch mehr
der Zeit vor und nach 1800 verpflichtet.
Das Wirtshaus wird gleich einleitend genannt,
weil es ein wesentliches Element der dörflichen
Gesellschaft gewesen und im gewissen Sinne bis
in die Gegenwart geblieben ist. In der eben erwähnten Polizeiordnung von Wellenburg kam
bereits ein deutlicher Hinweis auf die soziale Gliederung einer DORFGEMEINDE zum Ausdruck. Bauern, Lehner, Söldner werden unterschieden. Pankraz Fried[4] hat dargelegt, daß ein Anwesen, das
im 13./14. Jahrhundert mit vier Pferden scharwerken konnte, in dieser Hinsicht als Hof galt, ein
solches, das mit zwei Pferden einspannen konnte,
als Hube und ein solches, das nur mit einem Pferd
zu scharwerken vermochte, als Lehen angespro-

chen wurde. Das ganze Gespann war demnach Kennzeichen für den Bauern, das halbe für den Huber, das einspännige für das Viertellehen des Lehners. Die Bezeichnung Söldner bezog sich auf einen Achtel- oder Sechzehntel-Hof. Scharwerk war eine Arbeitsleistung im Rahmen des Frondienstes. Heute würde man Scharwerk als Hand- und Spanndienst bezeichnen. Unter diese Leistungen fielen Wegemachen, Holz-, Salz-, Mistfahren, Mähen, Schneiden, Dreschen, Hopfenzupfen, Flachsbrechen, Spinnen, dem »gnädigen Herrn« das Wild in den Schuß jagen und anderes mehr.[5] Unversehens gerät man von dem kurzen Blick in das Dorfwirtshaus in zum Teil komplizierte Rechtsfragen, mit denen das Leben auf dem Lande von jeher verbunden war und die den Einzelnen wie auch die Gemeinde angingen.

Aventin erinnert an die unterschiedliche Rechtslage in Ober- und Niederbayern zu seiner Zeit. In Oberbayern wurden alle rechtlichen Belange nach dem Rechtsbuch Kaiser Ludwigs des Bayern von 1346 behandelt (Landrecht). In Niederbayern jedoch, »so sich des rechtpuechs nit braucht, sitzen sie (die gemeinen Landleute) auch an den landschrannen und muessen urtel schepfen, auch über das pluet richten«. Der Begriff Schranne hatte verschiedene Bedeutungen.[6] Einmal bezeichnete er den Getreidemarkt. Bei Aventin wird er in der Bedeutung des Richters und der Rechtssprecher verwendet (Sitzungsplatz des versammelten Gerichts). Nach dem bayerischen Landrecht von 1616 galt: »die Verhörn und Abhandlungen der Gerichtshandel sollen an Orten, wo keine sonderbaren Gerichtshäuser oder Gerichtsschranken in den Pfleghäusern, in den Hofmarken, in den Schlössern der Hofmarksherren oder in der Richter oder Gerichtsschreiber Wohnung und nur in derselben Ermanglung in einem Wirtshaus gehalten werden«. Im übertragenen Sinn bezeichnete Schranne also das Gericht. Das DORFGERICHT konnte auch als »Ehhaftschrannen« oder »Ehhaftgericht« bezeichnet werden. Der von Aventin gewählte Begriff Landschranne war gleichbedeutend mit Landgericht. Für diese Ehhaftgerichte gab es auch schriftliche Aufzeichnungen, wie das bekannte Ehhaftbuch der bischöflich – freisingischen Grafschaft Werdenfels vom Jahre 1431[7]. Im Amberger Stadtbuch von 1554, Artikel 119, wird die Lage einer solchen Schranne genau beschrieben: »Daß kein Burger zu Amberg auf kein andere Landschrannen im Lande Bayern geladen noch zu Gericht gezogen

werden soll, dann allein auf die Landschranne bei Amberg, genannt zur Eichenstaude, das ist bey der Drathammer Newenmül unterhalb der Stadt Amberg gelegen.«

Die Leibeigenschaft bestand zusätzlich in Abgabe- und Arbeitspflicht: »Der Bauer dient«, so Aventin, »seinem Herrn, der sunst kain gwalt über in hat, zehent gült, zins und scharwerk, tuet sunst was er will«. Dorfgerichte des späten Mittelalters waren als Niedergerichte im Gegensatz zum Landgericht nur für das einzelne Dorf zuständig.[8] Es gab überall GEMEINDEBEVOLLMÄCHTIGTE neben dem eigentlichen Ortsvorsteher, dem Obmann, die zu seiner Unterstützung oder auch zur Vertretung notwendig waren. Diese Bevollmächtigten werden meist als »Vierer« bezeichnet. Es konnten aber auch zwei oder drei Bevollmächtigte so bezeichnet werden. Da das Wort Vierer in der Mundart lautlich gleich wie Führer ausgesprochen wird, wurden die beiden Begriffe nach und nach vertauscht. Die Dorfvierer sind nicht immer den DORFÄLTESTEN gleichzusetzen, auf die man angewiesen war, wenn es bei Grenzstreitigkeiten um überlieferte Abgrenzungen ging oder um Ausstellen von Geleitbriefen oder Güterschätzungen. Hier griff man auf die Betagtesten zurück.

Noch eine Erläuterung zum Begriff »Ehhaft«. Dieser Begriff hängt eng mit dem heutigen Wort Ehe zusammen; die frühere Bedeutung von Eh war aber, wie Schmeller ausführt, eine viel allgemeinere, die mit den Begriffen Recht und Ordnung in Verbindung zu bringen ist. So erklärt er den Begriff »Ehgart« als Grund, der, obschon er gegenwärtig nicht als Acker benutzt wird, ehemals aber Acker war und von Rechts wegen wieder als solcher genutzt werden kann. »Ehwiese«, die Wiese mit Acker- oder Gartenrecht. So gab es das »Ehbad«, die »Ehmühle«, den »Ehschmied« und die »Ehtaferne«. Es handelte sich hier um Bad, Mühle, Schmiede, Schänke, worauf gewisse herkömmliche Rechte und Verbindlichkeiten lagen. »Ehhaftrechte« war die Sammlung aller örtlichen Satzungen, Rechte und Pflichten einer Gemeinde und ihrer Glieder. »Ehhafttaiding« und »Ehhaftschranne« waren die herkömmlichen, zur festgesetzten Zeit ein oder mehrmals im Jahr stattfindenden Sitzungen eines niederen Orts- oder Bezirksgerichtes. Die Zusammensetzung der Viererausschüsse konnte wieder auf die soziale Gliederung einer Dorfgemeinschaft Rücksicht nehmen. In der Dorfordnung von Ebenhausen bei Ingolstadt war bestimmt: »Erstlich haben sye

Siechenkobel St. Peter und Paul im Südosten von Nürnberg, an der Fernstraße nach Regensburg. Frachtverkehr, Kurierdienst und Reisekutsche. Kupferstich von C. M. M. Roth, um 1759.

die Recht, dass sye unter ihnen Vierer wöhlen sollen, zwen Bauern und zwen Söldner.« Im Pfalz-Neuburgischen und in Franken hieß der Vorsteher einer Dorfgemeinde Schultheis. Nach einer Würzburger Verordnung von 1746 war der Schultheis von gewissen Pflichten wie Botengehen und Handfron befreit. Es gab auch Stadtschultheisen; auf der anderen Seite wurde der Begriff, wie etwa bei Hans Sachs, auch für den Viehhirten verwendet. Die Gerichtsbezirke in Franken wurden als Zenten bezeichnet, ein Ausdruck, der in Schwaben und Altbayern unbekannt war. Nach einer Würzburger Verordnung von 1755 sollten die jährlich abzuhaltenden Zentgerichte um acht Uhr früh beginnen, damit die Untertanen, die verpflichtet waren, an einem solchen Gericht zu erscheinen, nicht zu lange von ihrer Arbeit abgehalten wurden.

Damit sind die wichtigsten Begriffe aus der Rechtssphäre der Landbevölkerung erläutert. Sie umspannen ein Rechtssystem, in das jeder gebannt war. Betrachten wir eine DORFORDNUNG[9], ein Weistum – von Henfenfeld bei Hersbruck aus dem Jahre 1530 –, um einen Überblick über die Zusammenhänge der rechtlichen Regelungen zu erhalten. Die Dorfordnung von Henfenfeld hatte ohne Zweifel, wie auch andere jener Zeit, ältere Fassungen als Vorgänger, die wahrscheinlich in

das 15. Jahrhundert zurückreichen. Die Ordnung von Henfenfeld wurde von der Gemeinde »gesetzt«. Der Schloßherr in Henfenfeld (damals Martin Pfinzing) mußte nur seine Zustimmung geben und sich verpflichten, sie »treulich zu halten«. Die Ordnung hatte vier Hauptthemen: Wahl der Gemeindevertretung, der Ordnungs- und Strafgewalt der Gemeinde, gerechter Gebrauch der Gemeindenutzungen an Wald, Weide und Wasser, Handhabung der Gemeindepolizei. Die Dorfaufsicht in Henfenfeld wurde nicht von Vierern, sondern von Dreiern ausgeübt. Diese hatten in Gegenwart des Schloßherrn die neuen Dreier zu wählen. Sie konnten sich neun Mann aus der Gemeinde hinzuwählen. Wer gegen die Anordnungen der Dreier verstieß, sollte 60 Pfennige Strafe zahlen. Wenn die Dreier unbillig handelten, so konnten sie mit 4 Pfund Pfennigen bestraft werden.

Der folgende Abschnitt der Ordnung behandelte die Holznutzung beziehungsweise die Holzrechte. Wer aus einem geschützten Holz Bäume schlug, ohne Wissen der Dreier, der sollte mit einem Gulden gestraft werden. Ebenso derjenige, der Holz außerhalb der Gemeinde verkaufte. Wer ohne Erlaubnis der Dreier Schößlinge, Spanholz oder Gerten abhieb, zahlte zur Strafe 15 Pfennige. In Waldschlägen, die weniger als drei Jahre alt

Jost Amman,
Der Schmied.
Aus dem Ständebuch
1568.

waren, durfte niemand Tiere zur Weide bringen noch Schößlinge abschneiden, was bei Zuwiderhandlungen mit 15 Pfennigen bestraft wurde. Wichtig ist auch folgende Verordnung: »Item wo ainer nach Holz fert, der vier Pferd hat, der soll ainmal farn; der drei Pferd hat, soll auch ainmal farn; der zwei Pferd hat soll zweimal farn; der ains hat, soll viermal farn.« Bei Zuwiderhandlung sind 15 Pfennig Strafe fällig. Wer mit seiner Holzfuhre stecken bleibt, dem soll man durch ein zusätzliches Gespann helfen oder er soll das Holz abladen und zweimal fahren. Sehr wichtig ist die Bestimmung: »Item ainem Pauren soll man geben zwei Fuder Zäunholz, ainem Köbler ein Fuder Zäun-

holz; mogen sy daneben behelfen mit Dornen oder aus der Reichenschwanger Awe.« Diese Staffelung nach Betriebsgröße, die schon im Landrecht Ludwigs des Bayern berücksichtigt war, kehrt allenthalben in den Weistümern und Dorfordnungen wieder.

Die Bachreinigung war ein Vorgang, der nur mit Zustimmung der Gemeinde durchgeführt werden durfte. Insbesondere war das in Henfenfeld wichtig, da ihr Bach fischreich war und Fischbestände möglichst nicht gefährdet werden sollten. Wer Hofrecht in Henfenfeld hatte (also ein Erbmann war), durfte alle Tage fischen, doch mußte er Fische, die er nicht selbst essen wollte oder übrig

Gänsetreiber bei Altenthann im Nürnberger Umland um 1759, und Hirtenszene bei
Etzelwang im Nürnberger Umland um 1759. Kupferstiche von C. M. M. Roth.

behielt, an die Gemeinde verkaufen, wobei die Preise festgelegt waren. Das Maß des Netzes (Per, Pern) war auf vier Schuh am Einsatz festgelegt. Zwei Pern durfte man nicht gleichzeitig setzen. Übertretungen wurden mit 60 Pfennigen bestraft. Reusen und Nachtzeug waren verboten. Das Fischen war aber keineswegs allgemein den Bauern erlaubt, wie der Vergleich mit anderen Weistümern zeigt.

Allgemein üblich waren Verordnungen, um die Brandgefahr zu verhindern. So heißt es in Punkt zehn des Henfenfelder Weistums, man solle kein Licht in den Stadel tragen, noch dabei arbeiten, es sei denn, es gäbe große Not beim Vieh. In einem solchen Fall soll das Licht in einer Laterne getragen werden. Mit Stäben – hier wohl soviel wie brennende Fackeln oder Spanlicht – durfte man nicht über die Gasse gehen. Wer ein Feuer aus einem anderen Haus holte, der sollte es in einem Häflein tragen oder zwei Stürze übereinander decken. Flachs und Hanf im Stubenofen zu dörren, war streng verboten. Die Strafe betrug einen Gulden. Hierauf sollten die Dreier besonders achten.

Obst, das der Gemeinde gehörte, durfte nicht vorzeitig abgeschlagen werden. Nach dem Betläuten sollte niemand mehr auf die Gasse gehen. Ähnlich, wie es mit den Fischen geregelt war, durften auch keine Eicheln aus der Gemeinde verkauft werden. Die Eicheln mußten an die Gemeinde gegeben werden, ein Metzen um 10 Pfennige, ein Fäßlein um 20 Pfennige.

»Hausgenossen«, also solche, die kein eigenes Wohnrecht besaßen, durften am Gemeindeeigentum keinen Anteil haben. Die Neuaufnahme von Hausgenossen wurde verboten, es handelte sich denn um Verwandte.

Pferde und Füllen durften nicht frei laufen, ausgenommen auf Brachflächen.

Weder Dreier noch die neun Männer durften bei Amtshandlungen bewaffnet auftreten, außer die ganze Gemeinde hätte sich in Notzeiten zu verteidigen.

Niemand durfte die Gemeindewiesen abmähen. Auch durfte man nicht Neuland roden; das hängt mit dem häufig vorkommenden Überackern der Flurgrenzen zusammen.

Die 19. Bestimmung befaßt sich mit der Reinhaltung des Brunnenwassers: »Item wer auf dem Trog bey dem Prunnen wöscht oder darneben, das er in Trog sprutzt oder darauf legt, im Trog luhet (soviel wie schwenkt) die Moltern oder Schaff darin wescht, soll gestraft werden um 15 Pfennig.«

Vorzeitiges Abbrechen der Zäune oder sonstige Beschädigung war ebenfalls strafbar.

Von besonderem Interesse ist der Bezug von Bauholz (= Zimmerholz). Hier soll die Gemeinde zurückhaltend sein, es sei denn, der Zimmermann gäbe genau an, wie viel Holz er benötigt. Das bewilligte Holz sollte binnen eines viertel Jahres verbaut werden. Im anderen Fall wurde der Bauherr um 60 Pfennige bestraft. Ebenso durfte keiner das Zimmerholz, das er sich geben ließ, unverarbeitet liegen lassen. In anderen Weistümern wie beispielsweise dem Bambergischen von 1410 für Vilseck werden die Bauhölzer sogar einzeln aufgeführt.

In Henfenfeld muß in der ersten Hälfte des 16. Jahrhunderts eifrig Gänsezucht betrieben worden sein. Sechs Bestimmungen werden allein zur Gänsezucht aufgeführt. Nach der ersten standen einem Bauern 30 Gänse zu, einem Köbler 20. Die übrigen Bestimmungen legen die einzelnen Weideflächen genau fest.

Allgemein bekannt ist, daß das Versetzen von Grenzsteinen (= Marksteinen) streng bestraft wurde. Wenn beim Ackern ein Markstein herausgeworfen wurde oder zu Verlust ging, so war das den Dreiern zu melden.

Die 26. Bestimmung handelt von der Brandgefahr beim Hanfdörren. In diesem Zusammenhang wird ein Backofen erwähnt. Da es das Verbot gab, Hanf oder Flachs im Stubenofen oder auf Öfen zu dörren, muß man davon ausgehen, daß in Henfenfeld damals bereits freistehende Backöfen vorhanden waren, wie es auch fränkische Dorfbilder jener Zeit zeigen.

Zum Schluß werden für die Dreier noch die »Reisekosten« festgelegt, wenn einer nach Nürnberg, Hersbruck oder Engelthal geschickt wurde.

Die Henfenfelder Ordnung ist im Grunde genommen im Vergleich zu anderen jener Zeit sehr knapp gehalten. So fehlen die sonst üblichen Satzungen für das gemeindeeigene Badhaus (die Badstube) für das Wirtshaus (Schänkstatt), die Erbschmiede (Ehhaftschmiede) oder die Mühle. Hierfür müssen wir andere Ordnungen heranziehen. So behandelt beispielsweise die Gemeindeordnung von Hambühl aus dem Jahre 1610 ausführlich die Aufgaben des Schmiedes. Zunächst wird sein Einkommen festgelegt, das aus zwei Tagwerk Wiesen besteht, aus 29 Metzen Dengelkorn und 2 Fuder Holz (klein und groß). Dafür mußte der Schmied jedem Bauern die Pflugschar und das Pflugsech dengeln, dem Müller die Billen (Hacken, bzw. Doppelhacken) zuspitzen. Für andere Arbeiten waren Preise festgelegt, so etwa ein Rad neu zu beschlagen 42 Pfennig, für eine neue Schiene 4 und für eine alte 3 Pfennig. Wenn ein Bauer das Eisen liefert und dafür Schiennägel anfertigen läßt, so hat er dafür 2 Pfennig zu zahlen. Für ein neues Axtblech 3 Pfennige, für einen neuen Ring am Wagen 2 Pfennige. Für einen alten Ring 1 Pfennig. Für jeden einzelnen Beschlag an Wagenteilen gab es festgesetzte Preise. Für einen Eggenzahn zu schmieden und einzubrennen, gab es 2 Pfennige. Die Bezeichnung eiserne Egge, die in Inventaren des 17. und 18. Jahrhunderts häufig vorkommt, bezieht sich immer auf Eggen, die aus einem hölzernen Rahmengestell mit eisernen Nägeln bestehen. Die hölzernen Eggen besaßen Holzzähne.

Für die Anfertigung eines Kettengliedes durfte der Schmied 1 Pfennig verlangen. Wenn er ein altes Hufeisen wieder aufschlug, so kostete dies 2 Pfennig. Wenn er aber ein Hufeisen abbrach, das noch tauglich war, sollte es dem Bauern gehören, brach der Schmied aber ein Eisen ab, das man nicht wieder verwenden konnte, so sollte dieses Material dem Schmied gehören. Ein Pferd mit alten Eisen wieder zu beschlagen, kostete den

Bauern eine Korngarbe. Für Hausgenossen (in Hambühl Haussätzige genannt), die also keine Bauern sind, soll der Schmied im Jahr Arbeit im Werte von drei Pfennigen umsonst machen.

Genaue Abmachungen wurden auch jeweils mit den Dorfhirten und Schäfern getroffen. Die Hambühler Ordnung beschreibt den Umgriff des Viehtriebs sehr genau mit Angabe der Lage der einzelnen Grenzsteine. Desgleichen wurde der Austrieb für die Schäfer festgelegt. Der Schäfer war in Hambühl verpflichtet, jedes Jahr an Pfingsten dem Mähe- oder Roßbuben einen guten Schafskäse zu geben.

Bei den besonderen Rechten des Müllers wird auch das Fischrecht behandelt. Der Müller durfte oberhalb und unterhalb seiner Mühlräder mit Reusen fischen, soweit er mit einer Billen vom Schutzsteg aus werfen konnte. Diese Bestimmung findet sich häufig in fränkischen Weistümern.

Es wurde bereits darauf hingewiesen, daß die Dorfordnungen noch in das Spätmittelalter zurückreichen. Damals bildete sich das heraus, was heute, wenn auch anders definiert, als Gemeinde zu bezeichnen ist. Hierfür ist aus Schwaben ein guter Beleg erhalten. Die Gemeinde zu Balgheim stiftete im Jahre 1360 eine eigene Pfarrei. Dazu bedurfte sie natürlich der Zustimmung des Bischofs. In dem erhaltenen Gesuch der Balgheimer vom 15. August 1360 an den damaligen Bischof Markward von Randegg (1348–1365) heißt es[10] einleitend: »Wir die Gebour ze Balghain alle gemainklich, die Maier und Seldner, Witwen und Waisen, die daselben gesezzen«, das heißt also: »wir die Bauern zu Balgheim insgesamt«, und etwas später wird nochmals diese Gemeinschaft als Gebourschaft bezeichnet. Sie verpflichtet sich für den Bau eines Pfarrhofes und den Unterhalt des Pfarrers aufzukommen, um dessen Bewilligung sie den Bischof bitten. Die Leistung, die sie in Aussicht stellten, war beträchtlich, wenn man bedenkt, daß damals die Pest grassierte und von einem Wohlstand auf den Dörfern keine Rede sein konnte. Der Wunsch der Dorfgemeinde wurde vor allem damit begründet, daß sie bei Sterbefällen möglichst schnell einen Geistlichen zur Stelle haben wollten. Es ging hier also um den Gemeindewillen, der von den weltlichen und geistlichen Stellen anerkannt wurde.

Fritz Zimmermann[11] hat in seiner Studie, *Die Rechtsnatur der altbayerischen Dorfgemeinde und ihrer Gemeindenutzungsrechte* anhand von Quellen aus dem Bayerischen Wald (Gericht Viechtach), sich eingehend mit dem Begriff des Gemeindewillens befaßt und an einem Beispiel aus dem Jahre 1771 gezeigt, »daß man sich von Obrigkeits wegen bemühte, den Gemeindewillen irgendwie dadurch zu fixieren, ob die Mehrheit der Gemain hinter den offiziell gewählten Vierern« oder hinter einer kleinen Gruppe von Aufwieglern und Ruhestörern stand. Im Commissionsprotokoll des zuständigen Gerichtes Regen ergab sich als Ergebnis der Vernehmung, daß von 92 vernommenen Bodenmaiser Gemeindemitgliedern nur 18 sich zu den Aufrührern erklärten. Das Gericht stellte fest, daß die Äußerungen der offiziellen Gemeinde mit »gutem Wissen und Ainverständnus ob gedachter Vierer und Zwölfer der meristen Berghäusler sayn abgefasst und übergeben worden«. Zimmermann folgert, daß damit soviel wie ein Gemeindebeschluß konstruiert war. Die Ruhestörung wurde dementsprechend bestraft.

Im BAYERISCHEN LANDRECHT[12] von 1616, das für Ober- und Niederbayern galt, wurde das Beschwerdewesen einer Gemeinde gegenüber ihrer Herrschaft oder der »Obrigkeit« genau geregelt. Danach durfte sich eine Gemeinde nicht von vornherein versammeln, sondern mußte zunächst einmal durch die Vierer oder die Obleute beschwerdeführend vorstellig werden, wobei dann die Obrigkeit eine Versammlung zur Klärung des Falles erlauben konnte. Wenn man aber erkannte, daß die fraglichen Beschwerden nur einen Teil der Bevölkerung betrafen, so sollten diese ihre Klage auf privatem Wege vorbringen und die Gemeinde nicht einschalten.

Bei einem Vergleich älterer Weistümer und Dorfordnungen zu Beginn der Neuzeit mit solchen der Barockzeit erkennt man, daß solche juristischen Überlegungen, wie sie im Bayerischen Landrecht von 1616 ihren Niederschlag fanden, auch in den Dorfordnungen deutlich wurden. Als Beispiel hierfür sei eine Dorf-, Feld- und Waldordnung für die Herrschaft Schatthausen in der Zent Schriesheim von 1706 im vollen Wortlaut gebracht.[13] Schriesheim war kurpfälzisch und insofern auch in seinen Rechtssatzungen den bayerischen verwandt.

DORFS-ORDNUNG.

1. Ahn sonn-, fest- und feyertagen soll der gottesdienst fleisig gehalten und niemand gestattet werden, mit einiger arbeit oder sonsten unnützem leben den saabath zu entheyligen, ingleichen

nicht zugelaßen seye, vormittags und unter währendem gottesdienst spielleut zu halten oder sonsten zu spielen, köglen oder schießen bey straff 2 ℔ hlr.

2. Wer kinder hat, so tüchtig zur schul seyn, soll solche dazu anhalten, damit nicht heut oder morgen sowohl der herrschaft alß eltern bey Gott und der ehrbarn welt ein verantwortung entstehe bey straff 1 ℔ hlr.

3. In spinnstuben sollen ehrliebende haußväter und mütter nicht zugeben, daß garstige zotten, leichtfertige lieder und dergleichen getrieben werden bey willkürlicher vogtsherrschaftlicher ahndung gegen die haußgenoßen und 12 stündiger turnstraff gegen diejenige, so dergleichen treiben.

4. So oft die vogtsherrschaft ins schloß oder frohn, auch so oft der vogteyliche anwalt gepieten laßet und jemand außer weiter abweßenheit, krankhaft oder obliegenden churpfälzischen geschäften nicht erscheint und also das herrschaftliche gebott veracht, soll es ordinary abgestrafft werden umb ½ ℔ hlr.

5. Soll dasjenige, so die dorfshut hat, stätig im dorf verbleiben, auch in bedürfenden fällen die nachhut wohl versehen bey straff 1 ℔ hlr.

6. In weßen behaußung, scheuer und stallung ein feuer oder brand durch verwahrloßung außgehet, der soll straff verfallen seyn 3 ℔ 5 ß hlr.

7. Der von freyem jemanden ein lucken durch sein zugemachten hoff und garten macht oder einen zaun niderreißt, soll es wider zumachen und straff geben ½ ℔ hlr.

8. So jemand einem obst oder sonsten etwas auß den gärten nimbt, soll den schaden ersetzen und der vogtsherrschaft straff geben 1 ℔ hlr.

9. Soll niemand sein viehe, wanns der hürt heimgetrieben hat, dem andern zu schade herumb laufen laßen, widrigenfalß, wann darauf geclagt würd, der schade und unkosten ersetzet und jedesmal straff gegeben werden soll ½ ℔ hlr.

10. Die gänß soll man hüten oder einsperren, sonsten derjenige, dem sie zu schaden gehen, macht haben soll, sie tot zu machen und sich den schaden ersetzen zu laßen.

11. Wann der hiesige müller beförderung tun kann, so soll niemand, er habe dann erhebliche ursachen, deßentwegen er sich dann beschwehren kann, außwärts fahren bey straff 1 ℔ hlr.

12. Weeg und staigen in und außer dem dorf sollen sauber und brauchbar gehalten werden, worvon anwald und burgermeister sorgen...

13. Wann das gericht von streitenden parteyen ersucht oder aber von der vogtsherrschaft geschickt wirt, etwas unter ihnen zu entscheiden, so soll allemahl dem anwalt 30 kr und eim gerichtsmann 15 kr, bevor sie ihren spruch geben, zahlt werden.

FELDORDNUNG 1706[14]

1. Niemand soll in die alment, gemeinde brüche oder plätze über sein zukommende gränze zakkern bey straff 2 ℔ hlr.

2. In gewandtung und seitwarts sollen die nachbarn bey der saat ihre gerade scheidungsfürche nach ausweiß der steine und zieler ziehen bey straff, so geclagt wirdt, 2 ℔ hlr.

3. Wo wappenstein, alment- oder anderer seiner benachbarten ackerstein stehen, soll jedes angränzende, so mit dem pflug dabey fahren, daß kein stein verdeckt, zerbrochen oder gar außgezackert werde, da alßdann die ordinari straff seyn soll 3 ℔ 5. ß. hlr.

4. Im besamten feld soll sich ein jeder entweder der ordentlichen fahr- und fußweg gebrauchen oder, da er sonsten nicht zu seinem feld kommen kann, der gewandung nach uf beyden benachbarten äckern der notdurft nach fahren, reiten und gehen, deßgleichen auch in gärten und wießen geschehen soll bey der straff 1 ℔ hlr.

5. Keiner soll dem andern in erndzeit einen weg durch seinen acker ohnangesucht schneiden bey straff 1 ℔ hlr.

6. Niemand soll einen andern ohn vergünstigung auf seine besamte äcker jätten oder krauten bey straff, so geclagt wirdt, ½ ℔ hlr.

7. Keins soll dem andern kraut, rüben, weiden, graß oder obst oder sonsten etwas abmachen und nehmen, widrigenfallß es den schaden ersetzen und straff geben soll ½ ℔ hlr.

8. Keins soll sein vihe auf das feld oder wießen treiben, wo sein nachbar noch frucht oder graß stehen hat in der nähe bey straff, so schaden geschiehet und geclagt wirdt, 1 ℔ hlr.

9. Was in jeder fluhr gehört, soll, so viel möglich, gesäet werden, damit die flühr nicht gestümmelt werden, auch die äcker, so mitten im gebauten feld liegen, nicht ohngebauet liegen bleiben.

10. Der zehend, durch deßen betrügen und vorteilhafte entrichtung sehr gesündiget wirdt, soll ordentlich und zwar wie es die zehende garb, ruthe, zeil oder anteil mit sich bringt, liegen und stehen bleiben und entrichtet werden, bey straff 3 ℔ 5 ß hlr.

11. Niemand soll mehr graß auf den alment machen, alß es grün verfüttert, bey straff ½ 𝔟 hlr.

12. Das obst uf der alment soll insgemein und von niemand allein abgemachet, sondern ein jeder sein portion gegeben werden, bey straff, so geclagt wirdt, ½ 𝔟 hlr.

13. Wer ahn bäch begütert ist, soll keineswegs das darbey stent holz und hecken darin werfen bey straff 1 𝔟 hlr.

WALDORDNUNG 1706[15]

1. Soll niemand in wälden das graß brennen, alß wordurch den wäldern und waydwerken schade geschiehet, bey straff 2 𝔟 hlr.

2. Soll nahe in der gegend, wo vogelhärd in hiesiger gemarkung seyn, niemand bey vermeydung 1 𝔟 hlr. straff vormittags, so lang der vogelfang währet, sich mit holzhauen oder sonstigem lauten geschäft hören laßen; deßgleichen wer eine hütte verderbt, fallbäum umhawt oder sonsten etwas am härdt zu schaden macht, soll den schaden ersetzen und straff geben 3 𝔟 5 ß hlr.

3. Soll niemand in wälden noch feldern wilde bienen außnehmen, noch junge vögel außheben ohnangesagt bey straff 2 𝔟 hlr.

4. Soll niemand in hiesigen bächen fischen noch krebsen bey straff 2 𝔟 hlr.

5. In dem herrschaftlichen feld soll sich keiner gelüsten laßen, einen baum umbzuhauen bey straff 2 𝔟 hlr.

6. Soll anwalt, burgermeister und vogtsherrschaftliche jäger den gemeinen Eichwaldt in acht halten, daß nichts ohnnötiges darauß kommen, dadurch uff bedürffenden fall der herrschaft und untertanen ein mangel ahn bauw- und brennholz entstehen möge; gestalten derjenige, so ohnangemelten baum darin fällt, straff verfallen seyn soll 3 𝔟 hlr.

7. Wanns so viel äckerig gibt, daß nebst den hiesigen auch frembde säuw darein geschlagen werden können, so soll nicht mehr von frembden, alß was es nach besichtigung ertragen mag, eingebrennt werden, darmit der herrschaft und undertanen kein mangel darauß entstehe, dafür anwaldt und burgermeister verantwortung tun sollen.

8. Wo ein untertan ein ohnbekantes, wüstliegendes stück feld außreüttet, so soll er nicht mehr vornehmen, alß er in einem jahr außbutzen kann und alß seine mitburger neben ihm außzubutzen nicht verhindlich seyn bey vorstehender verantwortung.

Wie verwandt solche POLIZEIORDNUNGEN auch in räumlich weiter entfernten Gebieten waren, beweist jene der Fuggerschen Herrschaft Wellenburg bei Augsburg vom Jahre 1787[16], die Joachim Jahn veröffentlicht hat. Von den 71 Bestimmungen seien folgende hervorgehoben:

2. An Feiertagen darf nicht gearbeitet werden. Die Strafen seien im folgenden in Klammer gesetzt, im vorliegenden Fall betrug sie einen Gulden. Die Untertanen haben in die zuständige Pfarrkirche zu gehen und dürfen nicht auslaufen; sie sollen an Sonn- und Feiertagen nicht im Wirtshaus sitzen, sondern in den Gottesdienst gehen.

3. Das Dorfgericht soll mit ehrlichen und ehrbaren Personen besetzt werden, die über 25 Jahre alt sein müssen. Sie haben der Herrschaft einen Eid zu leisten und strengstes Stillschweigen über die Gerichtssachen zu wahren.

9. Die Wirte sollen den Untertanen bei Wein- und Bierzechen nicht mehr als einen Gulden borgen; ausgenommen sind von dieser Bestimmung Hochzeiten, Einschwörungsfeiern, Stuhlfeste, Leihkauf- und Vertragsabschlüsse.

14. Derjenige Diener oder Ehhalte, der vor der gesetzten Frist den Dienst kündigt, wird nur nach der Zahl der abgeleisteten Arbeitstage entlohnt; er darf während des folgenden Jahres in dem betreffenden Dorf nicht arbeiten.

31. Wo erforderliche Zäune nicht gesetzt werden, sind 17 Kreuzer Strafgeld fällig.

33. Versetzung oder Veränderung von Grenzsteinen und Marken schlägt mit 10 fl. zu Buße.

34. Wer ohne Wissen der Herrschaft oder des Vogts Marken setzt, wird mit 10 fl. zur Kasse gebeten; die Schädigung an Obst, Rüben, Holz usf. kostet tagsüber 1 fl., nachts 2 fl.

40. Für unerlaubtes Tanzen 30 Pfennige.

47. Die Straßen, Wege und Stege müssen nach Anordnung des Vogts gebaut und erhalten werden (1fl.).

48. Der Zehnt muß ehrlich und ohne Betrug gegeben werden, denn »gib Gott und was dem Menschen kehrt, so wirst du hier und dort geehrt. Den Zechenden gib ohn alle Gefahr, so wirst du haben reiche Jahr.«

49. Gülten und Zinsen sind regelmäßig an Martini oder spätestens an Weihnachten abzuliefern (2 fl.).

51. Die Wirte dürfen nur solche Kannen benutzen, die von der Herrschaft geeicht wurden, sie dürfen den Armen nichts borgen (vgl. S. 13), den Bauern können sie bis zu 4, den Lehnern bis zu 2

und den Söldnern bis zu 1 fl. leihen. Stuhlfeste sind in Gegenwart des Pfarrers zu feiern. Bei Hochzeiten dürfen ohne Erlaubnis nicht mehr als 50 Personen anwesend sein, außerdem nur 1 Sackpfeifer und 1 Schalmeienspieler. Der Ausschank ist außer an Kranke und Durchreisende nur bis neun Uhr abends gestattet.

57. Beim Läuten der Sturmglocke haben alle die ihnen zugewiesenen Aufgaben zu übernehmen und dem Vogt zur Seite zu stehen (4 fl.).

58. Vogt und Vierer haben dreimal jährlich die Feuerstätten auf ihre Funktionstüchtigkeit zu überprüfen.

59. Das Dörren des Flachses in der Stube ist verboten (10 fl.).

61. Wer einen anderen in dessen Haus überfällt oder herausfordert, hat 10 fl. zu zahlen.

62. Notwehr ist möglich, muß aber von 2 Zeugen bestätigt werden.

Es wäre nötig, alle einzelnen in solchen Ortssatzungen berührten Themen durch die Jahrhunderte hindurch für alle Landesteile Bayerns vergleichend zu untersuchen. Insbesondere bedürfen einige mehr lakonische Festlegungen in der Wellenburger Ordnung genauerer Interpretation. Auf ein Beispiel sei hingewiesen: das sind die vom Wirt beim Ausschenken verwendeten Maße. In den Eichstätter Dorfordnungen des 15. und 16. Jahrhunderts erscheint immer wieder die Forderung, daß der Wirt ein Maß, ein Seidel und einen halben Seidel bei seinem Faß zur Hand haben soll. Schmeller[17] schreibt, »das Seidlein, soviel wie Seidl, sei die Hälfte der landesüblichen Maß. Die Städter sagen lieber die Halbe«. Schmeller erinnert sich an folgende geläufige Redensart: »A Seidl Bier und um oan Kreuzer Brot a«, mit der mancher ländliche Gast beim Eintritt ins Wirtshaus seine Bestellung vorträgt. Diese Formel sei so geläufig, daß man sie andernorts als Necksprüchlein gegenüber den Altbayern überhaupt aufs Tapet bringt, um Sitte und Dialekt des Altbayern zu kennzeichnen. Das Wort hängt mit dem lateinischen *situla* zusammen und dürfte, wie Schmeller richtig gesehen hat, sich ursprünglich auf ein größeres Maß bezogen haben.

Im Spätmittelalter gab es sogar noch Dorfmaße. Hierfür bringt Josef Hopfenzitz[18] in seinen Studien zur Oberdeutschen Agrarstruktur und Grundherrschaft aus dem Urbar der Deutschordenskommende Öttingen von 1346/47 eine Reihe von Beispielen.

Rechtssatzungen wie die eben zitierte aus Wellenburg waren geeignet, örtliche Traditionen zu festigen. Hierfür nur ein Beispiel. Im Artikel 142 des Rechtsbuches Kaiser Ludwigs des Bayern wurde bestimmt, es soll niemand in einem Dorfe »ohn der nachgepawern rat mit dem Mähen in einem esch (= Gewann) beginnen. Die gleiche Bestimmung findet sich wieder im Landrecht von 1616, Titel 24, Artikel 2.

Der Grundbegriff aller solcher Satzungen war das Wort ORDNUNG, das bereits in der mittelhochdeutschen Dichtung immer wieder hervortritt und keineswegs auf den religiösen Bereich beschränkt geblieben ist. Wahrscheinlich hat dieser Begriff auch das Leben auf dem Lande und in den bäuerlichen Familien zeitweise erstarren lassen. Diese auch Kleinigkeiten des täglichen Lebens minutiös regulierenden Satzungen, die eigentlich nur die Rechte des Einzelnen festlegen und das Zusammenleben aller ordnen sollten, wirkten eben oft auch sehr einengend auf das Dorfleben. Sie förderten die individuelle Entfaltung keineswegs, dafür aber das Mißtrauen gegen jedermann.

Albert Ilien und Utz Jeggle[19] haben sich in ihrer Studie *Leben auf dem Dorf* zur Sozialgeschichte des Dorfes und zur Sozialpsychologie seiner Bewohner in ähnlicher Richtung Gedanken gemacht. Sie kommen zu der sehr harten Formulierung, daß hier ein Ich mit einer eigenen Entwicklung und einer eigenen Perspektive nicht vorgesehen war. Die Feststellung der beiden Autoren wird verständlich, wenn man beispielsweise an das Thema der Heiraten in bäuerlichen Familien denkt. Letztlich bestimmte die Familie, wer wen heiraten durfte, da es immer wieder um finanzielle Fragen ging, nicht anders, als etwa bei dem Augsburger Patriziat oder allgemein bei adeligen Familien. Nicht weniger unfrei waren die Kinder bei einer Berufswahl.

So wird das Bild der Dorfgemeinschaft und des Nachbarschaftswesens ein zwiespältiges bleiben: Das Dorf als Herd von Neid, Mißgunst und Verschlagenheit im Urteil der Pessimisten, eine kleine liebenswerte Welt in der Vorstellung vor allem der älteren Generation.

Eduard Fentsch[20] gab bei der Charakterisierung der Unterfranken ein Sammelurteil ab, das für den bäuerlichen Menschen überhaupt gelten sollte. Er könne mitteilsam sein, »ohne jedoch seinem Anrecht auf ein entsprechendes Maß von Mißtrauen zu entsagen, wie es der gesamten Bauerschaft des heiligen deutschrömischen Reichs zusteht«.

Siedlung, Haus und Hof

»Fier a Oaned muast an Huat rugga.«

Es erscheint methodisch wichtig, bei der Schilderung des ehemaligen Landlebens in Bayern von einer Betrachtung der Städte auszugehen. Das ist schon deshalb notwendig, weil geographisch gesehen der Raum des Freistaates Bayern sowohl in Richtung von Nord nach Süd wie von West nach Ost über Hunderte von Kilometern reicht und naturräumlich betrachtet sehr unterschiedliche Landschaften berührt beziehungsweise umschließt. Man denke nur an den Odenwald, den Spessart, die Rhön, die Haßberge, den Frankenwald, die Fränkische Schweiz, den Oberpfälzer Jura, den Böhmerwald, den Bayerischen Wald, das Ries, die Donauebene, südlich anschließend das stark durchfurchte tertiäre Hügelland und schließlich das nacheiszeitliche Alpenvorland und den relativ geringen Anteil an den nördlichen Kalkalpen. Wir haben uns daran gewöhnt, für das Mittelalter von drei Stämmen auszugehen, die in dem so beschriebenen Raum gesiedelt haben. Die Franken (Ostfranken), die Schwaben und die Altbayern. Der Begriff Altbayern bezieht sich auf das Stammland, während »Bayern« heute den Freistaat benennt. Die drei Stämme, die sich in ihrer Mundart unterscheiden, haben in der Gegend nördlich von Donauwörth, ungefähr im Raume von Wemding, ihre Berührungszone. Zu jedem der drei Stammesgebiete gehörten von Anfang an Mittelpunkte, aus denen später städtische Gemeinwesen hervorgegangen sind. Zur ersten Orientierung bringen wir die Bistümer in Erinnerung, deren Bayern heute sieben aufweist: drei fränkische mit Würzburg, Bamberg, Eichstätt, ein schwäbisches, mit dem Sitz in Augsburg, und drei altbayerische mit Regensburg, Passau und München-Freising. Die Grenzen dieser Bistümer haben sich im Laufe der Jahrhunderte geändert. Bamberg ist zudem erst 1007 gegründet worden, wobei es sozusagen aus der Diözese Würzburg herausgeschnitten wurde. Um 1500 waren den bayerischen Bistümern benachbart das Erzbistum Mainz, das Bistum Naumburg-Zeitz, das Erzbistum Prag, das Erzbistum Salzburg und die Bistümer Brixen, Speyer und Worms. Hiermit wird das Spannungsfeld, in dem die kirchliche Verwaltung Bayerns stand, sehr deutlich. Wenn es auch gewagt erscheint, so sollte man doch, um zu Größenvorstellungen zu kommen, diese kirchlichen und später auch weltlichen Zentren hinsichtlich ihrer Einwohnerzahl miteinander vergleichen, wofür sich die Statistik des Jahres 1840 anbietet. In dem Stichjahr zählte Würzburg 26 814, Bamberg 20 863, Eichstätt 7 396 Einwohner. Augsburg war hinsichtlich der Bevölkerungszahl damals die größte Bischofsstadt Bayerns mit 36 869 Einwohnern. Hier wirkte offensichtlich noch der ehemalige Charakter als Reichsstadt nach wie auch schon der beginnende Einfluß der Industrialisierung.

Ganz allgemein gesprochen zählte zu jener Zeit eine Dorfgemeinschaft im Durchschnitt meist nur 300 Einwohner. Die Zahl wurde aber vielfach unterschritten.

Stadt und Land waren in den früheren Jahrhunderten ohne Zweifel deutlich voneinander abgesetzt. Insofern trügen mittelalterliche Buch- und Tafelmalereien nicht, wenn sie die Städte als maueruumgürtete Anlagen mehr oder weniger isoliert in der Landschaft liegend darstellen. In Südfrankreich hat sich bis in die Gegenwart hinein ein solches Stadtbild erhalten – Aigues-Mortes –, das im Mittelalter vielleicht rund 1000 Einwohner hatte.

Die Märkte, die gegenüber den Städten in Altbayern in der Mehrzahl waren, sind im Grunde genommen schon zum Land zu rechnen. Der bayerische Geschichtsatlas bringt für die Zeit von 1200 bis ins 16. Jahrhundert hinein einen Überblick über die Verteilung von Städten und Märkten in Bayern. Diese Karte zeigt noch deutlich den siedlungsfeindlichen Charakter der Wälder und der großen Moosflächen. Die Siedlungsforschung pflegt zwischen gewachsenen und geplanten Dorfanlagen zu unterscheiden. Zur ersten Gruppe gehören insbesondere in der Frühzeit Haufen- und Zeilendörfer. Da in Bayern jedoch nur wenige Untersuchungen zur frühmittelalterlichen Archäologie der Dörfer vorliegen – wichtige Ansätze besitzen wir etwa für Kirchheim im Osten von München –, wird man vorerst wenig verbindliche Aussagen bringen können. Es besteht also eine deutliche Diskrepanz zwischen der urkundlichen

Ansicht des Marktes Neunkirchen am Brand von Westen, Kupferstich 18. Jh.

Rodungssiedlung des 17. Jhs.: Herzogsreuth bei Freyung vorm Wald.

Ersterwähnung der Dörfer und der Kenntnis ihrer damaligen Grundrisse. Festpunkte sind höchstens einmal Kirchen und nicht zuletzt Wegbreiten und platzartige Erweiterungen. Hier haben die Jahrhunderte, soweit zahlreiche Beobachtungen erkennen lassen, nichts geändert.

Seit dem 13. Jahrhundert begann ein deutliches Eindringen in die Waldzonen, wobei es zu typischen DORFFORMEN gekommen ist: es sei nur an das Frankenwalddorf Birnbaum[21] erinnert mit seinem radialen Waldhufen. Birnbaum kann mit Recht als Musterbeispiel für eine derartig angelegte Plansiedlung dienen. Die Höfe sind jeweils mit den Giebeln zur Mitte um den Anger ausgerichtet. Nachdem der Hausbestand nicht über das 16. Jahrhundert zurückgeht, muß man sich fragen, ob das von Anfang an so gewesen ist. Die Enge der Hofstellen erlaubt eigentlich keine andere Möglichkeit. Es wäre nur zu überlegen, ob die Bauten schon ursprünglich als Giebelhäuser konstruiert waren, oder ob sie noch das im Mittelalter weit verbreitete Walmdach trugen. Wie bei anderen solchen planmäßigen Gründungen wur-

de die ursprüngliche Breite der Hofstellen halbiert, und zwar der Länge nach; ähnliches gilt beispielsweise für Neumünster im ehemaligen Landkreis Wertingen und für die pappenheimischen Rodungsdörfer im Fränkischen Jura.

Gerade für die pappenheimischen Dörfer liegt vorzügliches Aktenmaterial vor, aus dem das Vorgehen bei der Besiedlung zu erkennen ist. Die Planungsarbeit lag in Händen eines Dorfmeisters, der in seinen Abgaben für die Zeit der Anlage begünstigt war. Eigler[21] teilt diese Siedlungen in folgende Gruppen ein: die Dollensteiner Gruppe, die Eichstätter Gruppe, die Pappenheimer Gruppe, in der sich das alte Siedlungsbild besonders gut erhalten hat (Geislohe, Göhren, Neudorf, Osterdorf und Heuberg) und schließlich die Mohnheimer Gruppe, die bereits wieder in die schwäbische Landschaft tendiert. Angerdörfer und Waldhufendörfer hat es auch in Altbayern gegeben. Es sei beispielsweise an Ascholding bei Wolfratshausen und an das Siedlungsbild zwischen Tölz und Lenggries erinnert.

Es würde zu weit führen, die gesamte Siedlungs-

tätigkeit aufzurollen. Im 17. Jahrhundert waren es vor allem die Bischöfe von Passau; erinnert sei an die hochgelegene Siedlung Leopoldsreuth bei Freyung vorm Wald, ein Waldhufendorf des frühen 17. Jahrhunderts, das vor einigen Jahrzehnten abgesiedelt wurde. Die Ansbacher Markgrafen versuchten auch eine Zeitlang, neue Dorfanlagen dem alten Siedlungsbild einzufügen, und um die Wende zum 19. Jahrhundert waren die Bemühungen um die Kolonisation des Donaumooses zwischen Ingolstadt und Neuburg an der Donau von erheblicher siedlungspolitischer Bedeutung. Genannt sei nur die Mooskolonie Karlshuld nach 1794, also noch unter der Regierung von Karl Theodor. Für die landwirtschaftliche Entwicklung waren von jeher die zahlreichen Klöster maßgebend, nicht zuletzt der Zisterzienserorden, der ebenso wie die weltlichen Landesherren große Wirtschaftshöfe, die Schwaigen, bzw. Grangien unterhielt. Betriebsmäßig gesehen entsprach eine Schwaige grob gerechnet 4 Vollbauernhöfen.

In Franken und in Schwaben sowie in einem Teil der Oberpfalz hatten die Weiler, also Siedlungen mit weniger als 10 Anwesen, die Überzahl. Es gab in der Statistik auch Zeiten, in denen man die Richtzahl 10 für ein Dorf noch nicht einhielt. Insofern sind die Grenzen zwischen Weiler und Dorf fließend, wie sie auch zwischen Einöde und Weiler schwanken, da der Begriff Einöde nicht immer gleichzusetzen ist mit einem Einzelanwesen, das für sich existierte.

Die Einöden sind in Altbayern zum Teil stark gehäuft, so zum Beispiel im Umland von Miesbach, was sich vielleicht dadurch erklärt, daß dort die Viehwirtschaft schon im hohen Mittelalter stark in den Vordergrund gerückt war, wenn auch Getreidebau bis in den Bereich der alpinen Vorberge nachgewiesen ist. Die größte Einödgruppe beginnt ostwärts von München im Wasserburger Umland. Sie setzt sich nach dem Niederbayerischen und bis zur Salzach nördlich von Laufen fort und ist fast die Regelform in den Landkreisen um Mühldorf, Eggenfelden, Pfarrkirchen und Griesbach.

Gegen den Bayerischen Wald zu nimmt sie wie-

Ausschnitt aus der Übersichtskarte des Nürnberger Reichslandes um 1750.

der ab, ohne aber aus dem Siedlungsbild ganz zu verschwinden.

Auch ohne Landkarten zu Hilfe zu nehmen, läßt sich das leicht erkennen, wenn man jeweils die Zahl der Gemeinden mit der Zahl der Ortschaften vergleicht. So hatte das ehemalige Bezirksamt Grafenau 31 Gemeinden mit 286 Ortschaften, der ehemalige Landkreis Griesbach bei 37 Gemeinden 656 Ortschaften, der Landkreis Pfarrkirchen bei 42 Gemeinden 1301 Ortschaften und der ehemalige Landkreis Wasserburg bei 62 Gemeinden 1344 Ortschaften, womit die Beispiele noch nicht erschöpft sind.

Verfolgt man die Besitzgeschichte dieser Einöden, so waren sie im 18. Jahrhundert in der Regel einem geistlichen oder weltlichen Herrn zinspflichtig. Die Hofgröße konnte durchaus schwanken. Nachdem die Arbeiten am *Historischen Atlas von Bayern* noch nicht zum Abschluß gekommen

sind, kann man hier noch keine Zahlen bringen. Es hat aber den Anschein, daß der Halbbauer einen besonders hohen Anteil an diesen Einöden hat. Ihre Lage wechselt. Häufig finden sie sich in Senken (Ortsname Grub!), vielfach aber auch auf den Geländekuppen des tertiären Hügellandes, wo sie fast wie ein adeliger Ansitz wirken. Von diesem Eindruck her mag das eingangs zitierte Sprichwort herrühren. Es kommt noch dazu, daß die Einödsiedlung erlaubt, den Grundbesitz unmittelbar dem Hof zuzuordnen. Aus ähnlichen Überlegungen ist die Einödsiedlung im Allgäu seit dem 16. Jahrhundert hervorgegangen. Der Anstoß kam hier im wesentlichen von dem Reichskloster Ottobeuren und dem Fürststift Kempten. Als Vorbild dürften ähnliche Siedlungsvorgänge im Bereich der Abtei St. Gallen gedient haben. Das Gegenüberstellen von altbayerischen Einödgebieten mit den schwäbischen zeigt aber auch, daß diese Siedlungsform aus verschiedenen Anlässen gewählt werden konnte und insbesondere zu verschiedenen Zeiten. Nur in Altbayern treffen wir auch auf die eindrucksvolle Tatsache, daß viele Einöd-Ortsnamen zugleich der Hausname der Bewohner geworden sind: so beispielsweise der Noderer zu Nodern, der Wechselberger zu Wechselberg, der Gunetzrainer zu Gunetzrain, der Hubensteiner zu Hubenstein undsofort. Auch darin kann das Motto dieses Kapitels seine Begründung haben. Die Einöden erlaubten natürlich jede Grundrißform für die Gehöfte; höchstens mit der Einschränkung, daß im Hochgebirge vom Gelände her die Freiheit der Disposition etwas eingeengt war.

Was die Angerdörfer und Waldhufendörfer des Hochmittelalters angeht, so war in ihnen sicher städtebauliches Gedankengut der Stauferzeit mit eingeflossen. Man denke beispielsweise an Freystadt in der Oberpfalz, an Neuötting und Tittmoning in Oberbayern, an Landshut an der Isar. Aber auch im Fränkischen entdeckt man bei näherem Zusehen solche Festlegungen eines verbreiterten Straßenraumes wie etwa bei der Herrengasse in Rothenburg ob der Tauber. Vom Standpunkt der Geschichtswissenschaft wird die von den Geographen gewählte Typologie bei der Beschreibung der Siedlungsform immer kritisch zu prüfen sein; denn es ist durchaus vorgekommen, daß aus einem ursprünglichen Ortskern in Form eines Haufendorfes nach Jahrhunderten ein Straßendorf geworden ist.

Im allgemeinen ist man immer wieder überrascht, daß viele Landschaften Bayerns vom Ende des Mittelalters bis zum Beginn der Industrialisierung kaum neue Siedlungen erhalten haben. Andererseits darf man nicht vergessen, daß schon lange vor dem 30jährigen Krieg viele Siedlungen aus der Kulturlandschaft verschwunden sind, die man heute gewöhnlich als Wüstungen bezeichnet. Die Wüstungsforschung ist geradezu eine eigene Disziplin der Geschichtsforschung geworden. Wesentlich wäre es hier, wie überhaupt bei allen Untersuchungen historischer Siedlungen, auch den Archäologen einzuschalten. Eines dürfte aber die Regel gewesen sein; die einmal festgelegten Ausmessungen von Straßen und Plätzen haben sich auch bei Dörfern über Jahrhunderte erhalten. Auch die Dorfkirche behielt den einmal gewählten Platz in der Regel bei. So werden die Straßennetze und der Standort der Kirche Orientierungshilfen bei der Untersuchung der baulichen Entwicklung unserer Dörfer. Nicht zuletzt spielt dabei die jeweilige Lösung der Wasserversorgung eine Rolle. Die Siedler haben, das läßt sich immer wieder erkennen, einen klaren Blick für Überschwemmungsgebiete gehabt, die sie zu meiden verstanden. Die vielen Ortsnamen mit Brunn deuten darauf hin, daß auch im Frühmittelalter das Brunnengraben allenthalben angewandt wurde.

Wenn man bedenkt, welche baulichen Veränderungen in einem Ortsbild die Anlage des modernen Eisenbahnnetzes gebracht hat, dann wird man sich auch für die früheren VERKEHRSWEGE interessieren, die entscheidend dazu beigetragen haben, daß ein Ort sozusagen entweder an den großen Verkehrsstrom einer Kulturlandschaft angeschlossen war oder aber im Abseits lag. Aus dem 16. Jahrhundert ist uns ein Streckenverzeichnis in dem sogenannten *Augsburger Raiszbüchlein* (Reisehandbuch) des Jörg Gail vom Jahre 1563 erhalten. Als Baedeker kann man es noch nicht bezeichnen, denn es erteilt keine näheren Auskünfte über die angeführten Orte. Es ermöglichte aber dem Reisenden, da es Entfernungsangaben brachte, in etwa die Dauer seiner Fahrt vorauszuberechnen. Für eine Reise von Nürnberg nach Kassel empfiehlt Gail folgenden Weg: Nürnberg – Buch – Tennenlohe – Erlangen – Baiersdorf – Forchheim – Bamberg – Baunach – Ebern – Trappstadt. Im weiter Verlauf führte die Reise durch Thüringen: Römhild – Meiningen – Wasungen – Herrenbreitungen – nach Rothenburg an der Fulda (Hessen) – von dort über Melsungen nach Kassel.

Für die Dörfer waren solche Fernstraßen besonders dann wichtig, wenn in ihnen Umspannstationen, Gasthöfe mit Pferdewechsel, eingerichtet waren. So gab es auf der Strecke Augsburg—Kufstein eine solche Poststation in Mittelstetten (Fürstenfeldbruck), dann nach München in Peiss, Feldkirchen bei Westerham, Aibling, Rosenheim, Fischbach Gemeinde Flintsbach. Die Straßenunterhaltspflicht lag bei den jeweiligen Herrschaften, die sich der zum Frondienst verpflichteten Bauern bedienten. Vorbildlich war beispielsweise jahrhundertelang, wie Dietmar Stutzer[22] gezeigt hat, der Wegunterhalt im Bereich des Reichsstifts Benediktbeuern. Zu dieser Strecke gehörte auch die alte Kesselbergstraße, die vom Kochelsee zum Walchensee führte. Die Strecke wird erstmals erwähnt um 1120 als *Via regia ad Tyrolenses et*

Italos. 1492 bis 1495 baute sie Herzog Albrecht IV. unter Leitung des Münchner Patriziers Heinrich Bart (Barth) aus. In unserem Zusammenhang interessieren die Wasserstraßen, die sonst natürlich von überragender Bedeutung waren, weniger.

Die HAUS- UND HOFFORMEN, die von Landschaft zu Landschaft einmal deutlich gewechselt haben, werden für gewöhnlich als Gruppen behandelt. Hier soll das Verfahren ein wenig abgewandelt werden, da in ihrer Entstehungszeit ja gar nicht die Rede sein kann, daß sich die Bewohner eines Dorfes als einer Hauslandschaft zugehörig empfunden hatten. Zunächst muß man sich bewußt bleiben, daß die Haus- und Hofformen immer, wenn auch mit zeitlicher Verzögerung, einem Wandel unterworfen waren und daß in einem Dorf immer ältere und jüngere Haustypen nebeneinander gestanden haben, wie es auch heute noch der Fall ist. Man sollte daher von der Fragestellung ausgehen, welche Hausformen kamen für ein bestimmtes Dorf zu seiner Gründungszeit in Frage. Der Begriff Gründungszeit wird in der Regel nicht auf jene ältesten Siedlungen angewandt, die vom Namen her etwa schon in Urkunden der Karolingerzeit bekannt sind. Früher sprach man in diesem Fall gern von gewachsenen Dörfern im Unterschied zu jenen gegründeten Dörfern, die ihre Entstehung einem hoheitlichen Akt verdanken. Solange nicht reichliches Ausgrabungsmaterial für die große Zeitspanne von der Karolingerzeit bis zum Spätmittelalter vorliegt, läßt sich kaum Verbindliches über die älteren Haus- und Hofformen aussagen.

Greifen wir noch einmal auf das Beispiel Birnbaum im Frankenwald zurück, so dürfen wir mit einiger Sicherheit die Form des Dorfgrundrisses und die Form der Gehöfte in Verbindung setzen. Gehen wir davon aus, daß die Grundstücksgrenzen des Gehöfts, abgesehen von späterer Teilung (Halbierung), konstant geblieben sind, dann ist zu vermuten, daß auch die Hofform in dreiseitiger Anordnung der Einzelbauten sich durch die Jahrhunderte erhalten hat. Das würde bedeuten, daß das DREISEITGEHÖFT eine Grundrißlösung darstellt, die mindestens seit dem 14. Jahrhundert bekannt war und unabhängig von den Dorfgrundrissen auch andernorts gerne als zweckmäßig gewählt wurde. Es besteht kein Anlaß, dieses Ordnungsprinzip auf einen römischen *ordo* zurückzuführen. Grundsätzlich muß man sich klar sein, daß

insbesondere auf dem Lande keine Verbindungen zwischen Römerzeit und Frühmittelalter erkennbar werden. Aus dem Gesagten geht auch hervor, daß man die Dreiseithofbildung nicht auf einen bestimmten Volksstamm festlegen darf, daß also eine ethnische Etikettierung nicht am Platze ist. Früher sprach man bekanntlich vom fränkischen Gehöft, da es in Franken besonders häufig angetroffen wird. Diese Gehöftform reicht weit über Deutschland hinaus.

Es ist zu vermuten, daß die bäuerlichen Anwesen bis in die Neuzeit hinein überwiegend Erdgeschoßbauten gewesen sind, und zwar in dem ganzen Bereich, den heute die Grenzen des Freistaates Bayern umfassen. Wir haben jedoch Landschaften, bei denen GESCHOSSBILDUNG häufig, wenn nicht vorherrschend ist. Dies gilt insbesondere für Ober- und Niederbayern, aber auch für einen Teil Schwabens. Dem niederdeutschen Hallenhaus war die Geschoßbildung ursprünglich ganz fremd. Auch im Bereich Schwabens und Frankens deutet der Wechsel von ein- und zweigädigen Bauten darauf hin, daß das Obergeschoß nicht immer selbstverständlich gewesen sein muß. Dies wird noch dadurch betont, daß bei den Obergeschoßbauten älterer Zeit vielfach das Stiegenhaus fehlt. Man ging von der Stube behelfsmäßig hinter dem Stubenofen auf einer schmalen Treppe in das Obergeschoß, wobei man zunächst in die Schlafkammer gelangte. Da diese zweigadigen Häuser gewöhnlich Ständerbauten waren, die, wie allgemein in Oberdeutschland, als Säulenbauten bezeichnet wurden, gab es für den Unterschied in der Geschoßzahl die Bezeichnung auf der »nieden« beziehungsweise auf der »hohen Saul«. Daraus folgt zugleich, daß das Obergeschoß zunächst durch eine Unterteilung im vertikalen Sinne entstanden ist und nicht etwa selbständig abgezimmert auf das untere gesetzt wurde. Was hier für Bayerisch-Schwaben erläutert wurde, gilt auch für weite Gebiete des westlichen und nordwestlichen Oberbayern, auch für den Schwäbisch-Fränkischen Jura und nicht zuletzt für Württembergisch-Schwaben. Die Zweigeschossigkeit scheint insbesondere vom alpenländischen Raum angeregt gewesen zu sein. Dort war der Zugang zur Zweigeschossigkeit vielfach schon durch die großen Geländeunterschiede gegeben; man konnte in manchen Fällen von außen her bei Hanglage sowohl das Erd- wie das Obergeschoß betreten, benötigte also keine bautechnisch durchkonstruierte Treppenanlage. Da-

Vierseithof Riedertsham bei Griesbach im unteren Rottal mit Blick auf die Hofseite des
zweitennigen Stadels von 1827.

zu kam noch die häufige Verwendung der Block-
bautechnik für die Wände. Bei dieser Technik
ließen sich ähnlich wie beim Steinbau turmartige
Häuser errichten. Mit einem gewissen Vorbehalt
darf man vermuten, daß die Mehrgeschossigkeit
von Süden nach Norden sich in Bayern ausgebrei-
tet hat.

Einer besonderen Untersuchung bedürfen jedoch
jene Häuser, bei denen im Erdgeschoß die Stallungen und im Obergeschoß die Wohnungen un-
tergebracht sind. Bei solchen Wohndispositionen
sprach man häufig von »Wohnstallhäusern«. Un-
mißverständlich ist die Bezeichnung »GESTELZTES
HAUS«, wobei sich die Stelzung auf den Wohnteil
bezieht. Gestelzte Häuser kamen besonders häufig im Spessart, im Odenwald und in den benach-

barten Gebieten Württembergs und Badens vor.
Für die Stelzung im Spessart hat man die engen
Täler verantwortlich gemacht. Das dreiseitige Ge-
höft kann sich dort, insbesondere bei Straßendör-
fern, nicht entfalten. Stelzung kam auch in den
Winzerdörfern vor.

Der Begriff »WOHNSTALLHAUS« wird am besten für
jene Ordnung verwendet, bei denen Wohnteil
und Stallteil nebeneinander unter einem First
vereinigt sind. Diese Ordnung ist in allen drei
Stammesgebieten vertreten, wobei es sich nicht
nur um erdgeschossige Häuser handelt, sondern
auch um solche mit einem Obergeschoß. Man
kann natürlich die Frage stellen, ob ein Obergeschoß immer mit einem erhöhten Raumbedarf
und manchmal auch mit einem weit größeren

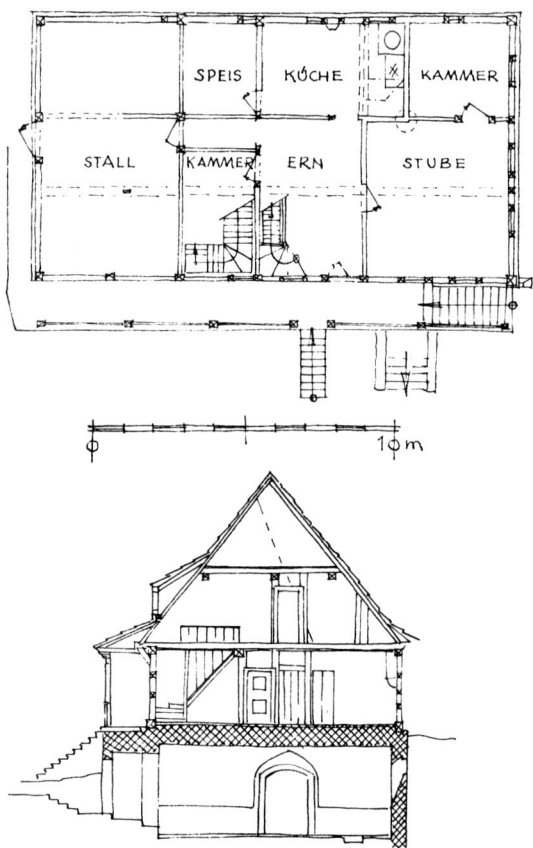

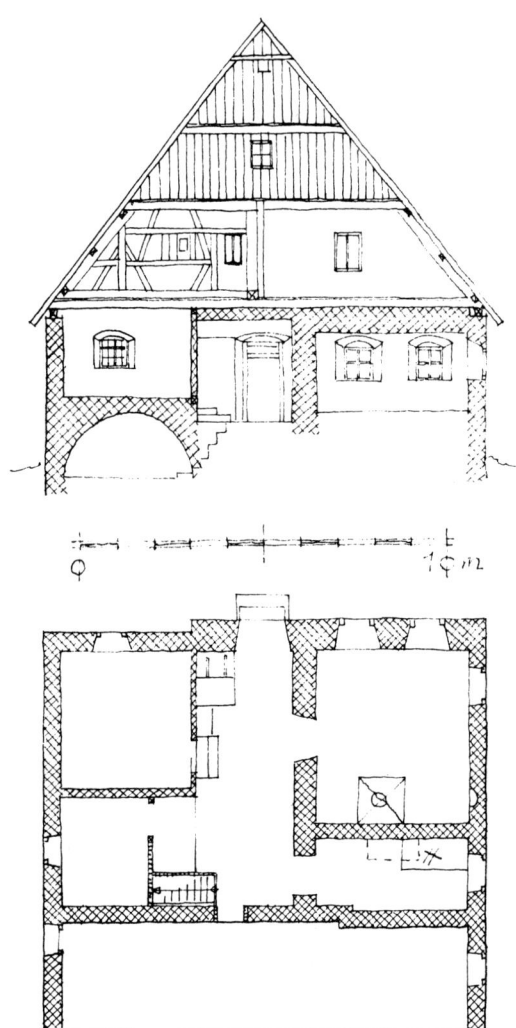

Gestelztes Haus in Unfinden bei Hofheim/Unterfranken
17.–18. Jh.

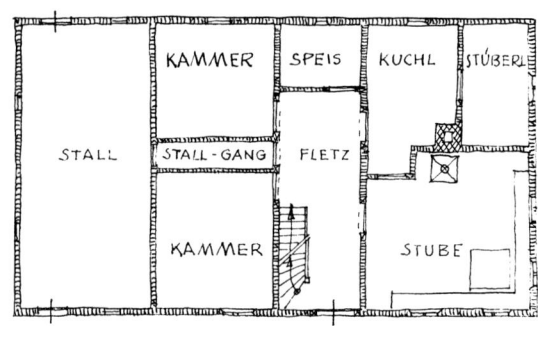

Oberpfälzer Bauernhof
in Lippertshofen bei Neumarkt.

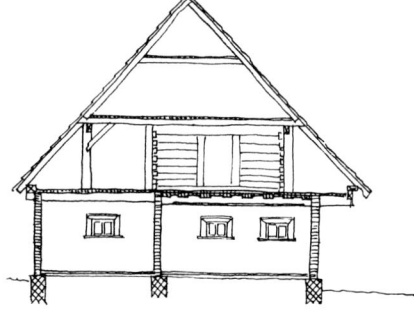

Niederbayerisches Söldnerhaus 18. Jh. in
Günzenhausen bei Mainburg.

Wirtschaftsteil als normal zusammenhängt. Dann könnte man annehmen, daß das Obergeschoß von vornherein auf einen besonders wohlhabenden Bauern schließen ließe. Dem steht jedoch eine Äußerung des Schriftstellers Melchior Meyr, der das Ries seine Heimat nannte, entgegen, nach der auch die großen wohlhabenden Bauern immer nur in einem erdgeschossigen Haus wohnten (um 1850/60). Andererseits gibt es viele Belege dafür, daß kleine Söldner eine Behausung mit Obergeschoß besaßen. Das bedeutet aber auch, daß das Bauen in den einzelnen Landschaften sich nach Mustern gerichtet hat, die nicht immer, rein rechnerisch betrachtet, notwendig gewesen wären.

So stellt sich auch die Frage, wie es zu den Hakenhöfen, zu den Dreiseit- und Vierseithöfen gekommen ist. Gemeinhin nimmt man an, daß am Anfang der Entwicklung der sogenannte HAUFENHOF stand mit einer Mehrzahl von kleinen Einzelbauten, also Wohnbau, Stall, Stadel und Speicher und Schupfen jeweils getrennt und in beliebiger Stellung auf dem zur Verfügung stehenden Hofgelände. Der Dreiseithofbildung wurde schon bei den mittelalterlichen Plansiedlungen gedacht. Belege für die VIERSEITORDNUNG haben sich erst seit dem 17. Jahrhundert erhalten. Wo es aber zur Vierseithofbildung kam, bestanden immer noch verschiedene Möglichkeiten. In Franken bezeichnet man auch jene Gehöfte als Vierseithof, bei denen die vierte Seite durch ein großes Hoftor mit seitlichem Fußgängereingang gebildet wird. Im nördlichen Oberfranken (Frankenwald, Gegend von Hof und Wunsiedel) dagegen wurde aus dem Hoftor ein förmliches Torhaus mit entsprechend großer Einfahrt für den Erntewagen. Ein ganz hervorragendes Beispiel hat sich in Kleinlosnitz erhalten, das heute als Freilichtmuseum (Bauernhofmuseum) der Allgemeinheit zugänglich ist. Dieser Vierseithof besteht aus Torhaus, Wohnstallhaus, Scheune und Schupfen, die um einen rechteckigen Innenhof gestellt sind. Das eindrucksvolle Torhaus stammt laut Inschrift aus dem Jahre 1791. Es ist das letzte Beispiel für einen Typ, der einmal in der dortigen Gegend weit verbreitet war. Erbauer war Johann Georg Dietel (1758–1819). Vorhandene Urkunden bestätigen die Angabe der Zimmermanns-Inschrift. Der Anlaß zum Neubau 1791 war ein Brand des Hofes im vorausgehenden Jahr. Es muß offen bleiben, ob der Vorgängerbau schon die gleiche Disposition hatte. Auf jeden Fall war der Hof als Typus in der Gegend vorhanden. Inwieweit der Hoftyp auch von der Obrigkeit her empfohlen wurde, sollte

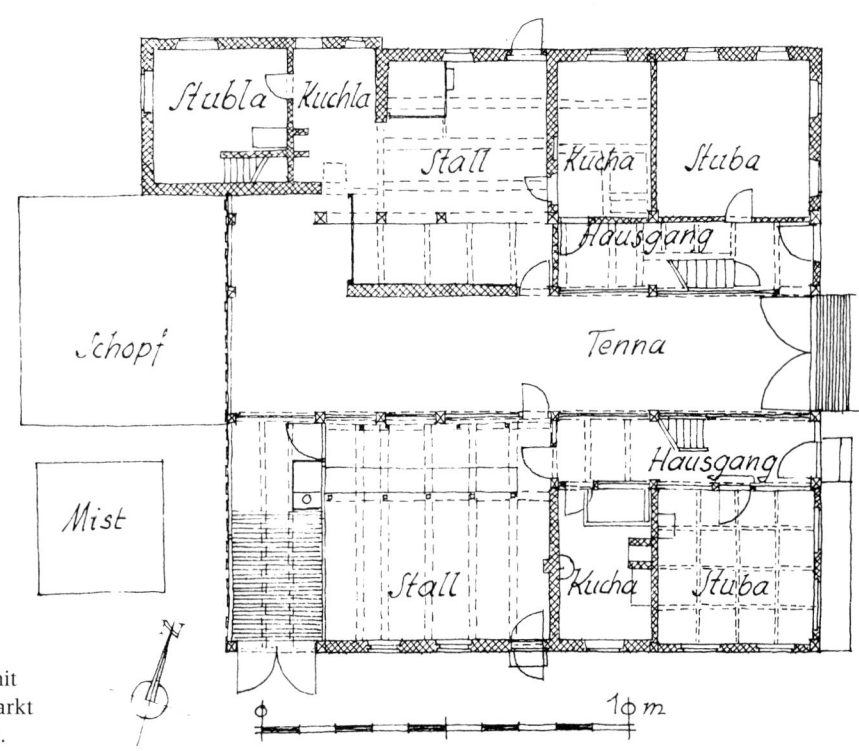

Doppelhaus des 18. Jhs. mit gemeinsamer Tenne in Markt Erkheim bei Memmingen.

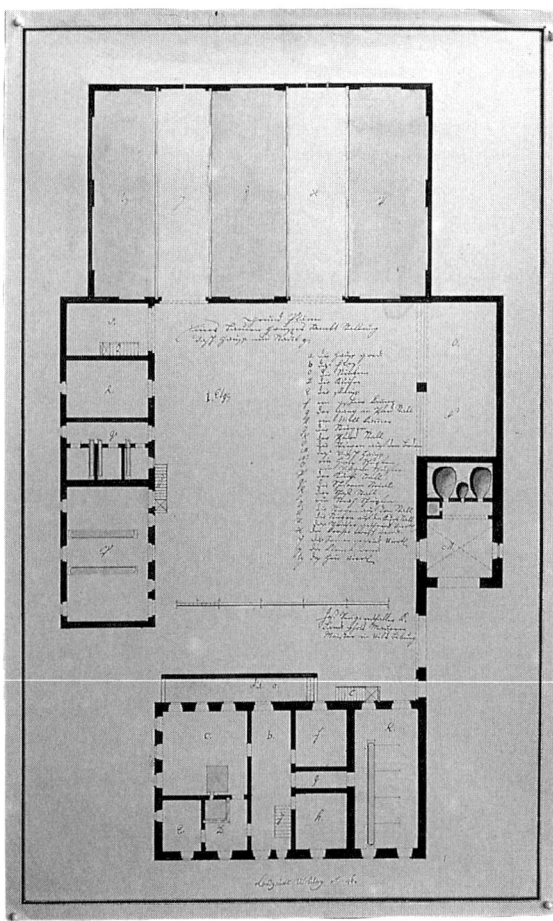

Grundriß eines niederbayerischen Vierseithofes aus der Gegend von Vilsbiburg um 1815.

einmal untersucht werden. Wir wissen aus anderen Gegenden Frankens, daß sich das ländliche Bauwesen nicht nach Gutdünken entfalten konnte, sondern an obrigkeitliche Genehmigungen gebunden war, wie etwa im Gebiet der freien Reichsstadt Nürnberg oder in der Markgrafschaft Ansbach, wo der markgräfliche Baumeister Johann David Steingruber (geb. 1702 in Wassertrüdingen, gest. 1787 in Ansbach) nicht nur bei dem Genehmigungsverfahren eingeschaltet war, sondern auch Musterbeispiele für Landwirtschaftsbauten entworfen hat.

Auch die landwirtschaftliche Fachliteratur des 18. Jahrhunderts befaßte sich intensiv mit dem Bauwesen. So brachte Johann Friedrich Mayer, Pfarrer in Kupferzell bei Öhringen, 1771 in Prag einen Katechismus des Feldbaues heraus, in dem er das bereits besprochene gestelzte Haus bei Neubauten empfohlen hat.

Die oberfränkischen Vierseithöfe fanden auch noch in der Waldsassener Gegend ihre Fortsetzung. Waldsassen war bis zur Säkularisation ein bedeutendes Zisterzienser-Kloster, dessen Besitzungen in das Egerland gereicht haben. Die Zisterzienser waren, wie bereits erwähnt, von jeher führend im landwirtschaftlichen Bauwesen und unterhielten große Wirtschaftshöfe, (Schwaighöfe) oder sogenannte Grangien, besonders in Nord- und Ostdeutschland. Dieses Grangienwesen war in Bayern nicht so ausgeprägt, dennoch erhebt sich die Frage, ob nicht dieser Orden in der Barockzeit den Vierseithof besonders gefördert hat. Nicht von ungefähr kommen die Vierseithöfe in Bayern in Gebieten vor, in denen wie bei dem Beispiel Waldsassen Zisterzienser-Klöster wirkten. Ein solcher Zusammenhang wäre besonders für das südöstliche Bayern zu untersuchen.

Die niederbayerischen Vierseithöfe weisen in der Regel folgende Ordnung vor: jeweils gegenüber liegen Wohnhaus und Stadel, Stall und Schupfen. Über dem Schupfen befindet sich regelmäßig der Getreidekasten, das Hoftor ist meist zwischen Wohnbau und Stadel eingefügt, aber nie zum Torhaus, wie in Franken, vergrößert. Das Wohnhaus kann trauf- oder giebelseitig zum Innenhof gestellt sein. Die Stube schaut regelmäßig mit drei Fenstern zum Innenhof. Diese Ordnung unterscheidet sich wesentlich von der sonst allgemein verbreiteten Sitte, die Stube an einem Hauseck unterzubringen, wobei dann zwei Fensterseiten im rechten Winkel möglich sind.

Doch ehe wir uns mit der räumlichen Ordnung im Innern befassen, sei noch ein Überblick über die DACHDECKUNG gegeben. Im allgemeinen nimmt man für die Bauernhäuser des Mittelalters ein Steildach an, das überall dort, wo genügend Stroh vorhanden war, mit diesem Material eingedeckt war. Nun haben wir in Bayern jedoch Gebiete, die keine Strohdeckung zugelassen haben. Da ist zunächst einmal das Alpen- und Voralpenland und das östliche Niederbayern zu nennen, wo das flachgeneigte Dach vorherrschend war. Eine zweite Zone liegt im Altmühljura mit einer Fortsetzung nach Osten in die Oberpfalz und nach Westen ins Schwäbische. Dort wurden die Dächer mit dem reichlich zur Verfügung stehenden Kalkplattenmaterial eingedeckt (Legschieferdach). Solche Dachdeckung ist bereits für das Spätmittelalter belegt, und zwar in Städten und Märkten. Wann sie auch in den Dörfern erscheint, ist noch unklar – auf jeden Fall konnte sie das Strohdach

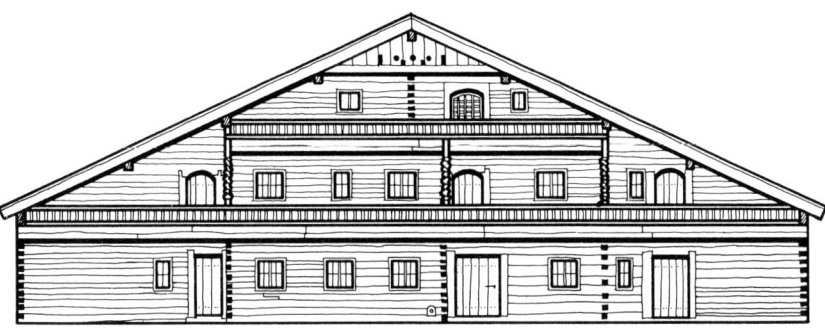

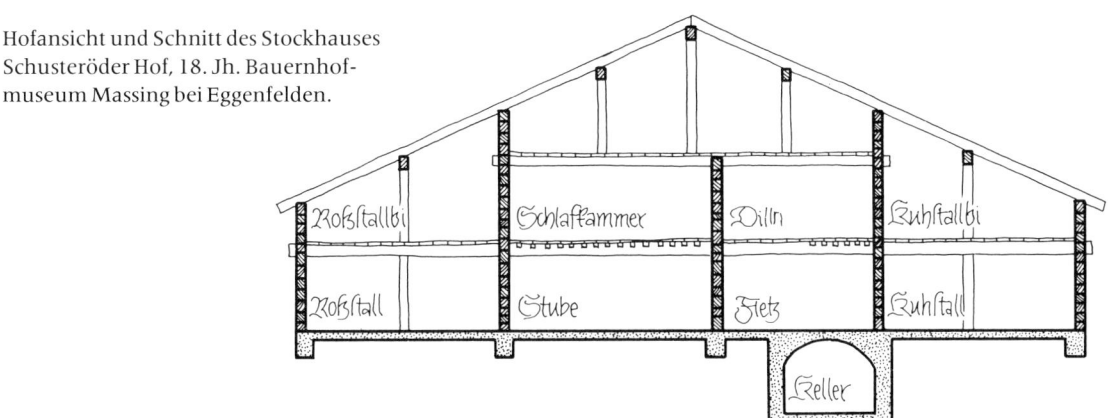

Hofansicht und Schnitt des Stockhauses Schuseröder Hof, 18. Jh. Bauernhof-museum Massing bei Eggenfelden.

nicht ganz verdrängen. Das Kalkplattendach verlangte aber wegen seines großen Gewichtes einen sehr starken Dachstuhl. Man löste das Problem durch die Bildung eines sogenannten Kniestocks, der nach außen als Halbgeschoß in Erscheinung getreten ist.

Das Strohdach dürfte, wenn die Bildquellen wie auch die Archivalien nicht täuschen, bereits im 16. Jahrhundert nach und nach vom Ziegeldach, insbesondere im Mainfränkischen, verdrängt worden sein. Dadurch, daß seitens der Brandversicherung im 19. Jahrhundert systematisch gegen das Strohdach vorgegangen wurde, verschwand es nach und nach aus der Landschaft, obwohl sich die Bauern zum Teil heftig gegen das Verbot gewehrt haben. In unserem Jahrhundert gab es nur noch wenige Rückzugsgebiete, wie nördlich von Landsberg, in der Gegend von Schwabmünchen, im Kesseltal zwischen Dillingen und Nördlingen, gelegentlich im Bayerischen Wald und in der Donauebene, in der Parsberger (Oberpfalz) und insbesondere in der Münchberger Gegend. Vielfach waren es nur kleine Anwesen, wie auch

Hirtenhäuser, die bis zuletzt am Strohdach festgehalten haben. Das führte bei der Bevölkerung nach und nach zu der Vorstellung, daß ein Strohdach ein Armutszeugnis sei.

Neben dem Stroh waren auch die Holzschindeln ein weit verbreitetes Material zum Eindecken. Bei dem Schindeldach müssen wir zwischen dem Leg- und dem Scharschindeldach unterscheiden. Das Legschindeldach mit einer Neigung meist nicht über 22 bis 25° wurde mit Steinen beschwert, damit es nicht vom Sturm aufgeblättert werden konnte. Diese steinbeschwerten Dächer sind heute durch alpenländische Freilichtmuseen weit bekannt, im Original jedoch nur noch resthaft im Berchtesgadener Land und Isarwinkel zu finden, von einigen Ausnahmen wie zum Beispiel in Gerstruben bei Oberstdorf abgesehen. Leoprechting befaßt sich mit dem Thema der Dachdeckung um 1855 für das Gebiet von Landsberg und Schongau: »Das Schindeldach ist sehr flach und geht in seinem Fürschuß gewöhnlich 5 oft aber bis an die 10 Schuh über den Hausstock hinaus. Das nennt man den Wettermantel, da er

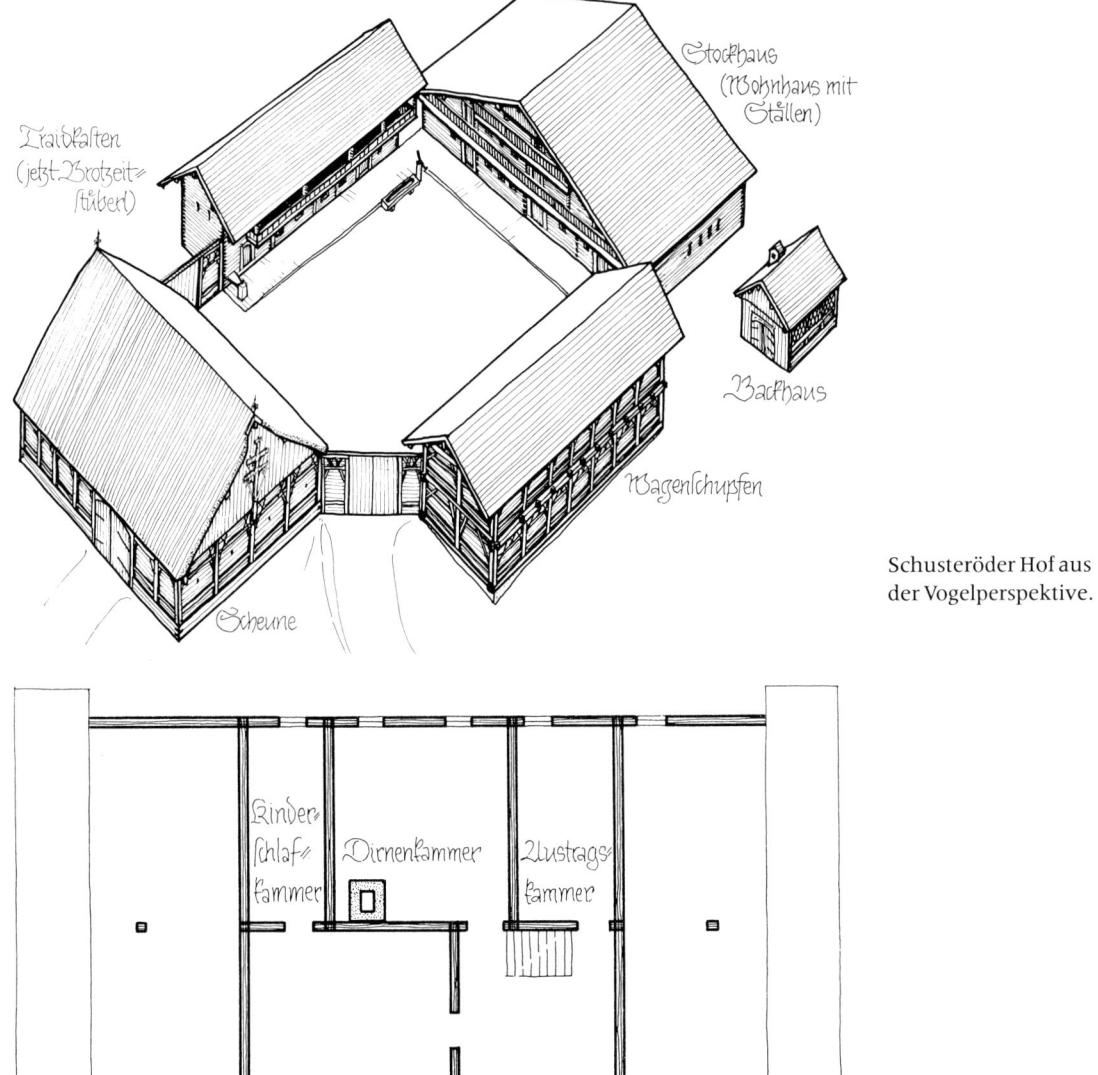

Schusteröder Hof aus
der Vogelperspektive.

Grundriß des Ober-
geschosses mit den
»Bühnen« über dem
Roß- und Kuhstall.

das Haus ebenso sehr vor dem Regen, wie vor Sonne und Kälte schützt.« Legschindeldächer kamen auch im Bayerischen Wald vor. Daneben gab es das schindelgedeckte Steildach, bei dem die Schindeln genagelt werden mußten. Solche Deckung wurde auch bei Kirchendächern, Turmhauben sowie Herrschafts- und Amtsbauten verwendet. Auch diese Deckung wurde von der Brandversicherung abgelehnt. Mit dem Rückgang von Stroh- und Schindeldach veränderte sich aber auch das Bild der Landschaft. Das weiche Deckungsmaterial wurde mit der Zeit mehr oder weniger grau und ließ die Höfe und Dörfer in der Landschaft verschwinden, während das leuchtend rote Ziegeldach einen sehr lebhaften Kontrast darstellte.

Bei einer systematischen Behandlung von Haus und Hof müßte man sich nunmehr mit den für die Wände verwendeten Materialien befassen, insbesondere mit den zeitlich und räumlich wechseln-

Altmühljurahaus in Kottingwörth Nr. 19 bei Beilngries,
frühes 19. Jh.

den Konstruktionen. Wichtiger erscheint es jedoch in unserem Zusammenhang, sich mit den Wohnbedingungen auseinanderzusetzen. Der eigentliche Ansatzpunkt ist die HERDSTATT. Nicht von ungefähr wurden ältere Einwohnerstatistiken als Herdstättenbeschriebe bezeichnet. Wohn- und Aufenthaltsrecht war, wie eingangs dargestellt, an die Berechtigung, eine Herdstatt zu unterhalten, geknüpft. Es würde zu weit führen, nunmehr mit vor- und frühgeschichtlichen Herdanlagen zu beginnen. Eines ist sicher: die Herdstatt war Jahrhunderte hindurch die einzige Wärmequelle im Haus. Unter dem Einfluß bürgerlich-städtischer Wohnkultur des Spätmittelalters, die sich auf den Kachelofen konzentrierte, müssen wir damit rechnen, daß dieser Ofen als Hinterlader seit dem 16. Jahrhundert auch allgemein zur Erwärmung der Stube genutzt wurde.

In der KÜCHE behielt man das offene Herdfeuer bei. Der Stubenofen wurde von der Herdstatt aus beschickt, der Rauchabzug des Ofens war in die Rauchkutte über dem Herd abgeleitet. So blieb die Stube rauchfrei, wenn auch die Kienspanbeleuchtung zusätzliche Vorkehrungen erforderte, da sonst der Rauch des Spanfeuers unter der Decke hängen blieb. Die Bezeichnung »Küche« kann zu falschen Vorstellungen führen, da dieser Wirtschaftsraum jahrhundertelang nicht eingegrenzt war, sondern besser als Kochstelle bezeichnet wird, die entweder im Hausgang oder am Ende des Hausflurs stand. Für diese Verhältnisse hat man die Bezeichnung »Flurküchenhaus« gewählt. Der Rauch wurde von der schon erwähnten Rauchkutte gesammelt und in den Dachraum geleitet, wo er freien Abzug hatte. In Anbetracht dessen, daß die Bauernhäuser weitgehend aus

Mittertennhaus aus der Zeit gegen 1800 in Baisweil bei Kaufbeuren.

Holz bestanden, bedeutete das offene Herdfeuer eine große Brandgefahr, die eine ständige Kontrolle von seiten der Obrigkeit beziehungsweise der Verwaltung notwendig gemacht hat. Durch die Untersuchungen von Konrad Bedal zum Verhältnis von Ofen und Herd in Nordostbayern wissen wir, daß neben der zunächst geschilderten Trennung von Kochstelle und Stubenofen auch zahlreiche Fälle vorkamen, in denen im Ofen gekocht wurde. Die Küche, die nie ganz fehlte, diente dann nur für besondere Zwecke, insbesondere für das Räuchern, für Küchelbacken oder auch für das Abbrühen des Viehfutters. Aus alten Verlassenschaftsinventaren wird das leicht erkennbar, weil die Küchen in diesem Fall fast keine Geräte aufweisen. Regelmäßig wird dann nur der eiserne Dreifuß genannt.

Die rauchfreie STUBE galt von jeher als hohe kulturelle Leistung. Ihre Einrichtung war verblüffend einheitlich. Der Fensterecke (Tischecke) stand der Stubenofen diagonal gegenüber. Um Tisch und Ofen liefen Bänke (Ofenbank, Wandbank), Stühle werden in den Inventaren im allgemeinen nicht genannt, sondern nur zusätzliche lehnenlose Bänke. Vielfach konnte auch noch ein Brot- oder Milchkasten oder eine Schüsselrehm vorkommen. Das Wesentliche an der Bauernstube ist ihre fast immer gleichbleibende Grunddisposition. In der Regel war sie der Aufenthaltsraum für Familie und Gesinde und dementsprechend groß in ihren Ausmaßen. Auch Leoprechting geht auf diese Einheitlichkeit ein, wenn er sagt: »Wer ein Zimmer gesehen hat, hat sie alle gesehen.« Mit Zimmer ist hier die Stube gemeint. Natürlich kamen noch Einzelheiten hinzu, die auf die verschiedenen Funktionen dieses Raumes Rücksicht nahmen. Folgen wir noch einmal Leoprechting: »Den Ofen umgeben auf drei Seiten in der Höhe an eisernen Klammern hangend fichtene Stangen, an welchen alles mögliche zum trocknen aufgehängt wird. Im Ofen selbst befinden sich einige Koch- und Bratröhren und der Hellhafen. Dies ist ein eingemauerter, irdener Hafen, der zum Wärmen und Sieden des benötigten Wassers dient… Die Ofenbank ist eine hölzerne Bank mit Kopfgestell, letzteres Faulenzer ge-

Blick in die Stube des Mesnerhofes aus Siegertsbrunn. Zustand von 1983. Oberbayerisches Freilichtmuseum auf der Glentleiten.

nannt, auf einer Seite des Ofens; hat sie noch einen Sprüwesack (Spreusack) und Federkissen, heißt sie Gautschen, gepolstert und mit einer Rücklehne versehen wird sie Kanape genannt. Letzteres ist noch selten, erstere beide bilden die große Mehrzahl. Sehr selten dagegen macht sich nun die Lotterbank. Während die erstern sehr schmal sind, hat die Lotterbank Ähnlichkeit mit den Pritschen in unseren Wachtzimmern, so daß immer drei bis vier Leute darauf ruhen können. Unterhalb ihrer befand sich sonst die Hennensteige. Diesen ist jetzt ein Platz im Stall angewiesen. Niemand mag dieselben mehr im Zimmer haben. Man findet es nur noch bei alten Leuten, die ihrer Angewohnheit treu bleiben; dafür legen ihnen die Hennen der Ofenwärme halber schon um Lichtmeß Eier. Die Ofenbank dient für alle möglichen Gelegenheiten zur Liegerstatt, und gehört zu den Hauptgerätschaften des Hauses.« Die Bemerkung Leoprechtings, daß die Hennensteigen in der Stube der Vergangenheit angehören, ist zu korrigieren, da dies damals noch längst nicht in allen Gegenden Bayerns der Fall war.

Was den Tisch betrifft, so sei daran erinnert, daß er zum Haus gehörte und bei einem Auszug an Ort und Stelle belassen wurde. So war es nicht ungewöhnlich, wenn man vor rund 50 Jahren noch Stubentische aus dem 17. Jahrhundert vorfinden konnte. Damals fing man auch an, ein Kruzifix in den Tischwinkel zu hängen. Erst seit der zweiten Hälfte jenes Jahrhunderts wurde dieser Brauch in katholischen Gegenden allgemein. Als Bilderschmuck waren damals nur Holzschnitte (koloriert oder nicht) möglich. Doch wurden solche Kostbarkeiten eher im Truhendeckel, in der Schlafkammer aufbewahrt. Hinterglasbilder fanden seit Mitte des 18. Jahrhunderts in der Stube Eingang. Dieser religiöse Schmuck des Herrgottswinkels konnte bis zu einem kleinen Hausaltärchen gesteigert werden. Vor etwa 100 Jahren verdrängten Öldrucke und Lithographien die einstige barocke Pracht.
Im Tisch wurden regelmäßig die Eßlöffel aufbewahrt; vielfach auch ein leinernes Tischtuch. Dagegen kannten die Bauernstuben keine Vorhänge. Diese waren jahrhundertelang Bestandteil

Bauernhaus Nr. 6 in Allmannsdorf bei Ellingen/Mittelfranken vom Jahre 1862.

städtischer Stuben. In Altbayern waren sie noch um 1900 nicht üblich. Unsere Freilichtmuseen stehen bei der Ausstattung von Stuben und Kammern heute vor einer schwierigen Aufgabe. Versuchen sie, je nach dem Alter des Hauses in den Stuben den Wohncharakter der Erbauungszeit wiederzugeben, so fehlen ihnen vielfach die entsprechenden alten Ausstattungsstücke. Außerdem ähneln solche älteren Wohnzustände in keinem Fall den Erinnerungen der heute noch lebenden älteren Generation, denn gerade mit Be-

ginn des Industriezeitalters hatte sich der Charakter der Ausstattung deutlich geändert; nicht zuletzt, wenn man daran denkt, daß Fotos von Familienangehörigen schon lange eine Selbstverständlichkeit im Hause geworden waren.

Zieht man außer den alten Inventaren für das 19. Jahrhundert Beschreibungen wie jene von Leoprechting zu Rate, so wird in den Alpen- und Voralpengegenden regelmäßig die Stubenvertäfelung (Wand und Decke) erwähnt. Gerade diese Vertäfelung wurde zum Leitbild für die Vorstel-

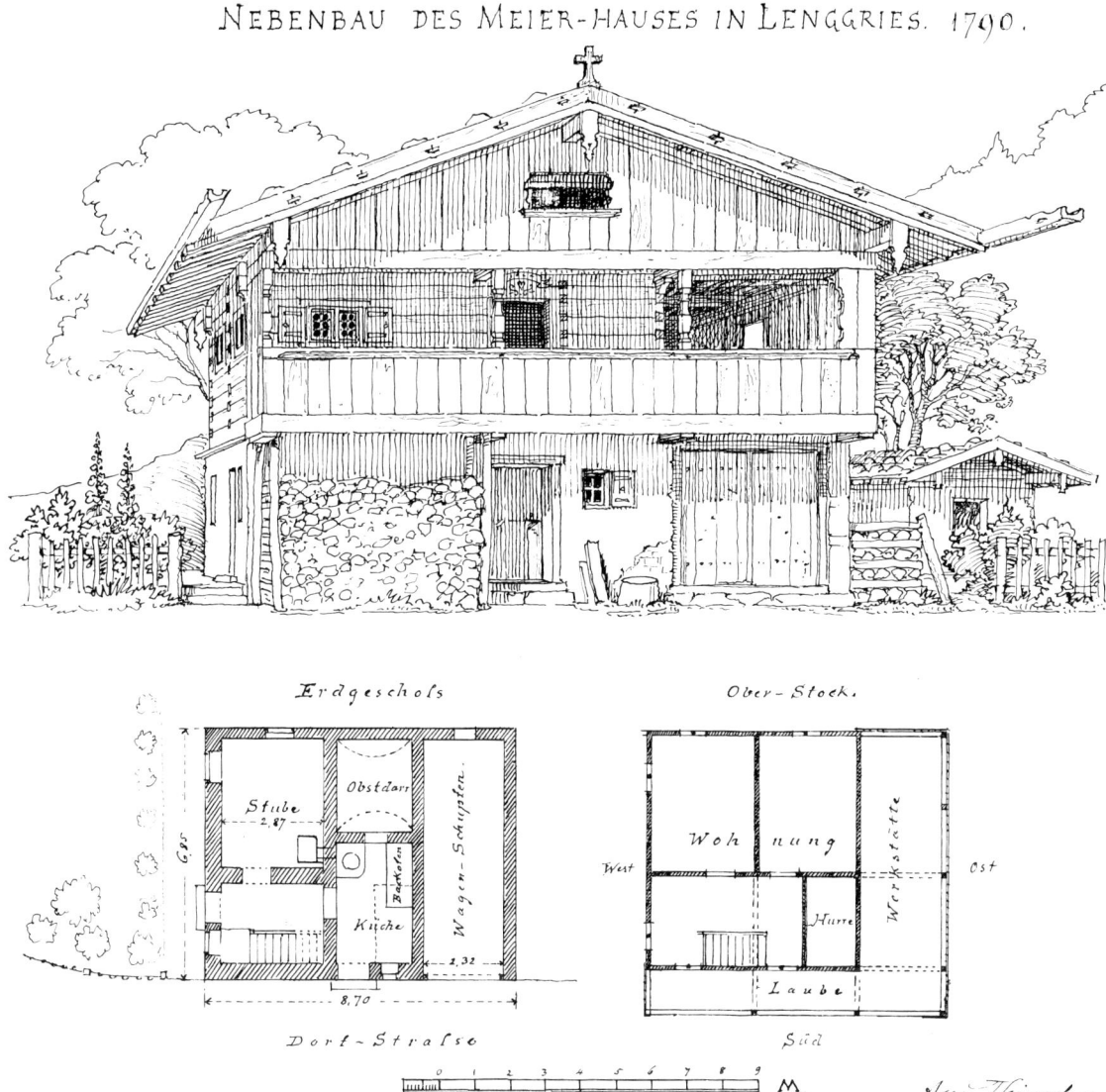

NEBENBAU DES MEIER-HAUSES IN LENGGRIES. 1790.

Nebenhaus (ursprünglich wohl Austragshaus) aus Lenggries/Oberbayern von 1790. Aufnahme von August Thiersch.

lung einer oberdeutschen Stube. Diese Vertäfelungen sind im Laufe der letzten 100 Jahre fast überall verschwunden. Dort, wo die Decken nicht vertäfelt waren und die kräftigen Unterzüge den Eindruck bestimmt haben, dienten sie vielfach dazu, Messer, Bohrer und andere für Kinder gefährliche Geräte zu halten. Auch Pflöcke konnten eingesetzt sein, um weitere Möglichkeiten zum Aufhängen nasser Kleider zu haben. Die schon erwähnten Schilderungen aus dem 19. Jahrhundert lassen unschwer erkennen, daß die größte

Reinlichkeit offenbar im Schwabenland zuhause war. Doch davon noch später.

Kehren wir noch einmal zum Problem der Verteilung der einzelnen Bauten im Gehöft zurück. Außer den schon genannten Wirtschaftsbauten wie Stall, Stadel, Schupfen gab es noch weitere Kleinbauten, die zum Teil unentbehrlich waren. An erster Stelle ist hier der GETREIDESPEICHER (Troadkasten, auch kurz Kasten genannt) zu nennen, der gewöhnlich etwas abseits stand, schon um ihn als Behälter für das kostbarste Gut, das der

Kastenbett und Aufsatzbettstatt im Schusteröder Hof, Massing. 1. Hälfte 19. Jh.

Bauer besaß, möglichst wenig der Brandgefahr auszusetzen. Es ist bezeichnend, daß er lange Zeit kaum beachtet wurde. Erst die jüngere Hausforschung hat damit begonnen, die noch erhaltenen Speicher nach und nach systematisch zu inventarisieren. Dadurch wissen wir, daß er im 16. Jahrhundert bereits eine Selbstverständlichkeit war. Für den Rupertiwinkel gelang es mit einiger Wahrscheinlichkeit sogar, einen solchen Speicher aus dem 15. Jahrhundert nachzuweisen. Wenn oben erwähnt wurde, daß bei dem südostbayerischen Vierseitgehöft sich der Getreidespeicher über dem Schupfen befand, so gibt es dennoch für die dortige Gegend auch Belege, daß ein zweiter selbständiger Speicher noch aus älterer Zeit sich in der Nähe des Gehöfts erhalten hatte. Daraus

geht eindeutig hervor, daß die Vierseithofanlage von der Konzeption her jünger als der ältere Haufenhof und dementsprechend auch die Einbindung des Getreidekastens in das Gehöft als jüngere Erfindung aufzufassen ist. In den fränkischen Gegenden wurde die Körnerfrucht in der Regel auf dem Dachboden aufbewahrt, doch kennt der Franke neben der Scheune noch den dritten kleineren Bau (das Bäule), dem offensichtlich einmal speicherartige Funktionen zukamen. Auf den Speicher konnten nur jene verzichten, die keine Körnerfrucht angebaut haben.

Ein weiterer Nebenbau war der BACKOFEN, der vielleicht aus einem Dörrofen hervorgegangen ist. Eine zusammenhängende Darstellung der Geschichte des Backofens in Bayern steht noch nicht zur Verfügung. Aus Einzelbeobachtungen läßt sich folgendes Bild gewinnen:

Im Unterfränkischen wurde nachweislich seit dem 19. Jahrhundert vorzugsweise das Gemeindebackhaus gefördert, an dem alle Haushaltungen nach einem durch das Los geregelten Plan Anteil hatten, sofern sie nicht ihr Brot vom nächsten Markt oder der nächsten Stadt bezogen haben. Im Oberfränkischen und in der Oberpfalz dagegen trifft man noch heute auf freistehende Backöfen, die einzelnen Familien gehört haben. Im Alpengebiet, aber auch in einigen Gegenden der Oberpfalz, befand sich der Backofen im Haus. Dagegen schritten aber seit dem 17. Jahrhundert immer wieder die Behörden ein. Leoprechting erwähnt für die Gegend von Landsberg und Schongau ausdrücklich den Backofen als eine Neuerung: »Seit einigen Jahrzehnten verschimpft die sonst meistens so malerisch hingeworfenen Gehöfte ein kleines backsteinernes Gebäude, der Backofen, welcher Feuergefährlichkeit halber aus den Häusern heraus, einschichtig im Freien erbaut werden mußte. Hätte man da-

Umrahmung einer Stadelluke in Schörging, Lkr. Mühldorf, aus der ersten Hälfte des 19. Jhs.

mals, als jeder einzelne Hausbesitzer gezwungen wurde, für Erbauung seines neuen Backofens die Geldsumme von allermindestens 20 Gulden auszugeben, jede einzelne Gemeinde angehalten, einen einzigen Backofen für die Gesamtgemeinde zu bauen, so wäre damals viel Geld und für alle Zeit viel Holz erspart worden, aber wann hätte je ein hochlöbliches Landgericht wegen der ihm zukommenden Befehle und deren beste Instandsetzung über den Wortlaut hinaus viel nachgedacht.« Diese Bemerkung erinnert daran, daß Leoprechting in Mannheim geboren wurde und in Heidelberg studiert hat. Gerade diese Gegend bevorzugte die Gemeindebacköfen. Leoprechting läßt sich also von Jugendeindrücken leiten.

Anstelle der freistehenden Backöfen trat im 19. Jahrhundert in der Regel ein WASCHHAUS. Unsere Archive bewahren noch viele einschlägige Entwürfe aus dieser Zeit. Im 16. und 17. Jahrhundert gab es für die auf Holzersparnis und Feuersicherheit bedachte Verwaltung aber noch ein weiteres Problem: das waren die BADSTUBEN, die in der Regel in Blockbau errichtet waren, im Innern einen aus Stein gewölbten Ofen besaßen, der erhitzt wurde und dann ermöglichte, durch Aufschütten von Wasser Dampf zu erzeugen. Solche Dampfbäder sind heute allgemein bekannt, nachdem die finnische Sauna zu einem festen Begriff geworden ist. Die herzogliche und später kurfürstliche Verwaltung verhielt sich hier sehr vernünftig. In Gemeinden mit geschlossener Siedlung forderte sie die Benutzung der gemeindlichen Badstuben, in Einödgebieten dagegen duldete sie die freistehenden einzelnen Badstuben mit Rücksicht auf die großen Entfernungen der Einödbauern von den Dörfern. Diese Badstuben konnten aber auch zum Flachsdörren verwendet werden. In einer Zeit, in der das Dampfbaden nach und nach aufgegeben wurde, wurden die Gebäude vorzugsweise für das Flachsdörren verwendet. Daher rührt auch die Bezeichnung Haarbadstube (Haar = Flachs). Gerade in Oberbayern haben sich noch schöne Beispiele erhalten. Im markgräflich-ansbachischen Gebiet achtete man ebenfalls darauf, daß die Backöfen nicht zum Flachsdörren verwendet wurden. Hier wurde jeweils für die Gemeinde ein abseits des Dorfes stehendes sogenanntes Brechhaus verlangt. Auch von diesen Brechhäusern haben sich, namentlich in Mittelfranken, Zeugnisse erhalten.

Bewußt haben wir hier, da es uns um das Leben in und mit dem Haus geht, darauf verzichtet, sämtliche Haus- und Hofformen der Reihe nach in einem Rundgang zu schildern. Wer hierüber Näheres wissen will, sei auf das Literaturverzeichnis verwiesen. In den folgenden Abschnitten wird auf Arbeiten und Leben in diesen Gehöften eingegangen.

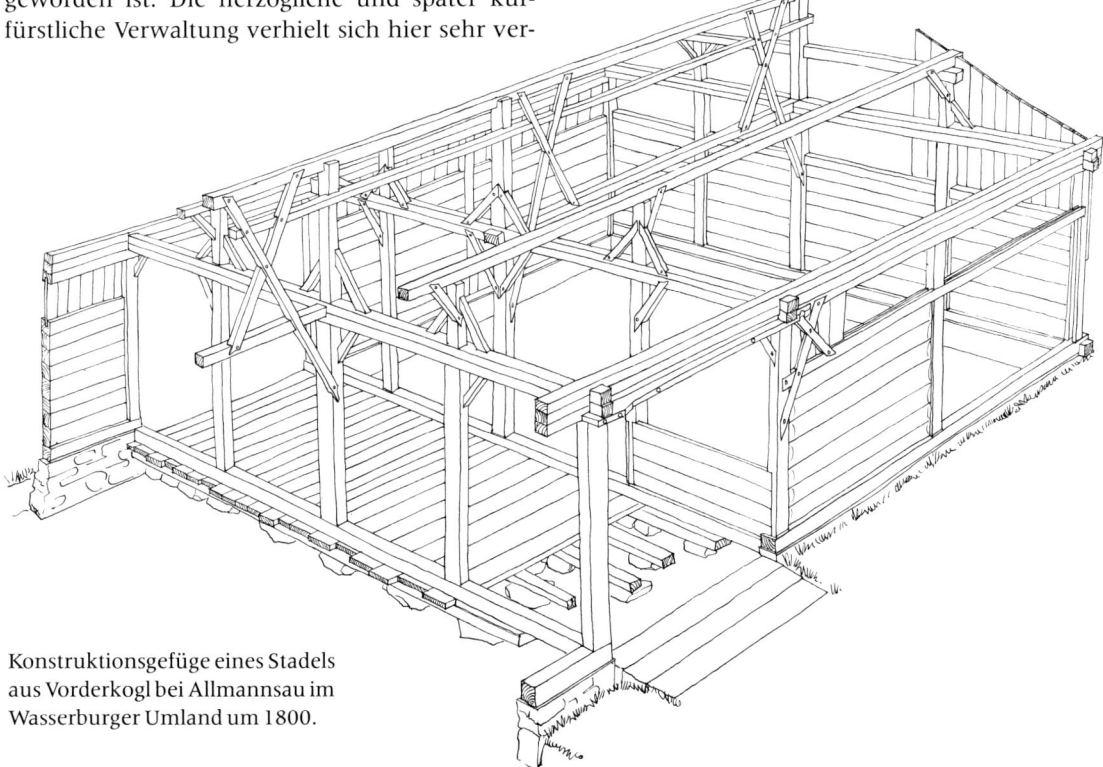

Konstruktionsgefüge eines Stadels aus Vorderkogl bei Allmannsau im Wasserburger Umland um 1800.

Die Arbeitswelt des Bauern

»Din ordenunge ist der phluoc.« Helmbrecht, Vers 291

Gemeinhin kann man in Bayern die Arbeit des Bauern mit der Feldwirtschaft gleichsetzen. Bauer ist jener, der das Feld bearbeitet, den Ackerbau betreibt. So ist bauen die wichtigste und vornehmste Arbeit des Mannes auf dem Lande. Das Zeitwort bauen bedeutete so viel wie pflügen für die Aussaat. Die Aussage »im Bau liegen« besagt »angesät sein«. Wenn der Meier Helmbrecht (im 13. Jahrhundert) seinen Sohn ermahnt, bei der Feldarbeit zu bleiben, so drückt er das in gleicher Weise aus: »Lieber sun nu bouwe«. Im Mittelalter gab es noch die Berufsbezeichnung *Gebauer* (Gebûr), die sich in Ostdeutschland als Familienname bis in unsere Zeit gehalten hat. Sinnentsprechend war auch die lateinische Bezeichnung *agricola,* das heißt »der Mann, der das Feld bestellt«. *Agricultura* im Sinne von Landwirtschaft konnte gekürzt als *cultura* bezeichnet werden. Kultur im ursprünglichen Sinn ist also Pflege und Ausbau von Land, Feld, Wiese und Wald. So ist der weit gesponnene Bogen der Arbeitswelt des Bauern umschrieben.

Es läge nahe, nunmehr die Arbeit des Bauern im Jahreslauf darzustellen, doch wollen wir zunächst noch einige elementare, immer wiederkehrende Arbeiten erörtern. In der Regel geht man davon aus, daß das Feld bereits offen zum Anbau zur Verfügung steht. Entwicklungsgeschichtlich gesehen dürfte aber auch in Bayern wie etwa in den steirischen Alpen die BRANDWIRTSCHAFT diesem offenen Feldbau vorangegangen sein. Nach Hans Frühwald ist unter der Brandwirtschaft ein Bodenbau mit Brennkultur und bestimmter Fruchtfolge zu verstehen, der sich aus der Brandrodung entwickelt hat und in entlegenen Gegenden vereinzelt noch beobachtet werden kann. Diese Brandwirtschaft stellt eine eigene Form dar, die sich organisch in den Rhythmus des bäuerlichen Arbeitsjahres einfügte. Aus dem jahrhundertelangen Streit um Waldbesitz und Waldrecht, der in reichem Quellenmaterial seinen Niederschlag gefunden hat, geht deutlich hervor, daß hier eine Wirtschaftsform des hohen Mittelalters vorliegt, als man vor allem durch Rodung neues Land gewinnen wollte. Die häufigen Ortsnamen auf Brand deuten auf diese Wirtschaftsform hin, zumindest in vielen Fällen. Sie war verbunden mit Feuerrodung und Aschedüngung, mit der Verwendung einer staudenbildenden altertümlichen Roggensorte, mit der Sichelmahd, dem Einbringen des Getreides durch Tragen oder mittels primitiver Schleifen und der Gewinnung der Körnerfrucht durch Ausschlagen. Aus der in der Steiermark betriebenen Form der Brandwirtschaft geht hervor, daß sie mit dem Abbrennen von Strauchwerk und Niederholz auf Staudenhängen und von Astholz und Baumabfällen auf Kahlschlägen begann. Das Düngen mit Asche an Stelle des tierischen Düngers war bei dieser Betriebsart kein regelmäßig wiederkehrender Vorgang, die Rodung also keine Dauerrodung. Es handelt sich vielmehr um eine regelmäßige Wiederkehr von Wald und Brandacker mit Weide im Übergang. Im volkstümlichen Sprachgebrauch der Steiermark war »Brand« das durch Axt und Feuer aus dem Staudenwald gewonnene Feld, das zwei bis drei Jahre mit Getreide oder Hackfrucht bebaut wurde und anschließend als Weide diente. Hatte die Bestockung der Brandfläche die Schlagreife erreicht, setzte der ganze Vorgang von neuem ein. Es dürfte ziemlich sicher sein, daß in Bayern im Bereich der sogenannten Birkenberge des Bayerischen Waldes eine ähnliche Betriebsform des Ackerbaues üblich gewesen ist.

Bei diesen kurzen Andeutungen wurde bereits die Axt genannt, die als Universalwerkzeug bezeichnet werden darf. Nur muß man sich darüber klar sein, daß sie zugleich auch ein Werkzeug der Handwerker gewesen ist. Der bekannte Ausspruch in Schillers Wilhelm Tell, die Axt im Haus erspare den Zimmermann, stimmt streng genommen nicht. Der Zimmermann war für alle Konstruktionssysteme des Hochbaues in Holz seit jeher unentbehrlich. Das Wort Zimmer bedeutete im bayerischen Sprachgebrauch lange Jahrhunderte hindurch den Dachstuhl. Der Dachstuhl erforderte Fachkenntnisse eines Handwerkers, der Bauer und seine Nachbarn konnten höchstens Hilfe leisten. Da die Axt aber von der Grund-

Bauer mit Fällaxt um 1700, kolorierter Kupferstich von Jeremias Wolff.

Senne (»Stotz«) aus dem Isarwinkel um 1900.

idee ihrer Anlage her so vielseitig zu verwenden war, gab es für sie auch eine große Vielfalt der Sonderformen. Auch jeder Bauer besaß unterschiedliche Äxte bis hinunter zur kleinen Handaxt, dem Hackl, mit dem man etwa Kleinholz herrichten konnte.

So ist auch der UMGANG MIT DEM HOLZ und damit die Kenntnis vom Holz ein wesentlicher Teil der Bauernarbeit. Das beginnt mit dem Fällen und Zubringen des Holzes, mit der Entrindung und dem Behauen bis zur Verwendung beim Bau von Brücken und Stegen, beim Richten der Zäune und dem Verbauen von Wildwassern. Nament-

Dreizinkige Holzgabel 19. Jh. (Hersbruck) und Sech (Vorschneidmesser am Pflug) aus Binabiburg um 1800.

lich die Anlage und der Unterhalt der ZÄUNE waren regelmäßig wiederkehrende Tätigkeiten. War es doch Vorschrift, daß die Dörfer als geschlossene Siedlungen eingezäunt werden mußten. Hierfür gibt es reichliches Quellenmaterial. Die Zaunformen wechselten je nach Landschaft und wohl auch Zweckbestimmung. So gab es die geflochtenen Zäune, die gleichsam wie Korbwände gefügt waren, dann zahlreiche Formen von Stangen- und Bretterzäunen. Sie sind heutzutage aus der Landschaft verschwunden; nur in jenen Gebieten mit Viehhaltung und Weidewirtschaft unterhält man noch Einzäunungen, bei denen meistens ein Elektrodraht verwendet wird. Gegen eine extensive Verwendung von Zäunen war vor allem die Forstwirtschaft, da der Holzverbrauch sehr erheblich war. Für die Zaunstangen verwendete man vorzugsweise Fichtenholz, aus dem auch die Zaunsäulen bestanden. Die Zaunsäulen und Stangen wurden mit Zaunringen aus dünnen Fichtenzweigen verbunden. Um die Ringe entsprechend biegen zu können, hielt man die kleinen Aststücke in heiße Asche. Ähnliche Verfahren wandte man auch bei den zaunartigen Verbauungen der Wildbäche an. Die Notwendigkeit, solche Zäune errichten zu müssen, führte von selbst dazu, daß innerhalb einer jeden bäuerlichen Familie und innerhalb einer Dorfgemeinschaft in mündlicher Überlieferung Sachwissen weitergegeben wurde. Wenn man also fragt, was eigentlich Tradition sei, so kann man die Zaunarbeit als Musterbeispiel hierfür anführen.

Steinhag mit Schrägzaun,
Gegend von
Geitau/Leitzachtal
um 1935.

Rund um das »Holz« reihen sich dann weiter Arbeiten, die den Alltag des Bauern begleiten. So zum Beispiel das Herrichten des Brennholzes einschließlich der verschiedenen Arten, dieses Material zu stapeln. Gerade solche Arbeiten wurden auch noch vom Austrägler geleistet. Doch führte von hier aus der Weg auch zu einer Art häuslichen Handwerks, wenn der Bauer oder seine Knechte nebenbei, besonders im Winter, etwa Holzrechen und Holzgabeln herstellten. Der RECHENMACHER war ebenso wie der HOLZSCHUHMACHER oder SPANKORBFLECHTER nicht ohne weiteres ein hauptberuflicher Handwerker, vor allem dann nicht, wenn er für den Eigenbedarf tätig war.

Ein schönes Beispiel konnte vor etlichen Jahren einmal notiert werden. Ein alter Korbmacher, weit über 70 Jahre alt, der am späten Nachmittag eines Sommertages vor der Behausung bei einem Holzschupfen seiner Arbeit nachging, gab auf die Frage, wie viele Stunden am Tag er sich noch mit dem Korbflechten beschäftige, zur Antwort: »Von Sonnenaufgang bis zu Sonnenuntergang.« Das bedeutet, daß seine Arbeitszeit das Jahr hindurch wechselte. Im Winter war sie kurz, um dann sich weit über unsere Vorstellungen während der Sommerzeit zu steigern. Von Eintönigkeit war nicht die Rede. Das Eindrucksvollste waren wohl seine rissigen und zerschundenen Hände. Auf solche Hände sollte man immer achten, denn wie schon Aristoteles klar zum Ausdruck gebracht hat, ist die Hand das vollkommen-

ste Werkzeug, das dem Menschen zur Verfügung steht. In jenen Gegenden, in denen der Boden allzu karg ist, konnte sich aus solcher Heimarbeit auch ein ortsgebundenes Handwerk entwickeln, wie beispielsweise in der Gegend von Michelau in Oberfranken, oder, wenn wir an andere Holzprodukte denken, etwa im Bayerischen Wald, in der Rhön, im Berchtesgadener Land. Solches HOLZHANDWERK als HAUSINDUSTRIE unterlag aber bereits strenger obrigkeitlicher Kontrolle, die in der Sorge um die Erhaltung des Waldbestandes begründet war. Ganz allgemein war für die Landesherrn

Speltenzaun in Schliersee um 1960.

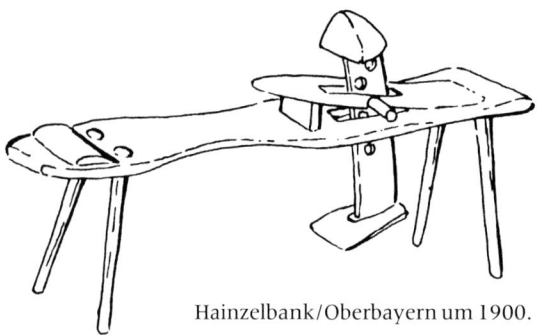

Hainzelbank/Oberbayern um 1900.

des 17. und 18. Jahrhunderts der Erlaß von Waldordnungen eine Selbstverständlichkeit. Das Studium solcher Waldordnungen bringt uns aber zugleich wieder eng mit dem Leben auf dem Dorf in Berührung, denn hier geht es auch um das Brennholz für Backöfen und Flachsdörren, wie auch darüber hinaus allgemein um das Bauholz. Man strebte, wie schon betont, an, daß nicht jeder über einen Back- oder Dörrofen verfügen durfte, sondern nur die jeweilige Dorfgemeinschaft. Das ließ sich zwar in Einödgebieten nicht ohne weiteres durchführen. Dennoch hielt man am Grundsatz fest, so daß im 19. Jahrhundert hölzerne Brechhäuser und Backöfen nach und nach aus der Landschaft verschwunden sind. Auch der Bau

Sieb aus Holzspänen geflochten, Untergriesbach/ Wegscheid um 1960.

von Austragshäusern sollte eingeschränkt werden, wie darüber hinaus am Bau möglichst mit Steinmaterial beziehungsweise mit Ziegelsteinen gearbeitet werden sollte. Man hatte vielfach die Vorstellung, daß der Holzbau mit Rundstämmen gleichsam eine der urtümlichsten Formen im Bauwesen war. Gewiß ist der Blockbau schon in vorgeschichtlicher Zeit nachgewiesen. Er gehört jedoch zu den technisch nicht einfachen Konstruktionen, insbesondere dann, wenn er nicht in Rundholz, sondern Kantholz ausgeführt wurde. Eher ließ sich Trockenmauerwerk errichten, das wir auch allenthalben in der historischen Landschaft noch feststellen können, etwa als Weidearealabgrenzung in den Alpen oder im Bayerischen Wald oder als Hangverfestigung, vor allem in der Mittelgebirgslandschaft. Dort, wo Bruchstein reichlich zur Verfügung stand, konnte Trokkenmauerwerk von der bäuerlichen Familie oder der Dorfgemeinschaft selbst ausgeführt werden. So gibt es beim STEINBAU zwei Bereiche: der eine des vorhandwerklichen Bauens in diesem Material und der andere der des Steinmetzen und Maurerhandwerks. Der vorhandwerkliche Bereich fand bei uns bisher zu wenig Beachtung. Der handwerkliche Bereich wurde in der Regel als hochschichtlich betrachtet und dadurch von der Volkskunde beiseite gelassen. Ähnlich wie der Umgang mit dem Holz war auch der Umgang mit dem Steinmaterial zunächst etwas, was noch unmittelbar mit dem Tagwerk des Bauern in Verbindung stehen konnte. Es sei nur an das Aushauen von Steintrögen erinnert (z.B. im Bayerischen Wald), was besonders von den Häuslern während des Winters betrieben wurde.

Natürlich kam der Arbeit mit dem Holz größere Bedeutung zu, allein schon quantitativ. So darf daran erinnert werden, daß etwa das Zurichten des Kienspanholzes, die Instandsetzung hölzernen Gerätes oder auch die Anfertigung der einst unentbehrlichen hölzernen Doppeljoche zu den typischen Arbeiten der Knechte gehört hat, analog etwa dem Spinnen der Frauen und Mägde. Leider sind bei uns hölzerne Doppeljoche viel zu spät beachtet und eingesammelt worden. So ist das Studienmaterial in den Museen relativ bescheiden, insbesondere wissen wir meist nichts über die einstigen Hersteller. Nur so weit gewisse Verzierungsmotive festzustellen sind, kann man manchmal kleinere Gruppen solcher Joche zusammenstellen.

Ein Gerät ist bis jetzt nicht genannt worden, das

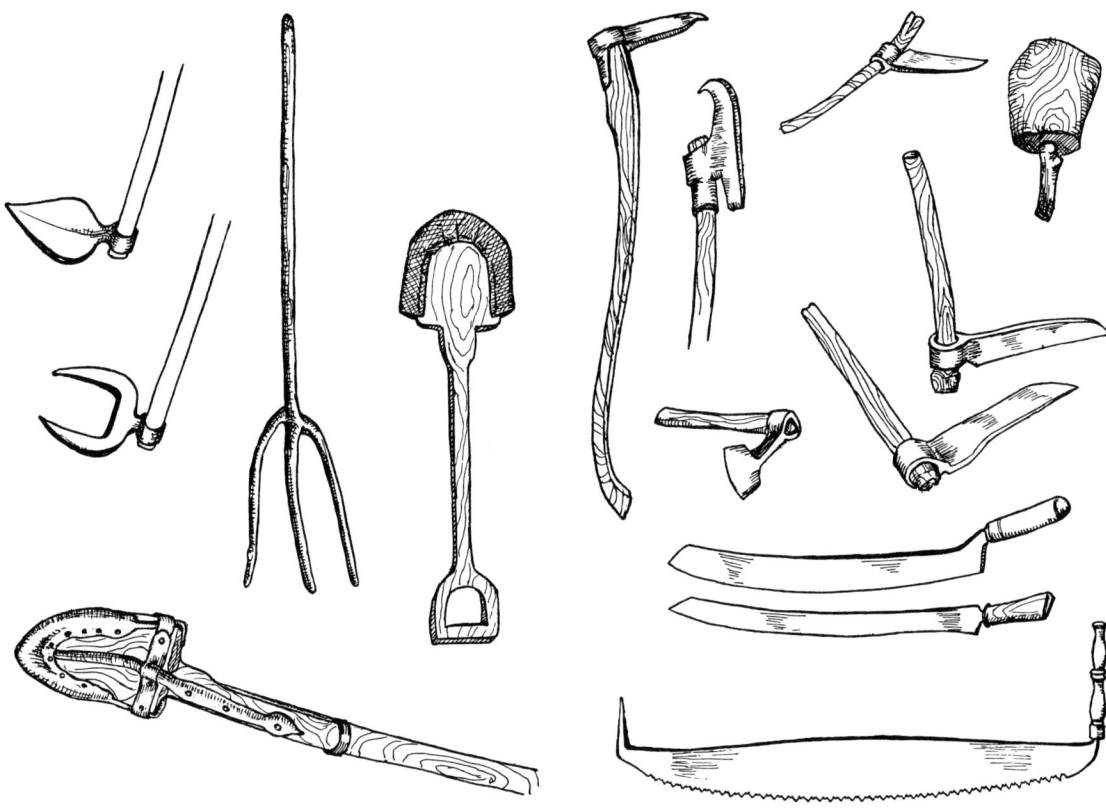

Feldbaugeräte, unter anderem randbeschlagene Spaten.

Holzbearbeitungsgeräte des 19. Jhs.

neben den verschiedenen Äxten auf keinem Hof gefehlt hat: das sind die sogenannten Hippen (Heppen), Hackmesser, Gertel, die zum Abschlagen kleiner Äste dienen und dementsprechend oft mit einem langen Stiel versehen waren. Es ist ein Gerät, das uns bereits auf mittelalterlichen Bildquellen begegnet und mit der Bezeichnung *falx arboraria* (wörtlich etwa Baumsichel) bereits der Antike bekannt war. Es ist sicher auch ein Rodungsgerät gewesen neben der Maishacke. Diese Bezeichnung Mais ist abzuleiten von dem althochdeutschen *maizzan*, was soviel wie hacken bedeutet. Hierzu gehört auch der Ortsname Mais (auch Bodenmais, Bischofsmais usw.).

Jeder Bauer besaß eine ganz beträchtliche Materialkenntnis. So gelang es dem Lehrer Joseph Blau [23] vor dem Ersten Weltkrieg, bei einem Bauern in Silberberg (Böhmerwald) 27 verschiedene Holzarten festzustellen, die dieser je nach ihren Eigenschaften für bestimmte Zwecke verwendet hat. Oft mußten für ein einziges Holzgerät ver-

schiedene Hölzer herangezogen werden, beispielsweise beim Grasrechen. Das Rechenjoch (Rechenhaupt) bestand aus Spitzahorn oder Rotbuche. Für die Rechenzähne wählte man Sauerdorn oder Beinweide, für Rechenstiel abgehobelte Fichten- oder Tannenstangen. Backtröge bestanden aus Ahorn- oder Lindenholz. Wassertröge aus Pappelholz. Für den Wetzsteinkumpf verwandte man Erlen. Das Reifholz für die Schäfflerwaren stammte von der Bachweide oder Esche. Zu Werkzeuggriffen verwendete man die Hainbuche oder auch Birnbaumholz undsofort. Wichtig war es auch, auf den Wuchs des verwendeten Holzes zu achten. So mußte das Fichten- oder Tannenholz, wenn es geradespaltig sein sollte, rechtsönnig sein. Zur Not ging auch noch der nachsönnige Stamm, dessen Längsfasern eine leichte, um die Kernachse des stehenden Stammes linksziehende Drehung haben. Unbrauchbar waren die widersönnigen Stämme mit entgegengesetzter, um die Kernachse rechtsziehender Fa-

serdrehung, da die aus solchem Holz gespalteten Gegenstände nach dem Trocknen sich werfen, reißen und unbrauchbar werden. Nach Schmeller bezeichnete man im Chiemgau einen Waldbaum als nachsönnig, wenn er links oder nach dem Sonnenlauf, widersönnig, wenn er rechtsgewunden ist. Dagegen notierte er für den Bayerischen Wald, hintersönnig oder auch übersönnig sei eine Stube oder eine Leiten, die keine Sonne hat.

Jahrhundertelang war WERKZEUG und GERÄT auf einem Bauernhof ziemlich einheitlich. Anhand eines Inventars aus dem Bayerischen Wald von 1633 sei hierfür eine Übersicht gegeben. Für die Holzbearbeitung standen Hacken (Äxte) zur Verfügung, ferner sogenannte Reißhacken, die wahrscheinlich den zuvor genannten Gerter oder dem Schnoater (Schnaitter) entsprachen. Dazu kamen Spanschnitzer, Raifmesser, Eisenkeile, Stemmeisen, Bohrer und mindestens eine Hainzelbank. Für die Feldbestellung besaß man Pflüge, auf deren Form noch eingegangen wird, Eggen mit hölzernen oder eisernen Zähnen, Hauen, wobei in der Regel für Stockhaue und Riedhaue unterschieden wird. Die Stockhauen hatten eine rechteckige Form, die Riedhauen eine spitze. Dazu kamen noch die sogenannten Grabenhacken. Das wichtigste Erntegerät war die Sichel, die mindestens seit dem hohen Mittelalter durch die Sense ergänzt wurde. Bei beiden wurde im Lauf der Zeit unterschieden zwischen Grassichel und Sensen, beziehungsweise Kornsichel und Getreidesensen. Für das Mähen des Hafers verwendete man die Gestellsense (Haberrecher). Ferner sind aufzuzählen: Fleischhacken, Fleischbeile, Sauzangen, Laternen, Beißzangen, eiserne Schaufeln, Mistgabeln, Siebe, auch Reiter genannt, Säekörbe und Säetücher; Dreschflegel (Drischel), sogenannte Wasserstangen zum Tragen der Wassereimer.

Eine wichtige Gruppe stellten die FAHRZEUGE dar. Angefangen vom Schubkarren (Radeltruhe) über den Karren, einen zweirädrigen Wagen, bis zu den großen vierrädrigen Wagentypen, die aus einem Vorder- und Hintergestell bestanden, das mit einem Langwied verbunden war. Vielfach wird bei Pflügen und Wagen angegeben, daß sie beschlagen seien, woraus hervorgeht, daß man auch Pflug- und Wagengestelle hatte, die noch nicht

Kalkofen bei Großhesselohe aus der Mitte des 19. Jhs. Gemälde von Heinrich Bürkel. Stadtmuseum München.

Pflügender Bauer, nach einem Relief in Eschenbach/Oberpfalz von 1585.

vom Schmied voll ausgestattet waren (vgl. S. 20). Die Wagen konnten je nach dem Verwendungszweck verschieden ausgebaut werden, mit Brettern, mit Leitern, mit Truhen. Das reine Wagengestell wurde offenbar als »bloßer Wagen« bezeichnet. Vielfach bestand eine gewisse Relation zwischen der Anzahl der Geräte und der Größe der Familie einschließlich des Gesindes. Man besaß nur so viel Dreschflegel als Leute zur Verfügung standen, die mit ihnen umzugehen vermochten. Auch bei der Anzahl der Ochsenjoche konnte man häufig eine Relation beobachten. Drei Ochsenjoche setzten gewöhnlich 6 Zugochsen voraus.

Lohnend ist auch die Lektüre der berühmten Dichtung von *Meier Helmbrecht,* in der so ziemlich alle wichtigen Etappen des bäuerlichen Arbeitsjahres berührt werden. Da ist beispielsweise vom Mistfahren die Rede, vom Pflügen zu zweit, wo einer das Ochsenpaar zu leiten hatte und der andere den Pflug führte. Oder auch vom Dreschen auf der Tenne, vom Sacktragen, vom Zaunrichten. Als kostbare Geräte werden Wetzstein und Kumpf und selbstverständlich die Sense aufgeführt.

Während zu Helmbrechts Zeiten das Korn noch mit der Windschaufel gereinigt wurde, taucht seit dem späten 17. Jahrhundert die sogenannte Windmühle (Kornfege) als eine schon relativ komplizierte maschinelle Einrichtung in Holz auf. Dieses Gerät hat in jüngster Zeit wiederholt die Aufmerksamkeit der Forschung gefunden. Die früheste Erwähnung ist für die Schweiz nachgewiesen, Bayern folgt ziemlich bald darauf. So lesen wir in einem Inventar von 1679 aus Haag bei Regensburg: ein Rädel in ein Windmill. Für das Jahr 1707 verfügen wir bereits über einen wichtigen Sachbeleg in Kirchanschöring bei Waging, der von dem heutigen Besitzer als Windmühl bezeichnet wird. Diese Windmühle trägt die Namensaufschrift Mathias Golaver, nebst der

Jahreszahl in einer Sechssternrosette. Ob diese Namensinschrift sich auf den ursprünglichen Besitzer oder den Hersteller bezieht, ist noch offen. Die zahlreichen, heute in Heimat- und Freilichtmuseen befindlichen Kornfegen sind in Bayern ausnahmslos jüngeren Datums. Eine Übersicht über das österreichische Material brachte Oskar Moser[24] in seiner Studie, *Materialien zur Geschichte und Typologie der Getreidemühle (Kornfege).* Moser stellt auch eine systematische Typologie auf. Bei solchen Geräten fragt man natürlich nach dem Erfinder, da es unwahrscheinlich ist, daß unabhängig voneinander in verschiedenen Landschaften sozusagen in der gleichen Zeitperiode das gleiche Gerät erdacht worden sei. Bei der Kornfege wird das Problem insofern kompliziert, als offenbar vor den europäischen Windfegemaschinen solche bereits in China bekannt waren, so daß man im bayerisch-österreichischen Raum und darüber hinaus nicht mehr den Erfinder suchen müßte, sondern jene Persönlichkeiten, die das Gerät aus China importiert haben, wobei in erster Linie die Jesuiten die vermittelnde Rolle übernommen haben könnten. Auf all diese Fragen kann hier aber nicht eingegangen werden.

Was nun das ARBEITSJAHR des Bauern betrifft, so begann es in der Regel mit dem Mistausbreiten auf den Feldern noch zu einer Zeit, in der Schnee liegt. Daran schloß sich die Arbeit des Pflügens und Eggens an. Grundsätzlich müssen wir davon ausgehen, daß man schon im hohen Mittelalter den Pflug mit der asymmetrischen Pflugschar gekannt hat, die bei uns ehemals als Wagensun bezeichnet wurde. Dieses Wort ist bereits für das Althochdeutsche belegt. Für die Folgezeit bringt Schmeller zahlreiche Belege. Auch in der Scheyrer Dienstordnung[25] ist von einem Wageisen die Rede. Im Unterschied zu der unsymmetrischen Pflugschar gab es vor allem in den Alpengegenden und im südlichen Europa die symmetrische Pflugschar, die zu einem Gerät gehörte, das meistens als »Arl« bezeichnet wird, ein Wort, das zu dem lateinischen *aratrum* (Pflug) zu stellen ist. Ob die Bezeichnung Arl auch für den Pflug verwendet wurde, ist nicht sicher. Wenn Meier Helmbrecht seinen Sohn darauf hinweist: »din ordenunge ist der phlouc«, dann dürfte es sich wirklich um einen Pflug handeln und nicht eine Arl. Die symmetrische Arl erlaubte an sich nur, den Boden aufzuwühlen, während die Pflugschar in Verbindung mit dem Streichbrett ein Umlegen der Schollen bewirkt.

Wie bereits erwähnt, gab es Eggen mit Holzzähnen neben solchen mit Zähnen aus Eisen. Wenn in Inventaren des 17. und 18. Jahrhunderts von eisernen Eggen die Rede ist, so bezieht sich das immer auf Eggen mit einem Holzgestell, in dem die eisernen Zähne befestigt sind (vgl. S. 54). Die ursprünglichste Egge war wohl die sogenannte Strauchegge, die im Grunde genommen aus zusammengefaßten Reisern beziehungsweise Astwerk bestand, das beschwert und vor allem im Frühjahr zu einer Reinigung der Erdoberfläche verwendet wurde.

Pflug und Egge wurden normalerweise in unserm Land von Ochsen gezogen. Eine Spanntiergrenze, wie sie in Norddeutschland festgestellt wurde, bei der also Landschaften mit Pferdebespannung neben solchen mit Rinderbespannung zu unterscheiden waren, dürfte es bei uns nicht gegeben haben. Die Pferdeanspannung gehörte offenbar mehr zu den großbäuerlichen Betrieben und damit auch in die wohlhabenderen Gegenden. Was die Rinderanspannung anging, so war das Doppeljoch ohne Zweifel von jeher üblich. In einem Teil von Franken und der Oberpfalz dagegen zogen im 19. Jahrhundert die Ochsen nicht je zwei an einem gemeinschaftlichen Joch, sondern jeder für sich mittels einer Platte, die an der Stirn befestigt war (sogen. Stirnholz). Dieses war auf der Stirn- beziehungsweise Außenseite flach beschnitzt und behobelt. Die Stirnseite war mit Schweinsborsten unter einem Lederüberzug gepolstert. Im Altbayerischen nannte man das Stirnholz auch »Büffel«.

Die Aussaat mittels eines Säetuchs oder Säekorbes war von altersher Frauenarbeit, ungeachtet dessen, daß der Sämann von jeher in der Literatur ein Sinnbild gewesen ist. Es sei an den Säerspruch von Konrad Ferdinand Meyer erinnert:

»Bemeßt den Schritt! bemeßt den Schwung!
Die Erde bleibt noch lange jung.

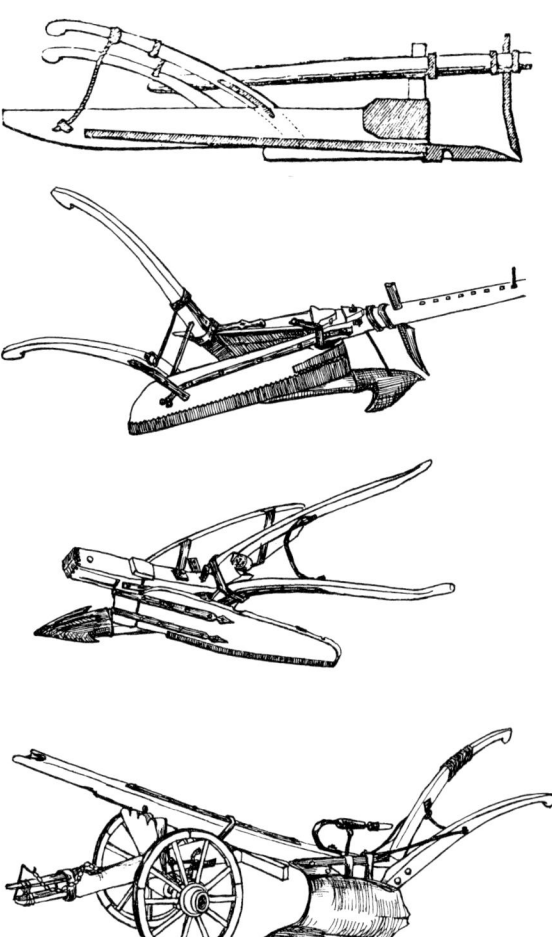

Von oben nach unten: Fränkischer Beetpflug 19. Jh.; Rottaler Pflug erste Hälfte 19. Jh.; Häufelpflug für Kartoffeläcker; Niederbayerischer Wendepflug.

Dort fällt ein Korn, das stirbt und ruht.
Die Ruh ist süß. Es hat es gut.
Hier eins, das durch die Scholle bricht.
Es hat es gut. Süß ist das Licht.
Und keines fällt aus dieser Welt
Und jedes fällt wie's Gott gefällt.«

Seit dem hohen Mittelalter vollzog sich der Anbau in der Form der Dreifelderwirtschaft, wobei jedes Feld der Reihe nach mit Wintersaat und Sommersaat bestellt wurde, auf die die Brache folgte, also ein Jahr, in dem der Acker ruhte. Bei der verbesserten Dreifelderwirtschaft baute man auf dem Brachland Klee oder Kartoffeln an. Der Historiker Werner Rösener[26] beurteilt die Dreifelderwirtschaft wie folgt: »Die Dreifelderwirtschaft, die sich seit dem Hochmittelalter ausbreitete und

Rüttelegge, spätes 19. Jh., aus Schierling/Niederbayern.

die im Zug des hochmittelalterlichen Landesausbaues entstandene intensiv bewirtschaftete bäuerliche Kulturlandschaft sind elementare Voraussetzungen für die Entfaltung des Städtewesens und für den Aufschwung der europäischen Wirtschaftsmacht.«

Die Bauernarbeit der vergangenen Jahrhunderte ist in zahllosen Jahreszeiten- und Monatsbildern dargestellt. Besonders bemerkenswert ist dabei, daß das Getreide bis weit ins 19. Jahrhundert hinein, in Bayern teilweise sogar bis in das 20. Jahrhundert mit der Sichel geschnitten wurde. Nur diese Form ermöglichte es auch, gutes Stroh zum Dachdecken zu gewinnen. Zunächst wundert man sich, daß in den Verlassenschaftsinventaren vielfach nicht so viel Kornsicheln aufgeführt werden, wie sie beim Einsatz vieler Arbeitskräfte vorhanden gewesen sein müßten. Dies erklärt sich jedoch dadurch, daß die Taglöhner ihre Sicheln offenbar immer selbst mitgebracht haben. So wie die Viehhaltung nie ein Ausrasten oder gar einen Urlaub geduldet hat, so war es im ganzen gesehen mit der Landwirtschaft überhaupt, denn in den Wintermonaten mußte wochenlang gedroschen werden, und zwar mit Dreschstecken oder Dreschflegeln, bis Ende des vorigen Jahrhunderts die Dreschmaschine aufkam. Das Dreschen galt immer als Schwerarbeit, und dementsprechend wurde das auch bei der Kost berücksichtigt. Heinrich Mörtel[27] schildert sehr anschaulich in seinem Büchlein *Bauernarbeit in Nordost-*

oberfranken um 1900 das Dreschen. Er sei daher im Wortlaut zitiert: »Die Drischl war dasjenige Gerät, zu dessen richtiger Handhabung der Anfänger am meisten zu lernen hatte. Zum Beispiel den richtigen Schwung beim Ausholen, so daß der Knüppel nicht gegen den Stecken prallte, sondern seitlich vorbeischwang. Oder, daß man den Stecken beim Ausholen lose halten mußte, damit er, falls der Steckenhut einmal klemmen sollte, sich in den Händen drehen konnte, während man ihn beim Schlag fest packen mußte. Oder daß der Knüppel in seiner ganzen Länge aufschlagen mußte und nicht etwa zuerst mit dem vorderen Ende, was die haltende Hand prellte und dem Mittelband nicht gut bekam. Oder, wie man die genaue Stelle, wohin man schlagen mußte, auch wirklich traf, anstatt daß man einem anderen Drescher auf den Knüppel schlug oder selbst geschlagen wurde. Und schließlich vor allem, wie man auf den Bruchteil einer Sekunde genau Takt hielt. All das verlangte vollkommene Körperbeherrschung, verlangte Kraft und nicht zuletzt Übung. Zum Dreschtakt ist einiges zu sagen. Was die Drescher veranlaßte, im Takt zu schlagen, war keine überflüssige Spielerei, sondern eine uralte Erfahrung so gut wie aller Völker, die in Worte gefaßt besagt, daß jede Art von gleichförmiger Arbeit weniger ermüdet, wenn sie taktmäßig ausgeführt werden kann. Je nach der Zahl der verfügbaren Drescher gab es einen Dreitakt, Viertakt, Fünftakt, Sechstakt und Achttakt.« Mörtel erwähnt dann noch, daß sechs und acht Drescher sich in zwei Dreier- oder in Vierergruppen teilten, die von Beginn an in zwei schräg gegenüberliegenden Ecken des Tenns antraten. Die Fünfergruppe blieb ungeteilt (sie war ohnehin selten), und der fünfte bewegte sich dabei auf der Mittellinie des Tenns. Das Dreschen dauerte von November bis Februar. An Lichtmeß sollte es normalerweise beendet sein.

Was die STALLARBEIT angeht, so war sie hauptsächlich den Knechten und Mägden überlassen. Nur dort, wo die Landwirtschaft hinter der Viehwirtschaft zurücktrat, kümmerte sich auch der Bauer persönlich darum. Schelbert[28] erzählt: »Der Bauer selbst geht hier voran, und namentlich das Füttern liegt nur in seiner Hand. Ohne wichtige Ursache versäumt er keine Mahlzeit – Fütterung – durch den ganzen Winter. Das Melken und Kälbertränken geschieht teils von ihm, jedenfalls werden die Gehilfen hierin von ihm strenge kontrolliert.«

Ein Vorrecht des Bauern ist auch die BIENENZUCHT,

die namentlich in Mittelfranken auch als Wald-
bienenzucht betrieben wurde.

Landwirtschaft wurde aber auch von manchem
Dorfhandwerker betrieben, sozusagen als NEBEN-
ERWERB. Bezeichnenderweise berichtet das oberpfälzische Wochenblatt[29] zu dieser Frage folgendes: »Die meisten Leinweber, besonders welche
in Dörfern wohnen, leben nicht von diesem
Handwerk allein, sondern sind eigentlich Bauern,
die das Leinweben bloß im Winter, oder wenn sie
sonst keine Feldarbeit zu besorgen haben, als
Nebengeschäft treiben. Die Gesellen bleiben auch
nur während dieser Zeit bei ihnen und verdingen
sich den Sommer hindurch zu Bauernarbeiten.
Der größte Vorteil davon ist, daß die Fabrikate
hierdurch wohlfeil werden, folglich in der Kon-
kurrenz mit andern gewinnen, weil die Fabrikan-
ten nicht davon allein leben, sondern ihren Verdienst im Leinweben nur als Nebeneinkünfte ansehen.« Bei diesem Bericht fällt auf, daß von
Störarbeit überhaupt nicht die Rede ist.

Jeder größere bäuerliche Betrieb war auf zuver-
lässiges Gesinde angewiesen. Über seine Aufgaben im Haus und auf dem Feld sowie seine Kost
und Entlohnung unterrichten uns beispielsweise
herrschaftliche und klösterliche Dienstordnun-
gen, wie das schon genannte Dienstbotenbuch
des Klosters Scheyern aus der Zeit um 1500. Man
muß dabei davon ausgehen, daß die Dienstboten
seit Jahrhunderten in gewissem Sinn Mitglieder
der Familie waren. Ihre Entlohnung bestand aus
Nahrungsmitteln, Kleidungsstücken, auch Roh-
materialien wie Flachs, Wolle, Leder und nur zum
kleineren Teil in Geld. Die Löhne waren wohl
immer geregelt. Auch hierüber geben Dienstbo-
tenordnungen Auskunft und nicht zuletzt das
bayerische Landrecht von 1616 und die Gesinde-
ordnung von 1660. Schließlich bekamen sie auch
zu bestimmten Zeiten herkömmliche Geschenke.
So berichtet Johann Brunner[30] in seinem Heimatbuch: »Die am Karsamstag gelegten Eier gehören
dem Knecht, vom Ostersonntag der Dirn, vom
Ostermontag dem Hütbuben. An Ostern erhalten
die Dienstboten außer den Eiern sogenannte
Flecken, an Johanni Küchel, an Allerseelen Spit-
zel, an der Kirchweih Küchel, beim Ende der
Ernte wieder Küchel oder Drescherknödel, zum
Erntefest bessere Kost, außerdem an allen diesen
Festen ein Geldgeschenk. Wenn ein Stück Vieh
aus dem Stall verkauft wird, erhält auch der
Knecht oder die Magd eine Gab, je nach dem
Preise. Wenn ein Dienstbote zu Lichtmeß aus-

Zwei Dreschstecken, 19. Jh., aus Hohenbrunn bei
München. Aufnahme 1934.

steht, erhält er einen Brotlaib. Dieser heißt Käl-
berlaib.« Brunner erwähnt in diesem Zusammenhang auch noch Geldlöhne (Jahreslöhne) vor
dem Ersten Weltkrieg. Der große Knecht bekam
300 Mark, der kleine 200, die große Dirn 250
Mark, die kleine 180, das Hirtenmädel 170 Mark.
Selten achtet einer darauf, daß Bauernarbeit
nicht allein sachgerecht, zügig und ordentlich
geleistet wurde, sondern daß sie darüber hinaus
auch für das Auge schön wirken konnte, und dies
nicht ohne Absicht. Schon der alte Hesiod, der
selbst aus dem Bauernstand kam, hebt die Kunst
des Pflügers, gerade Furchen zu ziehen, hervor.
Dort wo die Feldstücke nicht gerade umgrenzt
waren, mußte man wohl auch einmal von diesem
Ideal abweichen, grundsätzlich war die gerade
Furche aber Zeichen für das Können des Pflügers.
Auch das Aufschichten des Brennholzes an der
Haus- oder Stadelwand oder in Beigen gab die
Möglichkeit, Schönheitssinn kund zu tun. So
konnte der eine oder andere etwa Fichten und
Erlenholz im Wechsel so aufschichten, daß
gleichsam farbige Bänder entstanden.

Das Aufstellen der Garben wie anschließend das
Aufladen des Erntewagens konnte Zeichen von
deutlichem Formempfinden sein, wie uns so
manche Erntebilder der Barockzeit verraten. Dies
setzte wie gesagt den Schnitt mit der Sichel
voraus.

Die Freude an gleichmäßigen Reihen kam unter
anderem auch bei der Ordnung der Zähne der

Rauchfangstock von 1867,
bemalte Vorderseite.
Berchtesgadener Land.

Holzrechen zum Ausdruck. Bei anderen Geräten, wie etwa den hölzernen Heugabeln und den Doppeljochen, war es die Symmetrie, die als kompositorisches Element zur Geltung kam. Zugegeben, das muß nicht immer bewußt angestrebt worden sein. Im Unterbewußtsein wurde es sicher so empfunden. Es war zu allen Zeiten Überheblichkeit des Intellektuellen, die beim Bauern von vornherein unterentwickelte geistige Fähigkeiten vorausgesetzt hat. Selbst noch Lehrer, die sich bemüht haben, volkskundliches Material zu sammeln, wie beispielsweise der wiederholt zitierte Johann Brunner[31] in Cham, schrieb zur Zeit des Ersten Weltkrieges: »Der Schule bringt unser Bauer im allgemeinen wenig Interesse entgegen. Je öfter er seine Kinder zur Arbeit frei bekommen kann, desto lieber ist es ihm. Für ihn ist der Schulzwang ein Stück moderner Tyrannei. Daher ist das, was die Kinder in der Schule lernen, bald wieder vergessen. Viele Bauern kennen nicht die Berge ihrer Heimat und wissen nichts von den gewöhnlichsten Vorgängen in der Natur. Es sind wenige, die ihre Söhne in die landwirtschaftliche Winterschule schicken ... außer dem Kalender gibt es nichts zu lesen.« Bei einem solchen Urteil braucht man sich nicht zu wundern, wenn vom Schönheitsempfinden der Landbevölkerung überhaupt nicht die Rede ist. Man hatte offenbar nicht begriffen, daß die geistige Kultur des Bauern von jeher ohne den Buchstaben ausgekommen ist. Typisch dafür ist bis in die Gegenwart hinein der Handschlag, mit dem beispielsweise beim Einstellen eines Knechtes alle Abmachungen und Verpflichtungen besiegelt werden.

Bauer und Bäuerin teilten sich in wohlüberlegter Weise in die Arbeit, die für die Aufrechterhaltung des Wirtschaftsbetriebes notwendig war. So ist es berechtigt, die Arbeitswelt des Bauern von jener der Bäuerin zu trennen und sich im folgenden dieser zuzuwenden.

Die Arbeitswelt der Bäuerin

»Kleinkind ist eine Himmelarbeit.« Leoprechting 1855

Es besteht kein Zweifel darüber, daß die Arbeit der Bäuerin wie auch die der Dienstmägde, oberflächlich betrachtet, jahraus jahrein höchst einförmig verläuft und – wie es immer wieder empfunden wird – überdies wenig Anerkennung zu finden scheint. Gelegentlich fand sie aber doch Verständnis, ja hinreißendes Lob, nicht zuletzt in der Literatur. Das beginnt bereits im Alten Testament, im Buch der Weisheit (Sprüche 31, 10–31), wo Fleiß und Ausdauer, Klugheit und Vorsorge der Frau gepriesen werden. »Sie sorgt für Wolle und Flachs und schafft mit emsiger Hand ... Auch des Nachts erlischt ihre Lampe nicht, nach dem Spinnrocken greift ihre Hand, ihre Finger fassen die Spindel. Ihr bangt nicht für das Haus vor dem Schnee, denn ihr ganzes Haus hat wollene Kleider. Sie hat sich Decken gefertigt. Sie webt Tücher und verkauft sie. Gürtel liefert sie den Händlern.« Hier wird ein ganzes Programm entwickelt, das auch für Mittelalter und Neuzeit in unseren Landen gilt.

Die alles überschauende Hausfrau wurde auch von Justus Möser 1778 in seinen patriotischen Phantasien gerühmt. Er beginnt zunächst mit der Beschreibung eines westfälischen Bauernhofes und konzentriert sich dann auf den freistehenden Herd: »Der Herd ist fast in der Mitte des Hauses und so angelegt, daß die Frau, welche bei demselben sitzt, zur gleichen Zeit alles übersehen kann. Ein so großer und bequemer Gesichtspunkt ist in keiner anderen Art von Gebäuden. Ohne von ihrem Stuhl aufzustehen, übersieht die Wirtin zu gleicher Zeit drei Türen, dankt denen, die hereinkommen, heißt solche bei sich niedersitzen, behält ihre Kinder und Gesinde, ihre Pferde und Kühe im Auge, hütet Keller, Boden und Kammer, spinnt immerfort und kocht dabei. Ihre Schlafstelle ist hinter diesem Feuer und sie behält aus demselben eben diese große Aussicht, sieht ihr Gesinde zur Arbeit aufstehen und sich niederlegen, das Feuer anbrennen und verlöschen und alle Türen auf- und zugehen, hört ihr Vieh fressen, die Weberin schlagen und beobachtet wieder Keller, Boden und Kammer. Wenn sie im Kindbett liegt, kann sie noch einen Teil dieser häusli-

chen Pflichten aus dieser ihrer Schlafstelle wahrnehmen. Jede zufällige Arbeit bleibt ebenfalls in der Kette der übrigen. So wie das Vieh gefüttert und die Drösche gewandt ist, kann sie hinter ihrem Spinnrocken ausruhen, anstatt daß in anderen Orten, wo die Leute in der Stube sitzen, so oft die Haustüre aufgeht, jemand aus der Stube dem Fremden entgegengehen, ihn wieder aus dem Haus führen und seine Arbeit so lange versäumen muß. Der Platz bei dem Herde ist der Schönste unter allen. Und wer den Herd der Feuersgefahr halber von der Aussicht auf die Deele absondert, beraubt sich unendlicher Vorteile. Er kann sodann nicht sehen, was der Knecht schneidet und die Magd füttert. Er hört die Stimme seines Viehes nicht mehr. Die Einfahrt wird ein Schleichloch des Gesindes, seine ganze Aussicht vom Stuhl hinterm Rade am Feuer geht verloren und wer vollends seine Pferde in einem besonderen Stalle, seine Kühe in einem anderen und seine Schweine in einem dritten hat und in einem eigenen Gebäude drischt, der hat zehn mal so viel Wände und Dächer zu erhalten und muß den ganzen Tag mit Besichtigen und Aufsichthalten zubringen.« Die hier geschilderte westfälische Bäuerin wirkt, mit den Augen eines Oberdeutschen betrachtet, wie eine Gutsherrin. Sicher hat Justus Möser das Leben auf schwäbischen, fränkischen, bayerischen Bauernhöfen nicht näher gekannt. Dort herrschte ein wesentlich anderes Verhältnis zwischen den Dienstboten auf der einen und der Bäuerin beziehungsweise dem Bauern auf der anderen Seite. Abgesehen davon liegt es auf der Hand, daß Unruhe im Stall auch dann vernehmbar war, wenn dieser nicht unmittelbar neben der Wohnstube lag.

Beide zitierten Beispiele unterstreichen, daß die Arbeit der Frau sich vorzugsweise im Haus und seiner unmittelbaren Umgebung vollzog. Man wird aber auch ihre Arbeit im Garten und auf dem Feld zu würdigen haben. Hierfür findet sich ein sehr früher literarischer Beleg.[32] Kurz und bündig wird die schwere Arbeit der Bauernmagd und Bäuerin im *Helmbrecht* der Gotelind vorgestellt, für den Fall, daß sie einen Bauern heiraten würde: »bi dem muestu niuwen, dehsen, swingen, bliuwen und dazu die rueben graben (Vers 1350 ff.).« Damit werden folgende Arbeiten aufgezählt: Gerste und Hirse stampfen (niuwen), Flachsbrechen (dehsen) und schwingen (swingen), die Wäsche mit dem hölzernen Wäscheklopfer (Wäscheploi, Pracker) klopfen (bliuwen) und schließlich auf dem Feld die Rüben graben beziehungsweise stechen. Der Dichter nennt zwar nicht alle Arbeiten, jedoch sehr wesentliche, die mit der Nahrungsbeschaffung und der Kleidung zusammenhängen.

Auf dem St. Gallener Klosterplan (820) sind bereits neben Mühle und Dörrstube die Stampfen (pilae) vorgesehen, entsprechend den Arbeitsvorgängen zur Nahrungsbereitung, die auch von jeder Bauernwirtschaft wahrgenommen wurden.

Nicht zuletzt obliegt der Frau Pflege und Aufzucht der Kinder, bis sie in den familiären Arbeitsprozeß eingegliedert werden konnten. Damit ist der Stoff der folgenden Betrachtung umrissen.

Zunächst noch einen Blick auf das häusliche Milieu, in dem sich die Arbeit der Bäuerin vollzieht. Der anschaulichen Schilderung eines Justus Möser von den Wohngewohnheiten in einem niederdeutschen Hallenhaus am Vorabend der Französischen Revolution sei die Darstellung der WOHNVERHÄLTNISSE in der nördlichen Oberpfalz gegenüber gestellt, so wie sie ein sehr nüchtern blickender Arzt um 1860 gesehen hat: »In den meisten Fällen birgt das Bauernhaus nur eine Stube, darinnen weilen Männer und Weiber, Knechte und Mägde, Kinder und Nachbarn unter dem kolossalen Ökonomieofen (gemeint ist ein Kachelofen, der mit Kochvorrichtung kombiniert ist), der Tag und Nacht gleiche Hitze, sei es Sommer oder Winter ausstrahlt, in dem für Mensch und Vieh jahraus und jahrein gekocht wird; unter diesem stattlichen Gebäude, das keiner Bauernstube fehlt, schnattern Gänse, krähen Hühner, grunzen Schweine. Hier wird das Futter des Rindviehs abgebrüht, dort Kartoffel für die Schweine gestoßen. Ein immer offener Wasserhafen, der sogenannte Höllhafen, entwickelt fortwährend qualmenden Wasserdunst, während aus dem Rohre die Gerüche verbrannten Schmalzes, bratender Kartoffel und tausend andere Gasarten das Zimmer durchziehen. In solcher Staffage erblickt das Kind zuerst das Licht der Welt.« Der Arzt vergißt keine Einzelheit, um schließlich noch zu berichten: »Der Tote bleibt nämlich vom Augenblick des Todes bis zum Begräbnis in demselben Zimmer liegen, in dem die ganze Familie lebt, kocht und schläft und nur eines hindert die Schädlichkeit dieser Sitte, nämlich die Gewohnheit, sobald als möglich den Verstorbenen begraben zu lassen, was trotz aller Vorstellungen der Leichenschauer und Seelsorger aus natürlich ökonomischen Gründen nicht abzubringen ist.« Der Berichterstatter vergißt nicht zu erwähnen: »...im allgemeinen ist das Leben des Landmannes trotz aller Mühe und Arbeit ein langes und von Krankheit wenig heimgesuchtes.« Das düstere Bild niederbayerisch-oberpfälzischer Wohnverhältnisse wird in anderen Schilderungen jener Zeit noch weiter ausgeführt: »Es werden in der Stube Wasserdünste in einer Menge entwickelt, daß besonders im Winter Tropfen fortwährend von Wänden und Möbeln rinnen. Das gewöhnliche Beleuchtungsmittel, ein harziger Span aus Föhrenholz, trägt nicht wenig dazu bei, den Qualm zu verdicken. Die Fenster gehen auf die Düngerstätte und der Stubentüre gegenüber liegt gewöhnlich der Viehstall. So mag das Dorf in den gesündesten Luftraum eingesenkt stehen, der Dorfbewohner weiß sich doch mit einer schlechten ungesunden Atmosphäre zu umgeben.«

Die deutschen Landschaften sind in dieser Beziehung, was die Wohnlichkeit angeht, sehr unterschiedlich gewesen. Allgemein wird beispielsweise betont, daß die schleswig-holsteinische Bauernstube einen stark bürgerlichen Einschlag hatte und hinsichtlich Reichtum, Vielgestaltigkeit und Geschlossenheit des Raumes sowohl die Niederdeutschen wie auch die übrigen deutschen Stuben bei weitem übertroffen hat[33], wozu man noch die Vierlande und das Alte Land bei Hamburg zählen kann. Solche Wohnlichkeit war in erster Linie Werk der Frau. In Schleswig-Holstein, besonders in Nordfriesland, gehörte zu ihrem Pflichtenkreis auch das Bestreuen des Bodens mit Sand. Da es eine Kunst für sich war, erlaubte es die Hausfrau nicht einmal ihrer Tochter, sie zu üben.

Besondere Wohnlichkeit im bürgerlichen Sinne strahlten im 19. Jahrhundert auch die Bauernstuben im schwäbischen Ries aus, rings um die ehemalige Reichsstadt Nördlingen. Sie fielen schon wegen ihrer großen Abmessungen auf, ihre Fenster hatten Vorhänge. »An der Wand beim Ofen stand ein Bett, das nicht, wie sonst in kleinen Bauernhäusern üblich durch eine braungestrichene Verkleidung vom übrigen Raum abgesondert war«, so schildert sie der im Ries geborene Schriftsteller Melchior Meyr. Der abgetrennte

Frauen bei der Feld- und Erntearbeit. Jungfernspiegel um 1200.
Rheinisches Landesmuseum Bonn.

Raum, von dem die Rede ist, war auch den Mittelfranken bekannt. Sie nannten ihn Kanzleile oder Kanzlei.

Neben den eigentlichen Wohn- und Aufenthaltsräumen gehörten ins Haus noch die Schlafkammern fürs Gesinde und meist eine Austragsstube (das Stübel) für die Eltern, die sich auf ihr Altenteil zurückgezogen hatten. Eigene Austragshäuschen konnten sich nur besser gestellte Bauern leisten. Die Austragsstube war nur notdürftig eingerichtet. Manchmal fehlte sogar ein Ofen. Dort, wo dieser Raum neben dem Stall lag, war er häufig feucht und ungesund. Die Alten hielten sich tagsüber in der allgemeinen Wohnstube auf, was vielfach vertraglich abgesichert war, und machten sich, so weit es ihnen noch möglich war, durch häusliche Arbeit und Kinderhüten nützlich, damit ihnen die Jungen das Essen nicht umsonst geben mußten.

Im großen gesehen war die Wohnlichkeit der ländlichen Anwesen regional verschieden. Dem entsprechend war auch die Arbeit, um das Haus in Ordnung zu halten, für die Hausfrauen ungleich zeitraubend. Gliedert man den Aufgabenbereich der Hausfrau nach dem Ort der Verrichtung, so gewinnt man zwei große Gruppen: die erste bezieht sich auf die Arbeit im Haus. Hierzu gehört das tägliche Kochen und die Stallarbeit.

Die zweite Gruppe bezieht sich auf das Brotbakken, verschiedene Arbeiten im Hof und auf dem Feld und auf das Wäschewaschen, das gewöhnlich vor dem Haus in größeren zeitlichen Abständen erfolgte. Der zeitliche Abstand war möglich, da die Aussteuer einer Bauerntochter in der Regel reichlich bemessen war (vgl. S. 136).

In neuerer Zeit hat die Volkskunde dem Thema WÄSCHEPFLEGE wiederholt große Aufmerksamkeit gewidmet. So zum Beispiel Robert Reiter[34] zu Waschen und Wäschepflege im Coburger Land. Da es ihm möglich war, verschiedene Gewährsleute zu befragen, konnte er deren Berichte im Wortlaut bringen. Aus seinem Material sei ein Beispiel ausgewählt, das sich speziell auf bäuerliche Verhältnisse bezieht. Der Text lautet: »Zuerst wurd' der Waschtag bestimmt, und der mußt' sich in der Landwirtschaft nach den übrigen Arbeiten richten. Es wurde ungefähr im 4-Wochen-Rhythmus gewaschen. Das konnt' aber eben nicht immer eingehalten werden, denn man war davon abhängig, was auf dem Hof sonst noch los war. Im Winter war das kein so großes Problem, aber im Sommer; wir mußten ja alle schwer auf den Äckern und im Garten arbeiten. Ich kann mich erinnern, daß immer dann gewaschen wurd', wenn etwas Zeit war: vor Weihnachten, dann wieder zur Fasnacht, vor Ostern, zu Pfingsten, zwischen Heu- und Schnitternte, nach der Getreideernte, vor dem Erntedankfest, zur Kirchweih', zu Allerheiligen, um den 1. Advent und dann erst wieder zu Weihnachten.

Und wenn der Waschtag bestimmt war und es darauf zu ging, wurd' die dreckige Wäsch' sortiert und gleichzeitig unsere drei Holzzuber vorgeweicht. Das Holz in den Zubern mußte ja zuerst quellen, sonst waren die nicht dicht und haben getropft, wie jedes Faß auch. Am Abend vor dem eigentlichen Waschtag wurde die Wäsch', nach Sorten getrennt in die Zuber 'neigeweicht. In das Einweichwasser kam Soda und Seife, damit der Dreck richtig aufgeweicht ist.

Wir waren vier Erwachsene und zwei Kinder. Die Erwachsenen brauchten jede Woche ein Hemd und Schlüpfer. Der Vater hat nur im Winter Unterhosen getragen, weil es zu der Zeit noch keine Männerschlüpfer gab. Die Großmutter hat die Frauen-Unterhosen von früher noch nicht gekannt und deshalb auch keine getragen. Die hat Röck' getragen bis auf die Füß', da war sie warm eingepackt. Ja, und wir Kinder werden wahrscheinlich etwas mehr gebraucht haben, denn wir sind ja öfter in den Dreck gebollert. Und in der Schule mußten wir immer sauber sein. Dann hat jeder seine Sonntagswar' gehabt mit dem weißen Feiertagsschürzer. Außerdem hat es extra Stallwar' gegeben, ein Stallkleid für die Mutter und die Magd, und der Vater hatte einen Stallkittel. Und wenn man zur Arbeit nach draußen ging, zum Futtermachen oder auf den Acker oder 'nein Garten, da gab es wieder extra Arbeitskleidung, die war besser als die Stallwar'. Der Vater hatte einen blauen Kittel, eine blaue Jacke und eine Arbeitshose, im Sommer eine blaue und im Winter eine Manchesterhose. Die Frauen hatten ihre extra Kittel und Schürzer und im Sommer dann gedruckte Blautuchkleider.

Tischtücher hat es alle Wochen gegeben und die Bettwäsch' wurd' gewechselt an Weihnachten, Fasnacht, Ostern, Pfingsten, zwischen Heu- und Schnitternte, an der Kirchweih', wenn jemand krank war oder wenn Besuch kam, aber öfter wurd' nicht abgezogen.

Gewaschen hat die Mutter zusammen mit der Magd. Bei uns wurd' die Wäsch' zuerst gekocht und dann erst gerumpelt. Ich kann mich erin-

Isarwinkler Bäuerinnen
auf dem Viehmarkt in Bad Tölz um 1920.

nern, daß tagelang das ganze Haus nach Wäsch'-lauge gestunken hat.

Am Waschtagmorgen nach dem Füttern ging es los. Da hat die Mutter als erstes den Waschkessel eingeheizt und mit Wasser und Seifenbrüh' aufgefüllt. Unser Waschkessel war in einer Kücheneck' eingemauert und wurd' gleichzeitig als Schlachtkessel verwendet. Zum Schlachten wurd' er natürlich vorher tüchtig ausgefummelt mit Sand, damit er wieder sauber war und nicht alles nach Seife geschmeckt hat.

Solange das Wasser gebraucht hat zum Kochen, kam die Wäsch' aus der Einweichbrüh' 'raus und wurd' gleich aweng ausgestaucht, damit das Schmutzwasser 'raus ging. In die Kochbrüh' kamen dann als erstes die weißen Stücke, die beste Wäsch', denn da war die Seifenlauge ja noch am stärksten. Ungefähr eine halbe Stunde blieb das weiße Zeug in der Kochlauge und die Magd mußt' mit einem großen Holzlöffel umrühren. Dann hat sie die Wäsch' Stück für Stück mit dem Holzlöffel rausgefischt und in einen Zuber geworfen.

Nach der weißen Wäsch' kamen dann die Leinentücher, dann die bunte Bettwäsch', die farbigen Männerhemden – die Frauen haben ja schon weiße Hemden gehabt. Dann kamen die ganz bunten Flanellhemden, die die Großmutter getragen hat, denn das war ja eine alte Frau. Und dann ging es auf die Blau-Wäsch' zu. Die hat die Mutter erst am Schluß in den Waschkessel, weil ja das Wasser nicht mehr kochen durft', sonst hätt' die ja gefärbt. Wenn die Wäsch' gekocht war, haben die beiden Frauen die Zuber mit der heißen, dampfenden Wäsch' raus auf den Tritt geschleift. Dort haben sie sich einen alten Schürzer umgebunden und die Wäsch' rausgerumpelt. Wenn die Wäsch' es gebraucht hat, wurde dazu noch einmal Kernseife genommen und kräftig eingeseift. Die Kernseife lag jedenfalls immer griffbereit auf dem Zuber. Wurzelbürsten hat die Mutter übrigens nur wenig benutzt, sie hat mehr auf der Rumpel gearbeitet. Oder die Mutter hat mit der Hand geribbelt, aber das war schlecht, denn da ist die Haut schnell von den Knöcheln 'runter.

Die Zuber standen zumeist auf einem Dreifuß, damit man sich nicht so tief bücken brauchte. Das ging ja furchtbar aufs Kreuz. Manchmal hat man das Waschwännla auch auf die Treppe gestellt, das ging auch. Im Winter, wenn wir drinnen im Hausflur gewaschen haben, hat man den Zuber auf einen alten Stuhl gestellt.

Dann wurd' die Wäsch' nacheinander 'rausgerumpelt und dann nacheinander in die Fleuzuber getan und zweimal gefleut. Im Sommer hat man die Wäsch' auf dem Tritt gefleut, da wurd' ja auch gerumpelt, und im Winter mußt man das auch im Hausflur machen. Im Hausflur waren auch die Fleuzuber gestanden, in denen man die Wäsch' nausgefleut hat. Zwei Stück hat man dazu gebraucht. Aber es war schon viel praktischer draußen zu waschen, denn es wurd' ja viel gespritzt und da hätt' man sonst hinterher immer stundenlang aufwischen dürfen.

Zu meiner Zeit gab es keine Pottasche mehr. Aber meine Großmutter hat das noch erlebt, das muß dann wohl im vorigen Jahrhundert gewesen sein. Da wurd' die Waschlauge nicht aus Seife, sondern aus Buchenasche und Wasser angerührt. Holzasche hatte auch eine reinigende Wirkung.

Aber ich kann mich erinnern, daß in meiner Kindheit noch viele Leut' ihre Wäsch' im Fluß mit einem Pleubel gewaschen haben. Das war so eine Art Holzhammer, mit dem die Wäsch' geschlagen wurde.

Manche Leut' haben ihre ganze Wascherei unten am Fluß gemacht, die sind mit der dreckigen Wäsch' runter und mit der fertigen wieder heim. Das waren arme Leut', die keinen eigenen Kessel und keinen Platz zum Waschen hatten. Die Frauen haben dann bloß ihr leinernes Hemd angehabt mit den kurzen Ärmeln und haben ihren Rock bis zu den Knien 'naufgebunden. Die Frauen stellten sich eine Waschbank in den Fluß, so daß die eine Seite am Ufer auflag und die andere Seite mit den Beinen im Wasser stand. Und dann haben die Weiber ihre Wäsch genommen und da d'rauf gelegt, haben aweng Seife d'raufgeschmiert und mit der Wurzelbürste geschrubbt. Und dann wurd' die Wäsch zusammengelegt und fest mit dem Wäsch'pleubel geschlagen. Dazu haben die Weiber das schwere Leinen in Falten gelegt und dann gepleut. Die Wäsch wurd' auch im Fluß gefleut und auf der Wiese am Ufer zum Bleichen und Trocknen aufgelegt.

Gebleicht haben wir unsere Wäsch' im Sommer aber auch noch oft. Die wurd' nach dem Fleuhen auf unserem Wiesla zum Trocknen aufgelegt. Dann hat sie die Mutter mehrmals begossen und immer wieder von der Sonne trocknen lassen. Dadurch ist die Wäsch' eben ausgebleicht. Das war auch eine umständliche Sach', denn es kam natürlich oft vor, daß die Wäsch' wieder Flecken einfing durch einen Vogelschiß oder es hat sich ein Huhn darauf verirrt. Dann mußt sie nocheinmal gefleut und dann wieder aufgehängt werden. Getrocknet wurd' die Wäsch' im Sommer im Obstgarten. Da wurden zwischen den Bäumen Seile gespannt und mit Pfählen abgestützt. Da kamen erst die hellen Hemden auf die Leine, denn wenn das Wetter schön war, war ja die erste Wäsch' längst aufgehängt, bevor die letzte aus dem Kessel 'rauskam.

Im Winter war das schon schwieriger. Am Boden lag das Getreide, da war es so staubig, daß man die Wäsch' schlecht aufhängen konnt. Da hat man es lieber in die Scheune, wenn dort genügend Platz war. Da hat sie dann auch ganz besonders gut gerochen. In der Scheune hat man sie trockenfrieren lassen, dann hat man sie reingetan. Wir hatten in der Stube über dem Kachelofen eine lange Stange, da wurd' die Wäsch dann nachgetrocknet. Und wenn die Stange nicht gereicht hat, haben wir halt Schnüre spannen müssen. Da hing dann die ganze Stube voller Wäsch, das können sich heutzutag die Jungen auch nicht mehr vorstellen.

Wenn die Wäsch' gewaschen, gefleut und gebleicht war und auf der Leine hing, war für die Mutter erst einmal der Fall erledigt. Das Trocknen selber war Nebensache, das ging ja von alleine. Manchmal hing die Wäsch' auch tagelang drüben im Obstgarten, wenn die Mutter nicht gleich zum Bügeln oder Mangeln kam. Gebügelt wurd' zumeist nicht gleich am nächsten Tag, wie das in den Stadthaushalten üblich war. Mit dem Bügeln ging es in einer Bauernwirtschaft erst dann weiter, wenn halt grad' Zeit war, denn im Hof, im Stall und auf den Äckern oder im Garten war ja auch noch genug Arbeit. Und da konnt' die Mutter und die Magd nicht tagelang ausfallen.

Wenn dann aweng Zeit war, wurd' die Alltagswäsch' und -kleider mit dem Mangholz und dem Mangscheit gemangt. Dazu mußt' die Wäsch mangtrocken sein, d. h. sie mußte a bißla zäh sein, daß man sie schön legen konnt'. Die großen Stücke hat man zu zweit in Form gezerrt und dann auf die entsprechende Größe gefaltet. Dann wurden die einzelnen Stücke um das Mangholz gewickelt.

Die Rolle wurd' dann mit dem Mangbrett hin- und hergerollt, gleichzeitig kräftig d'rauf gedrückt, damit es richtig glatt wurd'. Dann hat die Mutter den Prügel rausgezogen und die Wäsch' mit dem Mangholz fest zusammengepatscht. Dadurch wurden die Brüche so 'reingedrückt, daß man die Wäsch später gut stapeln konnt'. Die Hemden und die Bettwäsch und die Schürzer hat die Mutter alle so behandelt. Jacken hat man immer ungebügelt angezogen, die wurd' bloß aweng glatt gestrichen. Wenn die Wäsch' dann fertig gemangt war, wurd' sie auf die Ofenstange gehängt bis sie trocken war. Im Sommer, wenn das Wetter schön war, hat man die gemangte Wäsch' nocheinmal in den Garten getragen und auf das Wäsch'seil gehängt. Da ging ja mehr d'rauf.

Gebügelt wurd' nur die Sonntagswäsch', die Sonntagshemden und alle guten Stücke. Wir hatten damals noch Kohlebügeleisen. Da wurd' in das Bügeleisen glühende Kohle eingefüllt. Diese Bügeleisen hatten oben einen Deckel, den man aufmachen konnt und da kamen die glühenden Kohlen rein. Die mußten dann immer nachgefüllt werden. An den Seiten waren kleine Öffnungen, damit Luft reingekommen ist, sonst wär die Glut ja ausgegangen. Und damit mehr Luft 'reinkam, wurden die Bügeleisen dazwischen immer kräftig hin- und hergeschwenkt. Ich seh' meine Mutter heut' noch, wie sie im hohen Bogen das Bügeleisen geschwenkt hat. Gebügelt hat die Mutter zumeist draußen, weil ja immer Asche ausfiel.

Später hatten wir dann ein großes eisernes Bügeleisen, das wurd' in den Ofen, in die Glut gestellt zum Aufheizen. Da gab es eine Stange dazu, damit ist das Eisen ins Feuer geschoben worden. Und mit dieser Stange hat es die Mutter auch wieder aus der Glut 'raus geholt. Und dann gab es dazu noch einen auswechselbaren Holzgriff, der ist dann da, wo auch die Stange befestigt wurde, angemacht worden. Sonst hätt' man sich ja die Finger verbrannt.

Wenn möglich wurde die Wäsch' beim Bügeln auch gleich ausgebessert. In Erntezeiten ging das natürlich nicht, da mußt sie beiseiten gelegt werden. Dann ist die kaputte Wäsch in ein Körble 'kommen und wie sich dann g'rad Zeit ergab, hat die Mutter halt ausgebessert. Es wurd' bei uns alles mit der Hand geflickt, eine Nähmaschine hatten wir lange nicht. Oft war der Sonntag Mutters Flick- und Ausbessertag, da konnt sich die Mutter ruhig hinsetzen. Sonntag war zwar Feiertag, aber das Flicken galt im Vergleich zur anderen Arbeit schon fast als Ausruhen. Besonders in den Socken waren dauernd Löcher, die hat zumeist die Großmutter gestopft, die war damals 75 Jahr'. Am Schluß wurd' dann die Wäsch' z'sammgelegt und in die Wäsch'lad'n geräumt. Unsere Wäsch'lade war eine alte bemalte Truhe, die stand bei den Eltern im Schlafzimmer. Die Wäsch' wurd' so z'ammgelegt, daß jeder Stoß eine einheitliche Größe hatte. Da kam dann ein Stoß Bettwäsch', dann Arbeitshemden, Männerunterhosen usw., alles jeweils in derselben Größe, sonst hätt' das in der Truhe ein großes Durcheinander gegeben. Neben der Truhe stand ein Eimer mit Klappdeckel, da sind die Kleinigkeiten hineingekommen.

Die Seife hat immer meine Mutter gekocht, ich selber konnt das später gar nicht mehr. Als ich noch ganz klein war, wurd' kaum ein Stückchen Seife gekauft, die wurd' eben selber gemacht. Und im Ersten Weltkrieg war man dann ja auf die selbstgesottene Seife angewiesen, weil es dann doch kaum welche zu kaufen gab. Seife wurd' vor allem dann gesotten, wenn ein Tier eingegangen ist, zumeist ein Säula, oder Fleisch schlecht geworden ist. In einer Bauernwirtschaft durft' doch nichts verlorengehen, da konnt' man schlechtes Fleisch doch nicht einfach wegwerfen. Selbst die Abfälle waren viel mehr wert damals und wurden, wenn das irgendwie ging, weiterverarbeitet. Die beste Seife war aber die aus Rindertalg. Da wurd' nach dem Schlachten das überschüssige Fett in einen Kessel gekippt und 4−6 Stunden gekocht. Die Mutter hat dann Seifenstein und Salz als Lauge dazugeschüttet, damit die Masse verseift ist. Manchmal nahm man auch Alaun-Lauge. Und die Großmutter hat erzählt, daß zu ihrer Zeit eine Lauge aus Pottasche, Kalk und Salz zum Verseifen ins Fett geschüttet wurd', aber das war weit vor meiner Zeit. Ich kann mich noch erinnern, daß das ganze Haus bestialisch gestunken hat. Wenn die Seife fertig war, ließ die Mutter die Masse kalt werden. Dann wurde die Seife durch ein starkes Tuch gewunden, damit die Restnässe 'rausging, und auf Holzbrettern zum Trocknen aufgestellt.

Die Seife von meiner Mutter war zum Waschen gut, und weil sie ziemlich fettig war, hat man beim Waschen nicht so leicht aufgesprungene Hände gekriegt.«

Auf ein älteres Waschverfahren ging die Sonderausstellung[35] *Waschtag* des Österreichischen Museums für Volkskunde 1981 ein. Wir bringen den

Bäuerin beim Brotbacken um 1930.

Abschnitt über das Laugenwaschen (Sechteln): »Das Sechteln, auch Bauchen oder Laugenwaschen genannt, war früher der Hauptwaschgang. Die Lauge wurde im Sechtkessel (gemauerter Herd, Kupferkessel) erhitzt und mit einem Schöpfgerät (Sechter) über die in Lagen gebreitete (die schmutzigste zuunterst) Wäsche geleert. Am Boden des Sechtschaffes sammelte sich die schmutzgesättigte Lauge. Durch das Ausziehen des Zapfens aus dem Sechtschaff floß die Lauge in ein untergestelltes Schaff oder einfach in eine Grube. Die Lauge ließ man absitzen, schöpfte sie ab und verwendete sie mehrmals wieder. Gesechtelt wurde zwei-, dreimal bis fünfundzwanzigmal, das war gegendweise verschieden. Peter Rosegger berichtet, daß in der Steiermark die Wäsche neunmal mit heißer Lauge überbrüht wurde, ›weil sonst die Läus nicht sterben‹. Der Sechtkessel stand früher in der Küche, später in einer eigenen Waschküche. Der Waschkessel war ein kostbares Stück und erschien häufig in den In-

ventaren. Nicht jedes Haus besaß einen eigenen Sechtkessel; er wurde oft als Mehrzweckgerät verwendet, als Sechtkessel für Wäsche, zum Kochen des Schweinefutters, als Kochkessel für große Wassernudeln.«
Eine sehr wichtige und zugleich sehr anstrengende Tätigkeit, die immer Sache der Hausfrau war, das BROTBACKEN, fand ebenfalls in zeitlichen Abständen statt. Die Brotnahrung war im deutschen Sprachgebiet allgemein bekannt. Sie war aber im Mittelalter gegenüber der Breinahrung noch nicht so bevorzugt.
Der Brotteig wurde in hölzernen Trögen unter Zusatz von Sauerteig in der Stube bereitet. Der durchgeknetete Teig mußte ruhen und aufgehen. Danach wurden die runden Brotlaibe in Strohkörben geformt. Das Einheizen des Backofens erforderte mehrere Stunden. Die Hitze mußte geprüft werden. Eine mit einem nassen Hadern umwickelte Ofenkrucke diente zum Reinigen des Ofens vor dem Einschieben der Brotlaibe.

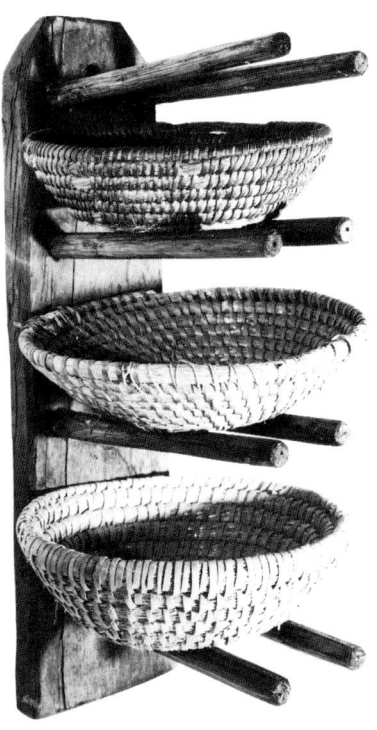

Brotsumper der zweiten Hälfte des 19. Jhs.
Hirtenmuseum Hersbruck.

Die fertigen Brote kamen dann zur Aufbewahrung auf hölzerne Gestelle. In jenen Orten, wo man zum Teil bis in die Gegenwart noch mit Gemeindebacköfen arbeitet, wurde die Reihenfolge, in der die einzelnen Familien backen durften, durch das Los bestimmt.

Allgemein war die Herstellung TEXTILER FÄDEN (Wolle, Leinengarn) verbreitet. Es waren die typischen Winterarbeiten auf dem Bauernhof, bei der sich Mägde und die Töchter des Hauses neben der Bäuerin betätigten. Das Weben dagegen war vielfach Berufsarbeit der Männer. Die Weberin, die für den Eigenbedarf Gewebe herstellte, war dort zu finden, wo jeder Hof sein »Flachsland« besaß. Allgemeiner dagegen war das Stricken verbreitet und selbstverständlich auch das Flicken und Ausbessern von Wäsche und Kleidungsstücken. In diesem Zusammenhang muß an die Weißstickerei erinnert werden, wie sie im 18. Jahrhundert von den Schwestern in der Herrnhuter Brüdergemeinde und im 19. Jahrhundert von einem Unternehmer C.G. Krause in Plauen (Vogtland) betrieben wurde. Diese WEISS-STICKEREI griff auch auf Oberfranken über, wo man im 19. Jahrhundert sehr aufschlußreiche Beobachtungen zum Wandel in der bäuerlichen Gesellschaft machen konnte. Aus einem Bericht aus der Mitte des 19. Jahrhunderts entnehmen wir folgendes: »Um Bern-

Brotbacken im Bayerischen Wald um 1920. Rechts im Bild hölzerner Ziehbrunnen.

Rieser Bauernfamilie um die Mitte des 19. Jhs. bei der Arbeit in der Stube während der Winterzeit.
Aquarellierte Zeichnung von Johann Friedrich Voltz.

eck, wo das Plauisch-Nähen in einem großen Teil der Hütten und Bürgerhäuser alle Hände beschäftigt, ist die Arbeit nahebei zur Mühsal geworden. Der geringe Verdienst gestattet nur wenige Ruhepunkte, und auf dem Werktagsleben lastet eine unerquickliche Monotonie, deren Wirkung sich in einem Mangel an Frische und Freudigkeit ausdrückt. Daß unter dem Druck derselben auch das Somatische Schaden nehme, ist eine ebenso unleugbare Tatsache als daß manche nachteilige sittliche Folge sich hieran knüpft. So entwöhnen sich zum Beispiel Mädchen, welche sich mit der Weißstickerei beschäftigen, der Unterordnung im Haushalte. Sie können sich als Dienstboten nicht mehr fügen und schätzen schließlich ihre Unabhängigkeit höher als ihre Solidität. Die Handarbeit wird ihnen verhältnismäßig schlecht bezahlt, und da sie sich selbst verköstigen müssen, so verdienen sie kaum so viel, als die Ehehalten eines behäbigen Bauern trotz allen Fleißes und aller Plage. Aber – sie gewinnen das freie Verfü-

gungsrecht über ihre Abende und Nächte, und diesen Gewinn möchten wir fast für einen Verlust ansehen.« So weit Eduard Fentsch.[36] Aber auch dort, wo die Dienstmägde nicht ihre Arbeit im bäuerlichen Haushalt aufgegeben haben, saß die ganze Familie damals am Stickrahmen, nähte und schaffte im Haus, auf der Flur, selbst auf der Gasse, wenn es die Witterung zuließ. An der Hauswirtschaft und am Schulbesuch wurde auf diese Weise manches versäumt. Diese Schilderung gewährt uns einen Einblick in den Beginn der Industriearbeit auf dem Lande.

Die kurze Übersicht über die weiblichen Handarbeiten seien nicht abgeschlossen ohne den Hinweis auf die sogenannten SPINNSTUBEN (Rockenstuben), die allenthalben in Oberdeutschland und darüber hinaus beliebt waren und sich in Bayern beispielsweise in der Rhön noch bis in unser Jahrhundert erhalten hatten. Die Spinnstube war das regelmäßige abendliche Treffen der jungen Leute eines Dorfes während der arbeitsarmen

Abende der Wintermonate. Dabei besuchten die Burschen die mit dem Spinnrad beschäftigten Mädchen, wobei die Arbeit mit einem geselligen Beisammensein endigte. Im Grund genommen waren es Mädchengemeinschaften, zu denen die Bauerntöchter etwa vom zwanzigsten Lebensjahr an bis zu ihrer Verheiratung gehörten. Diese Zusammenkünfte waren seitens der Behörden und Kirche nicht immer gern gesehen, weil es naturgemäß zu Ausgelassenheiten kam. So kennt man schon aus dem 16. Jahrhundert allerorts Verbote der »Gungelhäuser«.

Tritt man, bildlich und wörtlich, vor das Haus, so steht am Anfang der Außenarbeit der Frau die Obsorge für den GEFLÜGELHOF. Beim Füttern beteiligen sich hier gerne die Kinder. Auf vielen Höfen finden sich Tauben, denen, je nach der Landschaft, zum Teil eigene Taubenhäuser aus Holz oder Stein gebaut werden. In jüngster Zeit beginnt man sich für diese Schöpfungen ländlicher Architektur zu interessieren. Bildbelege führen bis an den Anfang des 16. Jahrhunderts zurück. Aufgabe der Bäuerin war auch die Pflege des KRAUT- und GEMÜSEGARTENS, des BLUMEN-WÜRZ-GÄRTLEINS, das meist besonders umhegt war. Dort findet man beispielsweise Nelken, Frauenblätter (Tanacetum Balsamite), Gardam (Artemisia Abrotanum), Weinespe (Raute, Ruta graveolens), Minzenkraut, Salbei (Salvia officinalis). Beim Garten befindet sich auch der Buchs und der Sevenbaum (Juniperus sabinus). Im Kraut- und Gemüsegarten zog man Gurken, Rettich, Kopfsalat, Zwiebel, Petersilie, Schnittlauch und anderes mehr.

Zu den Zierpflanzen zählen die Georginen, Malven, Pfingstrosen (Paeonien). Der Blumenschmuck am Haus hat offensichtlich seit der Biedermeierzeit zugenommen. Seine Pflege oblag vielfach den Mädchen. Unsere Freilichtmuseen gehen immer mehr dazu über, die einst landschaftlich unterschiedlichen Bauerngärten förmlich zu rekonstruieren. Die Kenntnis der heimischen Pflanzenwelt muß einst sehr beträchtlich gewesen sein, und dies nicht über den Schulunterricht, sondern über die mündliche Unterweisung zu Hause von Generation zu Generation. Wenig beachtet wurde von der Volkskunde bisher jener Teil der Arbeit auf dem Lande, den man zur sogenannten aneignenden Wirtschaft zählt, wie beispielsweise das KRÄUTER- und BEERENSUCHEN. Das Beerensuchen wurde von Kindern und

Erwachsenen betrieben. Gesammelt wurden Erdbeeren, Heidel- oder Schwarzbeeren, Himbeeren und Preiselbeeren. Bei den letztgenannten setzte der Staat den Beginn des Sammelns fest. Nicht vergessen sei, daß die beerensammelnden Kinder beim Heimweg gelegentlich gesungen haben. Aus der Zeit um 1908 sind beispielsweise folgende Verse überliefert:

Holldirol
Deutschland ist voll
Rußland ist leer
Und wir tragen alle schwer
Der Kukuk ist auf'n Stühlerl g'sessn
Hat uns d'Schwarzbeern all ausg'fressn
Hab'n wir uns wieder niederg'hockt
Hab'n wir uns wieder vollg'brockt.
(Altmannstein bei Riedenburg)

Hoi Tiroi
allesama voi
Ist da Gockl af das Stoihlein g'sess'n
Hat uns alle Schwarzba g'fress'n
Hama uns wieda nieda ghockt
Hama uns wieda anda brockt.
(Thaldorf bei Kelheim)

Hoamzua hoamzua,
Heiglbiern ham ma gnua
(Pleiskirchen bei Altötting)

Von den PILZEN waren früher die Champignons wenig begehrt, bevorzugt wurden der Steinpilz (Boletus edulus), das sogenannte Rotkäppchen (Boletus rufus) und der Schafeuter (Polyporus ovinus). Sehr beliebt war beispielsweise auch der Eierschwamm oder Pfifferling (Chantarella).

Es gibt im Leben auf dem Lande vor allem bei der Außenarbeit Arbeitsketten, die alle auf der Grundnotwendigkeit, sich zu ernähren und sich zu kleiden beruhen, und dementsprechend zu allen Zeiten und bei allen Völkern gleich ablaufen. Eine solche Arbeitskette beginnt beispielsweise mit der Aussaat der Körnerfrucht und endet beim Brotbacken. Eine zweite, die zum großen Teil in den Arbeitsbereich der Frau fällt, ist die Gewinnung der Textilfasern. Diese sei hier unter dem Stichwort LEINEN betrachtet. Der Ausgangspunkt ist die Aussaat der Flachskörner. FLACHS (Linum usitatissimum) wurde je nach der klimatischen Lage im April oder Mai gesät. Hierzu mußte der Boden aufgeeggt sein. Hatten die Flachspflanzen eine gewisse Höhe (15 cm) erreicht, so setzte die Frauenarbeit mit dem Un-

68

Riffel, Webkamm und
Spannhölzer. Erste
Hälfte 19. Jh., Hessen.

krautjäten ein. Die Flachsblüte ist blau und wurde
einst in vielen Volksliedern gepriesen.

Die Ernte des Flachses setzte je nach der geographischen Lage im August oder September ein. Im Unterschied zur Getreideernte wurde dabei weder die Sichel noch die Sense benutzt. Der Flachs wurde vielmehr mit der Hand »gerauft« und sogleich sorgfältig zu Bündeln geordnet. Beim Raufen wurde die ganze Familie eingesetzt. Das Raufen des Flachses sollte in ein bis zwei Tagen beendet sein, um später ein möglichst gleichmäßiges Fasermaterial zu gewinnen. In manchen Gegenden wurde der Flachs noch am gleichen Tag in die Scheune gefahren.

Nun galt es, die Samenkapseln von den Stengeln zu lösen. Das geschah mittels des Riffels. Dazu dienten starke eiserne Kämme (die Riffeln), deren Zähne so eng gestellt waren, daß die Samenkapseln (Bollen) darin hängen blieben und abgestreift wurden. Die Stengel blieben geordnet beieinander. Sie wurden wieder gebündelt und in der Scheune aufbewahrt, bis sie im Spätherbst und Winter weiter bearbeitet wurden. Das Heimatmuseum in Maihingen bei Nördlingen hat große Sorgfalt auf die Darstellung der hier einschlägigen Geräte verwandt.

Vielfach war es üblich, den gerauften Flachs zunächst einmal mit einem Klopfholz oder Dreschstecken auszuschlagen. Diese Arbeit wurde gelegentlich als »Ploien« bezeichnet. Erinnern wir uns an das eingangs erwähnte Zitat aus dem *Helmbrecht,* so ließe sich überlegen, ob das dort als Wäscheklopfen interpretierte Ploien sich nicht auch auf das Flachsausklopfen beziehen könnte.

Die ölhaltigen Samenkapseln wurden auf dem Dachboden getrocknet. In einigen Gegenden half man diesem Prozeß nach, in dem man die Kapseln in den Backofen legte, damit sie spröde wurden und so leichter ausgedroschen werden konnten. Leinsamen und Kapseln wurden mit dem Sieb voneinander getrennt, sofern man nicht eine Windfege (vgl. S. 52) verwendet hat. Die leeren Kapseln wurden im Stall als Einstreu verwendet oder zum Ausfüllen der Fehlböden im Haus. Gab man die Kapseln den Kühen zum Futter, so ging die Milch zurück. Ein Teil des Leinsamens wurde aufbewahrt für die künftige Aussaat. Bei der Volks- und Tiermedizin spielte Leinsamen eine wichtige Rolle.

Häufig mißverstanden wird die Bezeichnung Flachsröste. Hier handelt es sich nicht um ein Trocknen, sondern um ein Faulen der Blattstengel, um die Leinbestandteile der Stengel aufzulösen und die eigentlichen Flachsfasern freizulegen. Dies geschah auf verschiedene Weise, etwa durch Auslegen auf tauigen oder regennassen Wiesen, wobei eine gewisse Luftwärme Voraussetzung war. Bei der Wasserröste wurden die Stengel in einen flachen Teich gelegt, dessen Boden mit Brettern ausgeschalt war. Hier blieben die Flachsstengel 14 Tage bis 3 Wochen. Der Flachs war fertig geröstet, wenn sich der Bast leicht von der Wurzel zur Spitze aus der Rinde löste. Dann wurde er zum Trocknen auf die Wiesen gelegt, bis er brüchig war. In große Garben gebunden wanderte er schließlich wieder in die Scheune.

Die Winterarbeit am Flachs begann mit dem Flachsbrechen. Dies war allein Frauenarbeit. Seit

Brechlerin aus Nessel-
wang um 1930.

Webstuhl aus Buch-
schachen bei Haag/
Oberbayern von 1670.
Heimathaus, Wasser-
burg/Inn. Ältester
datierter Webstuhl in
Oberbayern.

Schragenspinnrad, bürgerliche Form aus der Zeit um 1800. Stadtmuseum München.

raum mit einem aus Steinen gewölbten Ofen und mit Gestellen zum Lagern des Flachses. Dazu kam ein Vorraum, der meist nach drei Seiten offen war und in dem sich die hölzernen Flachsbrechen befanden. Diese besaßen bald eine, bald zwei hölzerne Klingen, da man den Arbeitsvorgang des Brechens nochmals in ein Vor- und Hauptbrechen aufteilte. Im 19. Jahrhundert verwendete man für das Brechen eine Art Maschine mit zwei bis drei gerieften Hartholzrollen, zwischen denen die Stengel durchliefen.

Nachdem die Holzfasern auf diese Weise abgelöst waren, wurden die Flachsfasern nochmals von Resten befreit mittels des sogenannten Schwingens. Dazu diente ein Schwingstock, ein aufrechtstehendes Brett, über das der Flachs gelegt wurde, der nun mit dem Schwingholz, einem Hartholzscheit, bearbeitet wurde. Das Produkt nannte man Schwingflachs. Als letzte Vorbereitung vor dem Spinnen wurde der Flachs noch gehechelt. Man unterscheidet grobe und feine Hecheln, je nach dem Stand der Eisenspitzen. Das Endprodukt, der Hechelflachs, besteht aus langen Fasern. Die kurzen Fasern, der Abfall, Werg genannt, konnte ebenfalls versponnen werden zu groben Säcken. Die gleichen Hecheln benutzte auch der Seiler für die Zubereitung der Hanffasern.

Die hier geschilderten Arbeitsvorgänge blieben sich jahrhundertelang gleich. Nicht so verhielt es sich mit dem nunmehr in der Arbeitskette zu nennenden SPINNEN. Bis zum 16. Jahrhundert wurde auf dem Land ganz allgemein mit der Handspindel gearbeitet. Das Spinngut wurde auf einen Stock, die sogenannte Kunkel gesteckt. Die Kunkel war förmlich Symbol für häusliche Frauenarbeit. Im Spätmittelalter gelang eine wichtige Erfindung, nämlich die Verbindung einer Spule mit einem Flügel, die es ermöglichte, die beiden Arbeitsvorgänge des Fadendrehens und Fadenaufwickelns miteinander zu verbinden. Die Drehbewegung wurde dabei durch Fußantrieb bewerkstelligt. In bäuerlichen Inventaren erscheinen die Spinnräder regelmäßig seit dem 17. Jahrhundert. Sie waren Drechslerarbeit. Die älteste Form dieser Spinnräder ist das sogenannte Schragenspinnrad, bei dem das Schwungrad in einem bockartigen Gestell gelagert war. Im 19. Jahrhundert wurden die Schragenspinnräder auch mit zwei Spulen angefertigt (Doppelspinnrad), die ein Spinnen mit beiden Händen ermöglichten. Bei dem sogenannten Stockspinnrad war die Spule über dem Schwungrad angeordnet.

Jahrhunderten bevorzugte man ein Dörren des Flachses in Backöfen oder in den schon genannten Brechstuben, die entsprechend einzuheizen waren (vgl. S. 43).

Die Brechstube besaß in der Regel einen Innen-

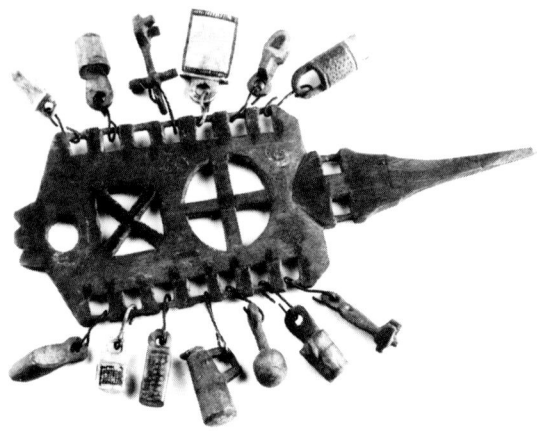

Rockengipfel Mittelfranken, Hirtenarbeit des 19. Jhs. Feuchtwangen, Heimatmuseum.

Ernteszenen im Umland von Nürnberg. Malerei auf dem Deckel eines Orgelklaviers von 1619,
vielleicht von Frederik van Valkenborch. Nürnberg, Germanisches Nationalmuseum.

Die AUSSENARBEIT der Frau ist mit den vielfachen Hantierungen zur Herstellung des Flachses noch keineswegs erschöpfend geschildert. Es wäre daran zu erinnern, daß die Bäuerin bei der Aussaat der Körnerfrucht beteiligt war. Mancherorts half sie sogar dem Mann beim Pflügen. Wesentlich beteiligt war sie an der Heu- und Grummeternte, wie auch am Getreideschnitt. Die Schnitterin ist jahrelang ein beliebtes Thema der Malerei gewesen, wie auch die Frau beim Garbenlesen und -binden. Beim Dreschen legte das weibliche Personal die Garben auf und sammelte das ausgedroschene Stroh wieder ein. Nicht zuletzt sei daran erinnert, daß zu dem »Rübengraben« in der Neuzeit seit dem 18. Jahrhundert das Kartoffelhacken und -ernten als typische Frauenarbeit hinzugekommen ist. Daß der Kartoffelanbau eine neue Phase im landwirtschaftlichen Leben und in der Ernährung der Massen eingeleitet hat, zeigt sich darin, daß die Kartoffel nicht wie das Kraut

(Kohl) in das Spruchgut des Volkes eingegangen ist: »St. Gall – tuet heim euer Kraut all (16. Oktober). An Ursula muess das Kraut hinein, sonst schneibt Simon und Judä drein (21. Oktober)« so etwa lautete es am Lechrain noch vor 100 Jahren.

Einen wichtigen Anteil hatte die Bäuerin am VERKAUF der Erzeugnisse Milch, Eier, Butter, Geflügel, Obst. In Hessen, Franken und Thüringen trug sie diese Güter in einem Korb auf dem Rücken. Im Mainzischen und anderenorts jedoch auf dem Kopf. Dies galt besonders für Gebirgsgegenden. Hier war als Unterlage für den Korb ein Tragpolster nötig. Die Körbe selbst wiesen landschaftliche Unterschiede auf. Die fränkischen hatten einen kreisförmigen Querschnitt, die thüringischen einen quadratischen, bei den hessischen war eine Wand hochgezogen. Solche Körbe waren vielfach regelrechte Meisterwerke der Flechtkunst. Sie waren im Mittelfränkischen zusätzlich durch Lederapplikationen verziert. Die unterschiedliche Art des Tragens war noch vor 150 Jahren im Spessart deutlich zu beobachten. Auf der Ostseite trug man die Lasten auf dem Rücken, im westlichen Bereich, dem ehemaligen mainzischen Hoheitsgebiet, auf dem Kopf.

In Niederbayern war es üblich, daß die Bäuerin den Erlös von Obst und Geflügel und ähnlichem selbst behalten konnte. Es war ihr sogenanntes Nadelgeld.

Eine wichtige Rolle im Leben der bäuerlichen Familie spielten die Kinder. Hierüber ist einiges zu berichten, auch wenn wir aus Bayern nicht allzu viel authentische Aussagen haben. Hier füllen die Erinnerungen der niederbayerischen Bäuerinnen Anna Wimschneider und Maria Hartl[37] in willkommener Weise eine Lücke aus.

In seinen Lebenserinnerungen befaßt sich Max Frommer[38] ausführlich mit dem Thema der KINDERERZIEHUNG auf dem Lande um das Jahr 1910. Er meinte: »Nach meiner Erinnerung sprach man in Isingen nie von gut erzogenen oder schlecht erzogenen Kindern. Der sprachliche Unterschied weist darauf hin, daß man für das Verhalten des Kindes nicht die Erzieher verantwortlich machte,

Traggeräte aus oberdeutschen Landschaften, 19. Jh.

Säebehältnisse, Bayern und Österreich, 19. Jh.

sondern das Kind selbst. Der eigentliche Erzieher war die feststehende und allgemein anerkannte Ortssitte; Eltern und Lehrer waren nur die mehr oder weniger geschickten Mittelsleute zwischen ihr und dem Kind. Fügte sich ein Kind in die Ortssitte ein, so war es brav; kam es mit seinem eigenen Wollen in Widerstreit zu ihr, so war es streitig… In Isingen sprach man überhaupt nicht davon, daß man die Kinder erziehen müßte, man sprach vielmehr vom »Aufziehen«. Dasselbe Wort verwendete man auch für das Vieh; ein Kälbchen konnte man entweder verkaufen oder »aufziehen«.

Kinder waren in der bäuerlichen Familie erwünscht, da sie einmal die billigsten Kräfte für die Arbeit auf dem Hof werden konnten. Pfarrer Schelbert[39] geht auf diese Frage nebenbei ein, wenn er schreibt: »Es gibt viele Familien mit zehn bis zwölf lebenden Kindern, solche ohne Kinder sind ziemlich selten. Es ist daher für jeden Menschenfreund ein wahrer Genuß in allen Dörfern und namentlich in allen Werktagsschulen des Allgäus die vielen schönen, gesunden, wohlgenährten und gut gekleideten Kinder zu sehen.«

Auf der anderen Seite war die Kindersterblichkeit sehr groß. Die Gründe hierfür sind bekannt. Vielfach waren ungeeignete Ernährung im Zusammenhang mit geringer Reinlichkeit schuld. So sauber auch die schwäbischen Stuben sein mochten, so kamen nach unseren heutigen Begriffen beim Aufziehen des Kleinkindes schwere hygienische Fehler vor. Wiederholt wird berichtet, daß die Mütter oder die Kindsmagd den Brei, den die Kinder bekommen sollten, zuerst selbst im Munde durchkauten und dann mit einem Löffel eingaben – zum Entsetzen der Ärzte.

Nebenbei ein Hinweis auf die Verwendung der Wiege im Bauernhaus. Sie wird in vielen volkskundlichen Arbeiten erwähnt als Aufenthalt und Ruhestätte des Kindes in den ersten Jahren. Befragt man jedoch die zahlreichen uns erhaltenen Verlassenschaftsinventare, so fällt auf, daß die Wiegen in diesen oft fehlen. Das läßt sich nur so deuten, daß neben der hölzernen Wiege auch geflochtene Körbe, ja gelegentlich sogar nur aufgehängte Tücher verwendet wurden. Die kleinen Kinder schliefen vom zweiten Lebensjahr an im Bett der Eltern. Waren sie größer, so fanden sie häufig ihre Schlafstätte im Dachboden.

Die Kleidung der Kleinkinder war in den ärmeren Landstrichen höchst bescheiden. Sie bestand lediglich aus einem Hemd. So wird beispielsweise

Mittelfränkischer Rückentragkorb, 1862. Lederapplikation und Pfauenstickerei.

berichtet: »Im kurzen, kaum an die Lenden reichenden Hemdchen sitzt das Kind im Feld, auf dem Rasen oder auf dem Boden der Stube.« Ärzte, die zu scharfer Kritik neigten, behaupteten: »Das Bad, welches die Hebamme dem Kind spendet, ist auf viele Jahre die einzige Reinigung des zarten Säuglings; das Hemdchen, das es heute anzieht, wird nach Jahr und Tag dem Kind noch immer dienen, wenn längst die Form sich ausgedehnt hat und das Kleidungsstückchen nur einen kleinen Teil des Körpers noch bedeckt.« In der Oberpfalz wurde grundsätzlich stets der Kopf warm gehalten. Zipfelmützen oder Pelzkappen trugen Kinder oft noch im Sommer, auch wenn sie sonst nur mit einem Hemd bekleidet waren.

Die Schulzeit war »des Bauern Jammer«. Die kleine Hilfe seines Sprößlings war ihm lieb und unentbehrlich geworden. Nun mußte er sie tagelang missen, mußte Schulgeld zahlen, Tafel und Schreibmaterialien, Bücher und andere notwendige Dinge kaufen. Im Sommer wurde der Schulunterricht mit Rücksicht auf die Feldarbeit nur auf ein paar Stunden ausgedehnt. Im Winter aber und im Frühling wurde die Schule den Eltern wie den Kindern zur Last und ständigen Plage. Die schulischen Erfolge blieben, wie Ärzte und Lehrer berichteten, unter solchen Umständen meist bescheiden. Immerhin entdeckten Lehrer und Pfarrer oft aufgeweckte Buben, die durch ihre Vermittlung dem Gymnasialstudium zugeführt wurden und später ihren Weg als Priester und Akademiker gegangen sind. Krüppelhafte und

Kinderwagen 19. Jh. Süddeutsch.

Bockschlitten 18. Jh. Süddeutsch.

Schlitten mit Schnitzerei spätes 18. Jh. Süddeutsch.

schwächliche Kinder ließ man ein Handwerk lernen. Nach der Beobachtung der Landärzte fand man beispielsweise unter den Dorfschneidern nicht selten Lahme, Bucklige oder Verwachsene. Die Schulverhältnisse waren zu Anfang des vorigen Jahrhunderts noch denkbar primitiv. So werden 1803 ein niederbayerischer Mesner und das Schulhaus in Martinsbuch bei Mallersdorf wie folgt geschildert[40]: »Die Schule dampft vom Odemrauch und Kesseldunst; alle häuslichen Geschäfte werden darin verrichtet; der Boden strotzt von Strassenkot und Unrat. Eine Menge auf die Messe wartender Bauernleute verengen den engen Raum noch mehr und erfüllen die ohnehin erstickende Luft mit ekelhaft schweißlichen Ausdünstungen. 25 Schulkinder (man war froh, daß ihrer nicht mehrere des engen Platzes wegen erschienen), sitzen eng zusammengepreßt an einer langen Tafel. Dem Haus droht der Einsturz, das ist das Bild der Schule zu Martinsbuch seit 30 Jahren.« Gemälde und Zeichnungen des 19. Jahrhunderts beweisen jedoch, daß man allerorts bemüht war, solche Zustände abzuschaffen.

Von der Härte des Schulwegs zeugt auch folgender Bericht[41]: »Wenn nun, wie es in der Oberpfalz der Fall ist, die Schulgemeinde aus stundenweit auseinanderliegenden Höfen besteht, der Schulbesuch also mit langen Wanderungen durch Schnee und Eis, durch unwegsame Schluchten und Wälder über Berg und Tal verbunden ist, und so häufig geradezu zur Unmöglichkeit wird, so mag sich niemand wundern, wenn den Eltern und den Kindern die Schule verhaßt wird.« Mitarbeit in Haus und Hof, in Feld und Flur auf der einen, Schulbesuch auf der anderen Seite ließen dem Dorfkind nicht mehr viel Zeit zum Spielen. Man glaubte feststellen zu können, daß beim Landkind die Arbeitsbereitschaft viel früher einsetzt als beim Stadtkind und daß dementsprechend das Interesse am Spielen auf dem Land früher aufgehört hat. Aus schriftlichen und bildlichen Quellen erfahren wir nicht allzu viel. Was unsere Museen an Kinderspielzeug verwahren, stammt überwiegend aus dem bürgerlichen Kinderzimmer. Natürlich haben die Landkinder auch gespielt. Ein Brett, über einen Baumstamm gelegt, diente als Schaukel. Buben übten sich im Wettlauf, Schlittenfahren war in Gebirgsgegenden immer beliebt. Stelzenlaufen blieb den Kindern des Flachlandes überlassen. Allgemein kann man sagen, daß ein Bauernbub mit 8 Jahren als Hüter eingesetzt wurde und mit 10 bereits voll in die Arbeitsgänge einbezogen wurde.

Die Einführung in die Arbeit im Rahmen der Familie war sicherlich pädagogisch vernünftig und human. Nicht so, wenn die Kinder nach auswärts geschickt wurden, weil die eigene Familie sie nicht das ganze Jahr hindurch ernähren konnte. Hier sei der HÜT- oder SCHWABENKINDER gedacht, die aus dem übervölkerten Westtirol und aus Vorarlberg ins Allgäu und die Landschaften nördlich des Bodensees (Oberschwaben) geschickt und dort von den Bauern während des Sommers zum Viehhüten gedungen wurden. Der früheste schriftliche Beleg stammt aus der Pflege Bludenz vom Jahre 1625. Es ist jedoch anzunehmen, daß diese Kinderverschickung bereits im 16. Jahrhundert stattfand. Der Tiroler Joseph Rohrer[42] berichtet in seinem Werk, *Uiber die Tiroler,* um 1790: »Sobald der Bube in einigen Gerichten des Imster Kreises nur laufen kann, so muß er sich auch schon gefallen lassen, außer seinem Mutterland Nahrung und Verdienst zu suchen. Dies traf die Altersklassen von 7 bis 17 Jahren. Es waren jährlich 700 an der Zahl, die auf den Bauernhöfen zwischen Füssen und Augsburg Pferde, Kühe, Schafe, Ziegen, Schweine und Gänse zu hüten hatten. Sie taten dies nicht anders als wäre es der einzige Sohn und Erbe des Hauses.« Ein Hauptumschlagplatz war Kempten. Rohrer erzählt weiter: »Öfters, wenn ich gerade durch das Allgäu fuhr, sah ich nicht ohne heimliche Freude dergleichen hütende tiroler Knaben, gleich nordamerikanischen Wilden mit Strohmänteln behangen, die weitläufige Wiese um ihres Viehes Zucht und Ordnung willen barfuß durchlaufen.

Um Martini (11. November) kamen sie wieder in ihre Heimat. Jeder bringt drei, höchstens fünf Gulden, das ist sein ganzer Hirtenlohn (denn am Weg kaut er unkauftes Brot) einen neuen Zwillichkittel und kleinere Kleidungsstücke mit sich.« Um 1830 belief sich die Zahl der Schwabenkinder jährlich auf 5000. Jeder vierte bis fünfte Bub zog damals aus dem westlichen Tirol ins Schwabenland. Später kamen auch Mädchen hinzu; um 1850 waren es etwa 20 Prozent der Schwabenkinder. In den dreißiger Jahren des 19. Jahrhunderts erhielten sie vier bis acht Gulden, 1860 fünf bis zehn Gulden, später 24 bis 30 Mark. Die Kinder zogen vielfach unter Führung eines alten Mannes, zuweilen auch in Begleitung eines Mannes und einer Frau, ins Schwabenland. Neben Kempten war auch Ravensburg ein Markt. Nicht alle kehrten im Spätherbst wieder heim. Es gab Fälle, in denen sie in der Fremde starben. Im Ersten Weltkrieg hörte das Schwabengehen auf. 1937 wurde es nochmals mit 400 Buben aufgenommen, heute gehört es aber endgültig der Vergangenheit an.

Die vorliegenden Schilderungen dürfen nicht vergessen lassen, daß auch die Kinder in Stadt und Markt vielfach eine härtere Jugend hatten, als wir uns das heute vorstellen. Auf der anderen Seite kann kein Zweifel darüber bestehen, daß Landkinder trotz der Härte der Jugend im Grund genommen fröhlich waren, weil sie es verstanden haben, ihre eigene Spielwelt aufzubauen, wie das vielfach in den Einzeluntersuchungen zur Volkskunde deutscher Landschaften geschildert wird. Zum Thema SPIELWELT der Bauernkinder einige Hinweise. Vor allem sollte man zunächst einmal das riesige Material an historischem Kinderspielzeug, an Puppenstuben und Bilderbüchern vergessen. Das stammt aus den Kinderzimmern des Adels und der Bürger. Kinder auf dem Lande spielten mit Holzabfällen, mit Steinen, mit Tannenzapfen (Butzelkühe), im besten Fall mit Schussern (Murmeln). Schmeller interessierte sich häufig für das Tun und Treiben der kleinen Welt. So bringt er unter dem Stichwort »Schmerbickeln«, Spiel der Knaben auf lockerem Boden. »Nachdem ein jeder an seinem Platze eine Grube in den Boden gemacht und die dabei ausgestochene Erde, die nun das Schmer heißt, darneben gelegt hat, suchen sie, der Reihe nach jeder einen spitzen Stecken (Bickel) an einem bestimmten Punkte des weichen Bodens (dem Bickelplatze) durch einen Wurf einzusenken. Wessen Stecken nicht haftet, oder unter dem Wurf des Nachfolgers umfällt, wird von diesen soweit als möglich fortgeworfen. Während ihn nun der Eigentümer wieder herholt, machen sich die anderen über dessen Grube her und nehmen ihm so viel Schmer als sie können, um es sich selber zuzulegen; denn am Ende des Spieles kommt es darauf an, seine Grube wieder gehörig auszufüllen zu können.« Ein ähnliches Spiel, das im Grunde genommen nie faßbar ist, wenn man es nicht eigens aufzeichnet, ist das Steinchenspiel am Wasser, das zugleich stellvertretend für viele Geschicklichkeitsspiele gelten mag. Dieses Spiel kostet die Eltern nichts, dient den Kindern aber zur Fröhlichkeit und zum Zeitvertreib, eines der vielen zeitlosen Vergnügen der Jugendzeit. Es geht darum, flache Steine so auf die Wasseroberfläche zu werfen, daß sie von dieser abprallen und mehrmals weiterspringen. Das Spiel ist weit über Deutschland hinaus bekannt und hat bei uns verschiedene Bezeichnungen wie Blaschgen (Oberbayern), Pfitschemännle machen (Coburg), Schiffle, Wasserhühnle machen (Schwaben); s'Wässerle schlagen (Elsaß), Enten und Enteriche machen (England). Einem glücklichen Umstand verdanken wir die Darstellung von Kinderspielen aus Niederbayern zur Zeit des 30jährigen Krieges.[43] Diese findet sich in der Folge von Dorfansichten aus der Ortenburger Gegend, die Graf Kasimir von Ortenburg um 1630 gezeichnet hat. Deutlich lassen sich Wettlaufen, Bockspringen, Stelzenlaufen und Seilhüpfen erkennen.

Wenn eingangs die Emsigkeit der Hausfrau herausgestellt wurde, so sei zum Beschluß der Schilderung ihrer Welt daran erinnert, daß sie zu allen Zeiten der Inbegriff konservativer Haltung gewesen ist. In der Sprache des Biedermeier wurde das gelegentlich so zusammengefaßt: »Tausend alte Sitten, tausend Ammenmärchen, tausend Haus- und Wundermittel wären längst vergessen, wenn die Hüterin des Hauses, die Trägerin der häuslichen Sitten, das Weib, nicht all das im Haus gehört und von Jugend auf vernommen, wie ein Heiligtum bewahren und von Generation zu Generation fortpflanzen würde.«

So werden wir in den folgenden Abschnitten immer wieder den Enfluß, ja dem entscheidenden Einwirken der Frau im Leben des Landvolkes begegnen.

Volkssprache, Volkswissen, Volkslesestoff

»Sprich ein wort nach unserm site – ein wort tiutischen« Meier Helmbrecht, Vers 752, 759

Es ist vielfach üblich, den materiellen Gütern der Volkskultur, wie sie vorzugsweise im Vorangegangenen behandelt wurden, die Geistigen gegenüberzustellen, also Volkssprache, Volkswissen, Volkslesestoff und alles, was damit zusammenhängt, wie Sagen, Legenden, Märchen, Reime, Liedgut undsofort. Beide Bereiche sind im Grund genommen eng verzahnt. Sicherlich liefert eine nähere Beschäftigung mit der Sprache wesentlich ergänzende Erkenntnisse. Wenn wir an die Sprache des Volkes denken, dann geht es in erster Linie um die Muttersprache und ihre landschaftlich unterschiedliche Ausprägung. Der Begriff Muttersprache ist zutiefst in der Tatsache begründet, daß die Kinder das Sprechen vorzugsweise bei der Mutter lernen und daß dabei ihr Wortschatz und ihre Ausdrucksweise für das ganze Leben geprägt wird. So schreibt Konrad von Megenberg 1349 bei der Behandlung des Wacholderstrauches[44] »Der Krametbaum (Kranewit) heißt in meiner mueterlichen Teutsch ein Wenhalter (Wacholder)«, und an andrer Stelle vom Meerrettich: »ich Megenberger wön, daz die Wurz die etswa merettich haizt und anderswo kren radix haiz zu latin.« Konrad von Megenberg hat sich also an die Sprache der Regensburger angepaßt, die nicht sein mütterliches Deutsch war. Das, was das Landvolk als Muttersprache pflegt, erscheint zugleich als Mundart im Gegensatz zu der seit Jahrhunderten immer genauer fixierten Schriftsprache. Es wäre aber ein Irrtum, wollte man die Mundart des Landvolkes der Umgangssprache in der Stadt als Gegensatz gegenüberstellen. Die Landbevölkerung ist nicht immer die eigentliche Hüterin der Mundart. Die Sprachforscher wissen, daß oft gerade die Stadt sich als Rückhalt für lokale Idiome erweist (Berlin, Hamburg, Köln, Aachen, Trier, Frankfurt, Nürnberg u. a. m.).

Andererseits bediente sich in den Städten selbst der Adel ehedem der Mundart, worauf Schmeller gelegentlich ausdrücklich hingewiesen hat[45]. »Die im 15. Jahrhundert erbaute neue Veste, die

Münchner Residenz in ihren ältesten Teilen, hatte nach damaliger Bauart eine Rundstube in der Mitte, dann eine Langstube, genannt in damaliger bei Hof und auf dem Land fast gleicher Sprache.« Muttersprache und Mundart sind nach wie vor Kennzeichen für die Herkunft dessen, der sich ihrer bedient. So schon im Matthäus-Evangelium (29, 73), wo die Magd den Petrus das wissen läßt. So gehört zu jeder volkskundlichen Untersuchung eines größeren geographischen Raumes die Kenntnis der jeweiligen Mundart, in Bayern also des Ostfränkischen, des Nord- bis Mittelbairischen und des Schwäbischen, wenn wir das Alemannische im oberen Allgäu und das Zentralrheinfränkische im äußersten Nordwestbayern einmal beiseite lassen. Die genannten mundartgeographischen Begriffe dürfen nicht darüber hinwegtäuschen, daß auch innerhalb der Räume noch Unterschiede bestehen, beziehungsweise bestanden haben, und daß sich der sprachliche Wandel auf dem Lande ohne Zweifel immer viel langsamer vollzogen hat als in den Städten. Es konnten sich förmliche Dorfmundarten herausbilden und es wäre wahrscheinlich nicht abwegig, einmal nach mundartlichen Eigenheiten einer Familie zu forschen. Mit der Einführung der allgemeinen Schulpflicht entstanden natürlich Probleme, weil die Kinder plötzlich anders sprechen sollten, als sie es in den ersten Jahren ihrer Kindheit gewohnt waren. Schmeller hat sich darüber seine Gedanken gemacht, wenn er bei dem Begriff »Namenbüchlein« (ABC-Fibel, Buchstabierbüchlein) folgendes ausführt: »Nach dem ABC mit Übungswörtern von A–Z ausstaffiert wo früher, wie ich mich gar wohl der schönen Zeit erinnere, unter R die Namen rot, rund rungen (Gesott, gesund, gesungen,) figurierten. Es ist übrigens ein zweckmäßiges Namenbüchlein keine so leichte Aufgabe. Könnte und sollte man mit Bauernkinderchen nicht etwa geradezu von der ihnen allen natürlichen, das heißt dialektischen Sprache und der Bezeichnung ihrer Laute ausgehen, und die kleinen Lehrlinge, statt durch einen

Bilderbogen des 17. Jhs. mit der Darstellung der Sieben Schwaben. Nürnberg, Germanisches Nationalmuseum.

Sprung, dessen Ausgleichung ihnen selbst überlassen bleibt durch klar vermittelnde Unterscheidung dessen, was denn doch in der Tat verschieden genug ist, zur guten hochdeutschen Aussprache und ihrer Bezeichnung führen?« Namen bedeutete damals beim Landvolk jedes Wort, insofern es gedruckt oder geschrieben vor dem Auge liegt. »Den Namen kann i net« bedeutet so viel, wie dieses Wort kann ich nicht lesen. Sich der Mundart zu bedienen, wurde in früheren Jahrhunderten sicher nicht als Mangel an Bildung betrachtet. Man war sich des Unterschiedes der Mundarten recht wohl bewußt; so versuchte ein Stich mit der Darstellung der Sieben Schwaben, die auf Hasenjagd gingen, die schwäbische »Bau-ren – Sprach« nachzuahmen. »Raginerli Gang du vaor nahn – Ich halt dich vaor ein Bidermahn«. Der Stich stammt aus dem 17. Jahrhundert[46] [Nürnberg, Paulus Fürst]. Das Fortleben der Mundart ist darin begründet, daß die Kinder sich immer und in jedem Fall ihrer Umgebung angleichen wollen.

Es gibt auch Belege, daß die Landbevölkerung sich ihrer sprachlichen Eigenart bewußt war, kam sie doch auf Märkten häufig mit einem Personenkreis zusammen, der eben nicht ihren speziellen Dialekt sprach. Bedenkt man, daß in den Familien die Kindheit in Gegenwart von Mutter und Großmutter abläuft, so kann man füglich sagen, daß immer drei Generationen an einem bestimmten

Sprachstand der Mundart Anteil haben. Das Bairische hat offenbar sehr viel aus dem Mittelhochdeutschen bewahrt, so daß man annehmen darf, daß sich im 13. und 14. Jahrhundert die Sprache des Landvolkes vom hochschichtlichen Mittelhochdeutsch wenig unterschieden hat. Für uns geht es aber nicht um philologische Untersuchungen der Mundart, sondern um die Tatsache der Mundart schlechthin, die immer noch als Ausdruck bestimmter stammlicher Herkunft gewertet wird. Das hat nichts mit romantischer Schwärmerei zu tun und es wird auch nicht übersehen, wie sehr Mundarten unter den heutigen Verhältnissen auf die mannigfaltigste Weise unterwandert und zerstört werden. Die drei Hauptmundarten Bayerns, Schwäbisch, Fränkisch und Bayerisch, liegen in dem Raum um Wemding nahe beieinander und bilden förmliche Mundartgrenzen, die Eduard Nübling[47] in den dreißiger Jahren erforscht hat.

Betrachtet man die Sprache als das wichtigste Kommunikationsmittel, so müssen wir darauf achten, wie sie vom Landvolk untereinander und im Verkehr mit den Tieren ausgebildet wurde. Hierher gehören beispielsweise die Lockrufe und Zurufe, wie beispielsweise »o, ou, ouha« für Zugpferde, wenn sie stillhalten sollen (in Norddeutschland »Brrrrr«). Daher das Rätsel vom stärksten Buchstaben – das o ist der stärkste Laut, der die Pferde stillstehen läßt. Auch »hott« und »hi (hü)« werden in unterschiedlicher Bedeutung verwendet.

Nicht zu übersehen ist auch die NAMENGEBUNG BEI DEN TIEREN[48]. »Wo starke Viehzucht getrieben wird, erhält jedes Kalb, wenn es abgenommen wird, seinen eigenen Namen, der bald vom Aussehen, bald vom Tage, an welchem es gefallen, hergenommen ist, zum Beispiel Roetl, rote Kuh, Stramel, das einen weißen Streifen über den Rükken, Scheckl, die weiße Flecken am Leib, Blaschl, Blassl, die einen großen weißen Fleck, Sterl, Sternl, die ein kleines Flecklein an der Stirne hat, Hirschal, die schlank und munter ist wie ein Hirsch, Weithörn'l, deren Hörner weit voneinander abstehen, Krumphörn'l, deren Hörner verbogen sind, Mandaj, Pfinstaj, Samstaj, die am Montag, Donnerstag oder Samstag geboren ist. Auch die vier Zugochsen des Meier Helmbrecht hatten Rufnamen, deren Kenntnis bei der Identifizierung des jungen Helmbrecht schließlich den Ausschlag gegeben hat.

Zum ländlichen Sprachgut gehörten auch die zahlreichen Hofnamen (die Vulgo – Namen), die lokalen Bezeichnungen für Flur und Waldstücke, für Berge und Moore und vor allem das ungemein vielschichtige Gut an Pflanzennamen. In all diesem Material hat sich manch Sprachgut erhalten, das in geschichtliche Tiefen zurückreicht. Manch altes Namensgut wurde im 19. Jahrhundert im Zusammenhang mit der topographischen Landesaufnahme durch jüngeres ersetzt oder sonst auf irgendeine Weise verändert, bis es im Zuge der durchgreifenden Flurbereinigung unserer Zeit zum Untergang verurteilt wurde. Tausende volkstümlicher Pflanzennamen sind uns heute durch das große sechsbändige Wörterbuch der deutschen Pflanzennamen von Heinrich Marzell[49] erschlossen. Die Orts- und teilweise auch die Flurnamen werden in den historischen Ortsnamenbüchern erfaßt, wie auch die Mundartwörterbücher vieler Länder auf dieses Sprachgut immer wieder zurückkommen. In alldem äußert sich die sprachschöpferische Kraft des Volkes.

Viel zu wenig hat die Volkskunde bisher die BEGRÜSSUNGSFORMEN und -formeln aufgezeichnet, die in den einzelnen Landschaften üblich waren oder noch sind. Schmeller [50] übersieht sie natürlich nicht; Pfarrer Schelbert[51] brachte 1873 zu diesem Thema ein Beispiel: »Bei den verschiedenen Begegnungen auf Weg und Steg war noch vor wenigen Jahrzehnten der christliche Lobspruch, ›Gelobt sei Jesus Christus – in Ewigkeit Amen‹ als Gruß allgemein. Das ist nun aber durch den vielen Fremdenverkehr nur noch von alten Leuten und in abgelegenen Tälern üblich.« Dieser Gruß war im Altbayerischen vielfach bei der Begegnung mit dem Pfarrer üblich. Zu Schelberts Zeit[52] war der gegenseitige Gruß »Gries Gott« oder »de guet Zitt«, Guten Morgen, guten Abend. Stehen beispielsweise zwei oder mehrere am Hag und ein anderer kommt des Weges, so frägt er, »›händr a guetn Huigartn?‹ Die Antwort lautet fast regelmäßig: ›a beßrt se‹, das soll heißen, es ist uns ganz lieb, daß du uns da triffst und wenn du auch an unserm Diskurse teilnehmen willst. Der Vorübergehende dankt für diese Einladung, wünscht ›an guete Usglich‹ und zieht seinen Weg. Geht jemand an Feldarbeitern vorüber, so stellt er die Frage, ›sindr flisseg?‹ Und auf die Antwort, ›'s ständ is wohl a, oder ma hets gean‹. Folgt noch der Wunsch, ›Länd ena dr Wil‹. (Laßt euch derweil, d. h. seid nicht so fleißig). Kommt ein Bekannter in ein Wirtshaus, so bringt man es ihm von allen Seiten, das heißt man bietet ihm zum trinken an, und stellt dabei freundlich die Frage: ›Nochbur, lihba Fruind‹ oder dergl. ›kan i ufwarte?‹, und gleichviel ob der Angekommene trinkt oder sagt, ›'s gilt, i krieg seal uis‹, so wird ihm noch der ›Gseang Gott!‹ gewünscht.« Obwohl in Altbayern die Tätigkeit der Unkrautjäterinnen auch bekannt ist, so war diese Tätigkeit im Unterschied zu Kärnten keineswegs Gegenstand von Zurufen und Neckereien der vorübergehenden Burschen.

Hier mag kurz erwähnt werden, daß selbstverständlich die wortlose Kommunikation ebenfalls eine große Rolle gespielt hat, wie Zunicken oder Kopfschütteln, das Aufsetzen einer finsteren oder freundlichen Miene, das Augenzwinkern undsofort.

Zu den Anreden, die einst auf dem Lande allgemein üblich waren, gehören auch die Begriffe »Herr, Bauer, Vater«. Auf dem Lande wird die Benennung Herr[53] insonderheit den Geistlichen beigelegt. Ein Herr werden, bedeutete so viel wie geistlich werden (im Scherz auch Soldat werden). An Orten, wo nur ein Geistlicher ist, heißt der ausschließlich der Herr. Sonst stehen dem Kirchherrn, Pfarrherrn oder Pfarrer die Gesellherren oder schlechthin die Herren, das sind die Hilfsgeistlichen, gegenüber.

Vom Begriff Bauern schreibt Schmeller, »unser gegenwärtiges Bauer, bloß noch auf Landbewohner angewendet, entspricht mehr dem älteren Baumann, und unter den Landleuten selbst wird in der Regel nur der Besitzer eines ganzen, halben oder Viertelhofes, nicht aber der eines geringeren Anwesens ein Bauer genannt. Von minder Begüterten, Dienstboten, Taglöhner etc. wird das einfache Bauer und Bäuerin gegen die Besitzer eines solchen Gutes als eine Art Ehrenbenennung ungefähr wie Meister und Meisterin gebraucht.«

Zum Begriff Vater äußert sich Schmeller[54] wie folgt: »In einigen Gegenden der Oberpfalz wird das Haupt einer Wirtschaft nicht bloß von seinen Kindern, sondern auch von seinen Dienstboten Vater genannt.« Schmeller fügt zwei persönliche Erlebnisse hinzu. »›Is net so Vater‹, spricht mich am 4. Juni 1843 unter dem Wetter in der Wirtsstube des Tüljägers (heute Unterdill) im Forstenrieder Park ein mir ganz unbekannter alter Bauer an. ›Gueten Abend, Vater‹, grüßt mich auf der Waldtreppe von Ebenhaus nach Schäftlarn hinab ein jüngerer. Das sei die Courtoisie, der man sich gegen etwas vornehmere Unbekannte zu bedienen pflege, erklärt mir Herr Hagn, der Besitzer des jetzigen Badplatzes Schäftlarn, der mich am 5.,

wo wegen unablässigen Regens an ein gemütliches Nachhausegehen nicht zu denken ist, in seinem Wagen mit heimkommen läßt[55].«

Ob man von der Sprache oder vom Erzählgut oder Volkswissen sprechen will, immer sollte man sich bewußt bleiben, daß die früheren Generationen auf dem Lande sich absolut auf ihr Gedächtnis verlassen haben. Dieses Gedächtnis war in vieler Beziehung vorzüglich, ja erstaunlich. Man kann sich des Eindrucks nicht erwehren, daß dem heute nicht mehr so ist, woran nicht nur ein Schulunterricht, der das Gedächtnis im Sinne von Auswendiglernen vernachlässigt, sondern sicher auch die Einflüsse der Massenmedien schuld sind. Das Gedächtnis des modernen Menschen ist gestört, wie auch seine Vorstellungswelt durch ein Überangebot von Eindrücken verwirrt ist. Selbst die Fähigkeit zuzuhören steht nicht mehr in dem Maße zur Verfügung wie noch bei den Generationen des 19. Jahrhunderts. So ist es auch schwierig, die tatsächlich einst vorhandene Wechselbeziehung zwischen Erzähler und Zuhörer zu rekonstruieren. Das, was uns die Sammlungen des 19. Jahrhunderts durch Bechstein, Panzer, Schöppner oder Schönwerth zusammengetragen haben, kann die ursprüngliche Erzählgeneration nicht lebendig werden lassen.

Eine der häufigsten Gelegenheiten für häusliches ERZÄHLEN bot einst die SITZWEIL. Schmeller[56] erläutert diesen Begriff: »Solange man zu sitzen pflegt, vornehmlich aber die Zeit von 6–9 Uhr an den Winterabenden, wo die Landleute beim Span-, Kien- oder Öllicht zusammensitzen und solche Arbeiten vornehmen, die sich in der Stube abtun lassen. Daß diese ländlichen Soirés durch lebhafte Unterhaltung bestmöglichst gewürzt werden, versteht sich am Rande. Da vorzüglich teilt eine Generation der anderen ihren Schatz von Erfahrungen und Vorurteilen und Lebensansichten mit; da wird der ganze Vorrat an volksmäßigen Dichtungen, Erzählungen, Märchen, Liedern durchgegangen, und mitunter durch neue Zugaben aus der Zeitgeschichte vermehrt. Bei keiner anderen Gelegenheit, selbst beim Bierkrug so sehr als da, kommt das reiche Kapital an natürlichem Witze in Umlauf, mit dem das Volk ausgestattet ist.« Wenn man diese Stelle genau überdenkt, dann kann man nicht sagen, daß hier, wie vielleicht 20 Jahre später, bereits die gute alte Zeit verklärt werden sollte. Es ist noch eine nüchterne Feststellung des Alltagslebens auf dem Lande. Insofern sind die Äußerungen von Schmeller wichtig, da sie auch etwas über die damalige Erzählsituation aussagen.

Zur Frage der Weitergabe solchen Erzählgutes innerhalb einer Familie besitzen wir einen konkreten Beleg bei Panzer[57] in seinen *Bayerischen Sagen und Bräuchen.* Er gibt hier eine Sage wieder, die in der Nähe des Dreistelz bei Brückenau gespielt hat. Sein Gewährsmann war der Eigentümer des Dreistelzer Hofes namens Johann Müller, ein Bauer von 62 Jahren. Die Aufnahme des Textes vollzog sich am 2. Juli 1846. Panzer erläutert: »Was er wußte, erzählte ihm seines Vaters Bruder, Nikolaus Müller, welcher auf dem Dreistelzer Hof geboren war, das hohe Alter von 86 Jahren erreichte und vor etwa 40 Jahren starb. Dieser erhielt die Sage von seinem Vater, und so vererbte sie sich bei den Bauern dieses auf dem unteren Gehäng des Dreistelzes selbst liegenden Bauernhofs vom Vater auf den Sohn.« Der Onkel des Gewährsmannes starb also um 1806. Er hat die Sage etwa um 1730 von seinem Vater erfahren, der sie seinerseits um 1700 von wem auch immer gehört haben muß. Grob gerechnet, konnte sich also eine solche Erzählung in einer Familie rund 150 Jahre halten. Solche Zeitspannen von 150 Jahren dürften die optimalen gewesen sein. Panzer bringt gelegentlich ähnliche Berechnungen, jedoch nicht so ausführlich.

Etwas später als die Aufzeichnung von Schmeller entstand eine Schilderung eines bayerischen Verwaltungsbeamten Dr. Albert Wild[58], der aus der Oberpfalz stammte und 1862 die Oberpfälzer Stube wie folgt beschrieb: »Ich sehe sie im Geiste, die traute rußige Stube mit dem alten schwerfälligen Tische in ihrer Mitte und den vierbeinigen lehnenlosen Bänken um denselben, ich sehe ihn, den großen Kachelofen, die Hühner unter dem Kochofen und wähne lebhaft zu bemerken, wie im Winter, wenn draußen alles von Kälte und Eis starrt, jeder sich an ihn drängt und liebkosend ihn streichelt, während er, der alte, wie der gute Vetter in der Komödie nach allen Seiten hin wohltut und das umso mehr, je mehr er bearbeitet wird. Ich höre ihn auch singen, den alten dickbauchigen Höllhafen in seiner brodelnden melancholischen Weise. Da gewahr ich sie sitzen, die gute biedere Familie der oberpfälzischen Bauern mit den Knechten und Mägden in der großen warmen Stube im Winter, auf jedem Gesicht liegt die Neugierde, ob diesen Abend eine Geschichte und welche losgelassen wird. Denn wie der Tiroler und der Bauer des bayerischen Gebirgs sein

Gspiel, sein Volksschauspiel an Festtagen, so hat der oberpfälzische Bauer seine Erzählung am Herd in der warmen Wohnstube an Winterabenden.« Schon 1780 befaßte sich Lorenz Westenrieder mit dem Inhalt solcher Erzählungen, wenn er schreibt: »Der Baier spricht gerne von Verstorbenen und pflegt bei einem Fest, das sich jährlich erneuert, immer, wenn er guter Laune wird, sich der Abwesenden zu erinnern, daß dieser und jener vor einem Jahre auch dagewesen, daß er so und so geredet und daß eine Zeit kommt, wo keiner von ihnen zugegen sein wird ... Immer glaubt er ächzende Schatten der Abgeschiedenen zu sehen und Nächte durch hängt er an dem Mund derjenigen, welche die Geschichten von Geistern und Gespenstern am besten zu erzählen wissen; und je grauenvoller und schrecklicher einer die gräßlichen Bilder aus den schweigenden Abgründen und Felsenklüften zu holen weiß, je lebhafter er seine Geschöpfe in dürre unabsehbarere Heiden oder öde Gebirge, wo sie verlassen und einsam jammern, wo sie nur zuweilen den Wanderer irrführen, zu versetzen weiß, desto besser ist die Erzählung. Das sind denn aber Schwärmereien, wird mancher kalte Leser sich denken und ich kenne den gewöhnlichen, oft gefährlichen Einfluß derselben so gut als jeder, der das mir erinnern kann; aber ich weiß auch, daß zu dieser Schwärmerei eine Stärke der Einbildungskraft und Nerven gehören, die mancher Nation (man muß auch darum ihre Nüchternheit nicht eine geläuterte Denkungsart nennen) versagt worden ist. Ich, für meinen Teil halte nichts auf den Menschen, der keinen Hang dazu hat, und wer am Abend zittert, weil er den abgeschiedenen Freund kalt an seiner Seite zu fühlen glaubt, ist mir als Freund, als Gelehrter, als Vater, als Beamter, als Soldat millionenmale lieber als wer des Verstorbenen sich erinnert und kaltblütig sprechen kann: »Hin ist hin! und Tot ist Tot!«« Westenrieder fügt noch hinzu: »Noch sind dem weicheren Urenkel Erzählungen von alten Schlachten und Turnieren die liebsten, wo der Mann ein Riese und sein Speer ein Sägbaum war. Sehr schwierig ist es zu ermitteln, wie weit die KENNTNIS DES LESENS in der bäuerlichen Bevölkerung verbreitet war. Es gab natürlich auch schon vor der allgemeinen Schulpflicht die Möglichkeit, an einem Elementarunterricht teilzunehmen; darauf achteten vor allem die Wirte, die selbst von Berufs wegen in der Regel lesen und schreiben konnten, die einen gewissen Grundstock an Bü-

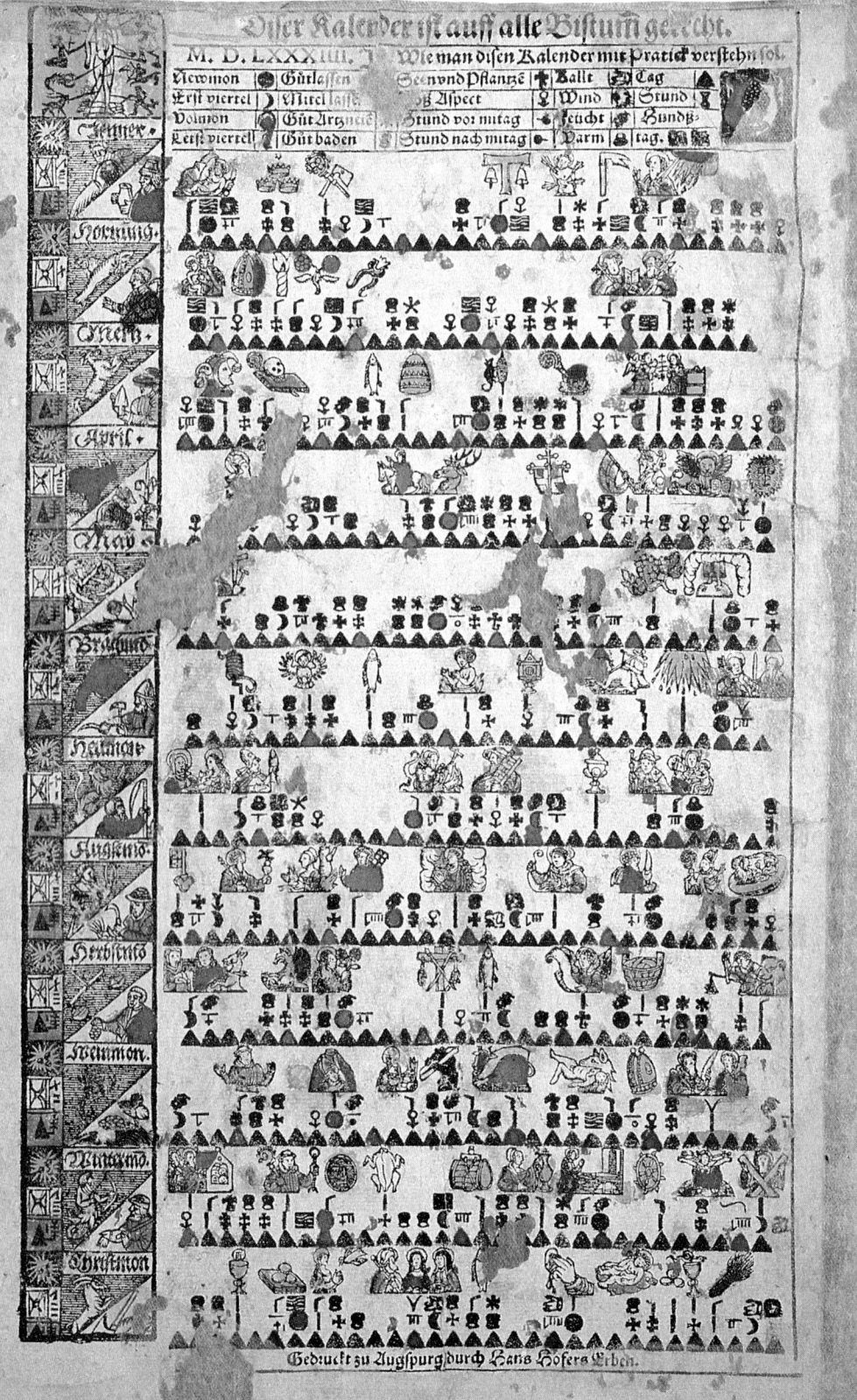

Neuer Bauernkalender für das Gemeinjahr 1939. Leykam Verlag, Graz.

chern besaßen und die Wert darauf legten, wenigstens die Söhne Lesen und Schreiben erlernen zu lassen und nicht selten bei entsprechender Begabung sie sogar in Gymnasien und auf Universitäten geschickt haben. Im übrigen stellte Westenrieder[59] in der Zeit um 1771 bis 1784 fest:»... kaum das 50ste Bauernweib kann lesen und kaum das hundertste schreiben. Man darf also nur einen geschickten Schullehrer halten, werden Sie sagen. Wohl! Wenn nur der kleine Umstand nicht wäre, daß der gute Mann für seine Mühe auch ernährt und belohnt werden müsse. Weder die Kirche noch die Untertanen vermögen dies immer und diesen letztern liegt noch überdies wenig daran, da sie nicht sehen, was ein bessrer Unterricht beitragen soll, ihre häusliche Glückseligkeit zu vermehren.«

Insofern muß man die Vorstellung, daß in jedem Bauernhaus eine Heilige Schrift, ein Heiligenleben, etwa jenes des Martin von Cochem oder sonst ein Predigt- und Gesangbuch vorhanden gewesen sein müßte, korrigieren. Mit Sicherheit gab es aber in den einzelnen Anwesen seit dem

Einblattdruck eines Bauernkalenders für das Jahr 1584. Augsburger Druck.

16. Jahrhundert auch Urkunden, die für den Nachweis des Besitzstandes nötig waren und die bei der Ausfertigung den Bauern auch vorgelesen wurden. So beispielsweise Kaufbriefe, Vertragsbriefe, Vormundschaftsurkunden, Verzicht- und Übergabsbriefe, Erbrechts-, Heirats- und Geburtsbriefe auf Pergament, Quittungen, »Verneuerungsbriefe« und dergleichen. Sie wurden bald in einer Truhe, bald im Wandkastl aufbewahrt. Man muß annehmen, daß dem Eigentümer diese »Briefe« im wesentlichen Inhalt wortwörtlich im Gedächtnis gehaftet haben. Die sogenannten Haussprüche außen an den Fassaden oder auch als Wandspruch dürften erst in der zweiten Hälfte des 18. Jahrhunderts aufgekommen sein.

Ein Thema für sich bedeutet der sogenannte BAUERNKALENDER, wie er seit dem 16. Jahrhundert offenbar allgemein verbreitet wurde. Er enthält Wetterregeln, Hinweise auf Heiligentage und vor allem auch volksmedizinische Angaben über Aderlaß und dergleichen, wobei neben gedruckten Angaben vieles durch Sinnzeichen wiedergegeben wird, um auf diese Weise den des Lesens Unkundigen die Möglichkeit des Verständnisses zu erleichtern. Wir dürfen mit Sicherheit annehmen, daß manche solcher Bauernkalender nie in ein Bauernhaus kamen, sondern in erster Linie bei Kleinbürgern und Handwerkern üblich waren. Der Grazer Verlag Leykam pflegt die Tradition dieser Kalender immer noch, die heute mehr einen bibliophilen Charakter haben. Sie setzten aber bei den Bauern eine erhebliche ikonographische Bildung voraus. Die Blütezeit der deutschsprachigen Kalender dieser Art fällt in die Zeit von 1550 bis 1650. Die wichtigsten Druckorte waren Augsburg, Nürnberg, Zürich und Wien. Die Heiligen waren an ihren Marterwerkzeugen beziehungsweise Attributen zu erkennen. Die heilige Apollonia an der Zange mit Zahn, die heilige Katharina am Rad, der heilige Laurentius am Rost, der heilige Oswald am Raben mit Ring, der heilige Urban als Patron des Weinbaues an der Traube undsofort. Diese Bildchiffren waren dem Volk aus den Kirchen mit ihren Wandmalereien und figurenreichen Altären wohl vertraut, die sicher auch von Jahr zu Jahr in den Predigten interpretiert wurden. Ein Fall für sich stellt der sogenannte Hundertjährige Kalender dar, das Werk des Langheimer Abtes Mauritius Knauer.

Ernst Heimeran[60] hat die Handschrift (aus den Jahren 1652–1658) 1934 herausgebracht. Nach der Handschrift erschien im Jahre 1701 eine gedruckte Ausgabe, die das ganze 18. Jahrhundert hindurch weit verbreitet war. Das Kuriose liegt darin, daß der Druck derart mit Fehlern behaftet war, daß vielfach geradezu gegenteilige Angaben zu denen im Manuskript niedergelegt sind. Fast möchte man annehmen, daß die Bauern sich immer mehr an ihre eigenen Wetterbeobachtungen und Erfahrungen gehalten haben als an solche der Bauernkalender oder des Hundertjährigen Kalenders. Im Unterschied zu den Kalendern aus Graz waren die älteren Bauernkalender oder auch *Practica* Einblattdrucke, teilweise auch noch mit Bilderschmuck versehen, die als solche auf die Märkte kamen und ebenso wie die sogenannten Bauernbriefe zur Verfügung standen. Die Bauernbriefe waren in der Regel Darstellungen von Heiligen, von Christus und Maria mit Texten. Man konnte sie noch lange in den Innenseiten der Truhendeckel finden. Neben den überwiegend religiösen Darstellungen gab es in der gleichen

Haussegen, Holzschnitt erste Hälfte 19. Jh.

Technik auch profane Bilder wie beispielsweise von Schlachten, sonstigen historischen Ereignissen oder auch von Schwänken. Es sei hier an das schon besprochene Blatt mit der Erzählung von den Sieben Schwaben (vgl. S. 78) erinnert.

Es würde zu weit führen, alle Themen ländlichen Erzählgutes zu behandeln. Die gesamte Erzählforschung kämpft immer wieder mit dem unglücklichen Umstand, daß die Aufzeichnungen des 19. Jahrhunderts nie oder in den seltensten Fällen wirklich wortgetreu das wiedergeben, was der Sammelnde zu hören bekommen hat. So ist es zwar möglich, Motivforschung zu treiben, dabei ist man aber meist im Ungewissen über den ursprünglichen Wortlaut. Doch auch das häusliche Erzählen war keine Selbstverständlichkeit. Aus den Physikatsberichten des 19. Jahrhunderts erfahren wir beispielsweise, daß ganze Landschaften arm an Erzählgut gewesen sein müssen. Das Erzählen setzt auch eine gewisse Begabung voraus. Der Erzähler oder die Erzählerin mußten musisch veranlagt sein. Die slowakische Volkskundlerin Esther Plicková äußerte einmal: »Meine besten Hafner sind zugleich meine besten Erzähler«. In dieser Richtung scheint in Bayern noch nicht viel geforscht worden zu sein.

Wenn vorher von Geistergeschichten die Rede war, so muß man daran erinnert werden, daß es zahlreiche ortsgebundene SAGEN gibt, bei denen man die Tatsachen manchmal überprüfen kann; so beispielsweise, wenn darin Burgruinen oder Höhlen vorkommen. Die vielen Schatzsagen weisen darauf hin, daß zu allen Zeiten vor- und frühgeschichtliche wie auch geschichtliche Funde gemacht werden konnten, ohne daß man vor dem 18. Jahrhundert diese in ihrer historischen Bedeutung erkannt hat. Von den eigentlichen Bergsagen soll dabei gar nicht die Rede sein.

So lange das Erzählgut noch nicht schriftlich niedergelegt war, konnte an dem Inhalt jederzeit geändert werden. Er konnte gekürzt oder erweitert sein. Vor allem muß man bedenken, daß das Erzählgut oft unklar wurde, sozusagen zerfließend, und sich mit anderen Themen verband. Diese unklaren Vorstellungen waren sicher sehr häufig. Joseph Hanika unterhielt sich einmal mit einer Bäuerin aus der Gegend von Wunsiedel. Diese meinte: »Durt nabm (= dort oben) war überhaupt vül laus.« Konkret aber konnte die Bäuerin dieses »vül« nicht zu Texten formen.

Neben den häuslichen Erzählern gab es auch eine Erzähltradition in den Gasthöfen. Der Wirt oder die Wirtin unterhielten die durchreisenden Gäste mit Proben aus dem örtlichen Sagenschatz oder auch mit den ihnen bekannten Legenden, wie das Goethe 1779 in seinen Briefen aus der Schweiz so anschaulich von einer Wirtin aus dem Wallis (11. November Münster im Goms) erzählt, die ihren Gästen die Legende vom heiligen Alexis vortrug. Goethe nahm danach das Legendenbuch des Martin von Cochem zur Hand und fand: »daß die gute Frau den ganzen reinen menschlichen Faden der Geschichte behalten und alle abgeschmackten Anwendungen dieses Schriftstellers vergessen hatte.«

So sei zum Abschluß dieses kurzen Kapitels eine Wirtshausgeschichte aus dem Spessart angeführt, die Schmeller[61] zugleich als Mundartprobe notiert hatte.

Im Spêssert stêt ē Wertshaus, mr hêsts bey dr Kranē. Da kèhrt e Màl unner Mittágh en ármr Hándwerksporsch eī. Dr làsst sich en Schoppē Weī

Handgezeichnetes und koloriertes Andachtsbild. Fränkisch, frühes 19. Jh. Regensburg, Historisches Museum.

Bilderbogen, sogen. Bauernbrief,
mit der Darstellung des Leidens Christi.
Augsburger Arbeit der zweiten Hälfte des 17. Jhs.

eī schenkē, un zight ē Stick schwatz Broud aus dr Tásch un gêt in di Kich 'enaus, wo die Wèrtn grád ē n Bràdn àm Fêür hàt. 'r nemmt sái Broud, schnaid ên Rèml nàchn annern 'rab, und halts an dē Bràtē das dr Dampf devon draī gêht. Das isst 'r un trinkt dezu saī n Waī. Jetzt bezahlt 'r di zwe Batzē für saī Scheppchē, un will fort gên. Dà fòdert di Wèrtn noch̄ en Batzē von em vor déss, dass s'em hàt saī Broud làssn an dē Bratē halte. Was! sêigt dr Borsch, soll mr á' noch vor dē Dampf zahlē? Si wellen dorchaus nit fort làssē und gen endli' vor dē Scholzē. Wi đer dē Handl vrnommē hàt, séight 'r: Libe Leüt! dà is gleich geholfē; Hàbt ir em de Dàmpf von àiem Bràtē gêbē, so is rêcht un billigh, das r áich bezalt mit'm Klàng von saī m Batzē.

Volksglaube und Volksfrömmigkeit

»Gesund ging ich zur Arbeit aus
und wurd gebracht als Leich nach Haus.
Drum bet für mich und sei bereit
zum Gange in die Ewigkeit.«
Allgäu um 1860

Bei dem Thema Volksglaube und Volksfrömmigkeit dürfte es schwer fallen, Stadt und Land zu trennen, da es ja für beide Bevölkerungsteile um die gleichen Glaubensinhalte einer christlichen Kultur ging. Dennoch lassen sich bei einer gründlichen geschichtlichen Betrachtung Unterschiede für einige Epochen herausarbeiten, in denen die Landbevölkerung zäher am Überkommenen und Liebgewonnenen hing und dies auch dementsprechend zum Ausdruck gebracht hat.

Glaube und Aberglaube spielten natürlich in einem Volk, das seit der Reformation konfessionell gespalten war, ungleiche Rollen. Vielfach vertrat man die Ansicht, daß der Aberglaube im katholischen Bevölkerungsteil stärker vertreten war als im evangelischen. Jedenfalls schien das Volk, zu welcher Konfession es auch gehörte, zutiefst von dem durchdrungen, was Shakespeare im ersten Akt des Hamlet so ausgedrückt hat: »Es gibt mehr Dinge im Himmel und auf der Erde, als ihr euch in eurer Schulweisheit träumen laßt.«

Man hat besonders seit der zweiten Hälfte des 18. Jahrhunderts sowohl von weltlicher wie auch von kirchlicher Seite aus große Anstrengungen gemacht, um mit alldem, was man Aberglaube nannte, aufzuräumen. Doch noch in dieser Zeit werden immer wieder Fälle bekannt, wo selbst der Hexenglaube wieder lebendig wird. Auch das »Stellen« von Dieben gilt als eine Fähigkeit, die gelegentlich immer noch dem einen oder anderen nachgesagt wird. Für das Stellen wenigstens ein Beispiel aus der Sammlung des Freiherrn Karl von Leoprechting aus der Mitte der vorigen Jahrhunderts[62]. »Wie der Stübelgregori noch auf dem Stillerhofe, einer schönen Einöd bei Schwifting gedient, sah er dem Käser seine silberne Uhr allzeit den ganzen Tag am Türgerüst hängen. Des verwunderte er sich und sagte zuletzt einmal beim Mittagsmahl dem Käser, wie magst du nur die Uhr allweil so offen da hängen lassen, die wird dir gewiß noch einmal gestohlen. Laß du nur mich dafür sorgen, entgegnete ihm ruhig der

Schweizer, ich möchte es keinem raten, du kannst es gleich selbst versuchen, wenn du dirs traust. Nun das müßte doch mit dem Deixel zugehen, meinte der andere und sprang auf, die Uhr zu holen. Wie er aber die Uhr heruntergenommen, war es ihm gerade, als wenn Blei in all seine Glieder fiel, und konnte er keinen Schritt mehr tun: war hart und steif festgemacht. Unter elendigem Spott und Auslachen der Knechte und Dirnen macht der Schweizer durch einen Spruch ihn wieder frei ledig. Es war ihm aber mittlerweil so tamisch geworden, daß er nimmer sah noch hörte. Dem Bauern und seinen Ehehalten war aber auch trotz allem Gelächter ein Gruseln übergeloffen.« Der Stillerhof existiert noch als Stillern, Gemeinde Penzing. Es war ein Vollbauernhof.

Die Schweizer oder Käser am Lechrain kamen vielfach aus Württemberg. Über sie gab es manche derartige Geschichten. Wenn Leoprechting solche Texte wiedergegeben hat, so war es, soviel wir seinen Charakter kennen, für ihn nicht einfach eine unterhaltsame Anekdote. Er war, wenn er auch keine Erklärung für derartige Dinge finden konnte, doch frei von jenem aufklärerischen Urteil, wie es beispielsweise der Tölzer Gerichtsarzt Kriechbammer 1806 vertrat: »Die Religion der Landleute und größtenteils auch der Marktleute artet in das Unvernünftige und Lächerliche oft aus. Und sie sind schon von ihrer Leichtgläubigkeit, Andächtelei und eingewurzelten Aberglauben zurückzuweisen.« Auch im Isarwinkel bedauerte 1860 der Tölzer Arzt Gustav Höfler, daß immer noch Truden-, Hexen- und Teufelsglaube lebendig sind. Dennoch weiß er zwei Seiten der religiösen Gefühle des Landvolkes zu loben. Die eine derselben ist eine bewunderungswürdige Resignation und Ergebung in den göttlichen Willen bei größtem Unglück, die andere ist christlicher Sinn für Wohltätigkeit.

Not lehrt beten. Es ist vielleicht die immerwährende Not, der gerade der Mensch auf dem Lande ausgesetzt ist, die ihn von Haus aus fromm macht;

oder sollte man besser, der Wirklichkeit näher, sagen: fromm machen könnte. Häufig hat man den Verdacht, daß die Autoren, die sich im 19. Jahrhundert mit Land und Leuten beschäftigt haben, Schönmaler gewesen sind, die das Landleben wie auf Zeichnungen und Holzschnitten eines Ludwig Richter zur Idylle umgeformt haben, zu Bildern, in denen Resignation und Verzweiflung keinen Platz hatten. Es ist aber sicher, daß Bedrängnis nicht nur in Kriegszeiten bestanden hat, und damit für jeden die Notwendigkeit gegeben war, mit ihr so oder so fertig zu werden. Wo aber die Bedrängnis ist, hält man nach einem Beschützer Ausschau. Das ist der Gott der Psalmen ebenso wie die Engel, wie die Heiligen, wie die Mutter des Herrn. Spricht man aber von Volksglauben, so meint man vielfach nicht den kirchlich orientierten Glauben, sondern Vorstellungen, die vielleicht auf dem einen oder anderen Wege bis zur heidnischen Wurzel zurückgehen könnten. Das 19. Jahrhundert konnte sich in solchen Spekulationen gar nicht genug tun. Wir sind heute damit sehr vorsichtig geworden. Wie in der Volksmedizin reichen solche Vorstellungen meist nicht über das 16. Jahrhundert zurück. Zudem haben Reformation und kirchliche Erneuerung der Volksfrömmigkeit ein noch heute gelegentlich spürbares Gepräge gegeben, obwohl der Frost der Aufklärung und das Fieber der frühen Industriejahre vieles erstarren und welken ließ. Waren für Nicolai und Pezzl im Volk überall Ammenmärchen, Köhlerglaube und Bigotterie zu beobachten, so wurde später auch von den Gläubigen volksfrommes Verhalten nur zu oft als mit Liturgie und offizieller Religion unvereinbar getadelt, wobei man den eigenen Standpunkt zum Maßstab aller Dinge genommen hat, ohne dort Halt zu machen, wo bereits das Transzendente berührt wird. Auch diese Einstellung ist nicht immer überholt. Jeder fremde Kult wird heute mit Respekt, Neugierde, Interesse oder Staunen betrachtet und beschrieben. Wenn es aber um das Verhalten der Christen geht, so verfällt man in den alten intellektuellen Hochmut, mit dem man nach wie vor Volksglauben und Volksreligiosität belächelt. Angesichts dieser Situation wagt man sich nur schwer an das Thema dieses Abschnitts. Gemäß dem bisher eingeschlagenen Weg wollen wir uns wieder mit Hilfe einiger konkreter Beispiele an die Probleme heranarbeiten.
Bei der Beschreibung der Ausstattung einer Bauernstube erwähnt Leoprechting[63] außer der Hän-

Waffen-Christi-Kreuz in Bernhardsberg, unterer Bayerischer Wald, zweite Hälfte 19. Jh.

geuhr, dem Weihbrunnkessel, dem Kruzifix, den heiligen Bildern auch noch den SALZSTEIN. »Letzterer wird um Heilig Drei König mit etwas geweihtem Mehl angerührt und in der Form eines kleinen runden Kuchens auf dem Ofen getrocknet und dann an seiner inneren Öffnung aufgehängt. Wird er feucht, bedeutet es Regen. Es ist allgemein Sitte, daß jeder Fremde, wenn er herein oder hinaustritt, einen Weihbrunn nimmt; vom Salzstein dagegen bricht nur ein oder das andere der ehelichen Haushaben, wenn es über Land reist, ein kleines Stückel ab und verzehrt es zum Wohlergehen in der Fremde.« Der Salzstein war nicht nur diesseits des Lechs, sondern auch auf der schwäbischen Seite bekannt. Dörfler[64] erzählt aus seinem Heimatdorf Untergermaringen: »Hatte alsdann eines der Kinder oder, wen es eben traf, das in etwa zweistündiger Feierlichkeit am Vigiltage geweihte Dreikönigswasser und -salz nach Hause geschafft, so machte sich die Mutter daran, den Santa-Hans-Segen herzustel-

Bildstock aus der Zeit um 1500.
Tyrlbrunn/Rupertiwinkel.

len. Sie löste das Salz in dem mit geweihten Wein gemischten Wasser auf und stellte diese Lake auf den Ofen zu langsamer Verdunstung. Hatte sich die Scheibe gehärtet, so wurde sie sorgfältig gelöst und an ihre Stelle gehängt. Der Santa-Hans-Segen wurde angetupft, bevor man zu Bette ging. Von ihm schabte man ab, wenn Vieh erkrankte oder verkauft wurde.« Und nun erzählt Dörfler nur mit großer Scheu weiter: »Man kann den einen Brauch nur eingebettet in die Seele des Hauses verstehen, als ein mit seinem ganzen Leben Verbundenes. Man denke sich, ein in Liebe und Sorge aufgezogenes Tier verläßt den Stall und wird zu fremden Menschen getrieben. Da war es uns, als käme etwas, das uns zugehörte, in die böse Welt hinaus. Wir hatten wirklich Abschiedsweh, waren voll Mitleid und Erbarmen. Und da war es so tröstlich, daß man dem guten Tiere als letzte Liebesgabe noch etwas Besonderes tun konnte. Es bekam auf einer Schnitte Brot Santa-Hans-Segen mit in die Fremde.«

Ein zweites Thema ist das häusliche GEBET. Wir besitzen viele Darstellungen einer bäuerlichen Familie beim Tischgebet oder beim Beten während eines Gewitters. Die Tischgebetsdarstellungen sind volkskundlich auch unter dem Gesichtspunkt interessant, als sie uns die Tischordnung, die einmal üblich war, wiedergeben (soweit der Maler sich dabei nicht Freiheiten erlaubt hat). Schelbert[65] schildert das recht anschaulich aus dem Allgäu, wo die Kinder zunächst, wenn sie bereits selbständig essen können, im Tischwinkel sitzen, nach und nach aber auf beide Seiten vorrücken, die Söhne gegen den Stuhl des Vaters, die Töchter gegen jenen der Mutter, so daß der ältere Sohn einer größeren Familie an der Seite des Vaters, die älteste Tochter neben der Mutter am Tische Sitz und Stimme hat.

Die etwa nötigen Dienstboten: Kindsmagd, Stall- und Hausmagd, Hirt, Stallbub und Knecht sowie die anwesenden Taglöhner verteilen sich je nach Alter und Geschlecht in der Regel unter die Kinder. Der Sitz der Mutter war immer auf der vom Kochherde nächsten Seite, während sie dem Hausvater die anstoßende »Fronte« gänzlich überließ sowie für den etwa mitspeisenden Gast. Was nun die Ordnung beim Tischgebet angeht, so hat Schelbert beobachtet, daß in der Schweiz die Katholiken auf dem Land fast überall in sitzender Haltung am Tisch beten, während in Altbayern alle Anwesenden in einem möglichst weiten Halbkreis in der Stube fern vom Tisch aufgestellt sind. Schelbert fährt fort: »Nicht so im Allgäu, nur die Kleinen etwa unter sechs Jahren, dürfen da hinter dem Tische, während des Gebetes, sitzen bleiben. Die größeren Kinder aber, die Dienstboten und dergleichen stehen je nach Alter und Geschlecht auf den beiden Seiten hinter dem Stuhl des Vaters und der Mutter, in zwei Gruppen geschieden, wobei die Älteren als die vom Tische am weitesten entfernt Stehenden die Aufsicht führen. Ungefähr dieselben Plätze, jedoch in kniender Stellung, werden beim Gebete in besonderen Anliegen, wie Krankheit, Ungewitter und zu besonderen Zeiten, wie in der Fastenzeit eingenommen.« Vom Tischgebet berichtet Schelbert, daß es täglich dreimal, nämlich bei den drei Hauptmahlzeiten am Morgen, Mittag und Abend überall und zwar in gleicher Form verrichtet wird. Nach dem Essen folgt jedesmal der »Englische Gruß« und ein »Vater unser« für die Armen Seelen. Der »Englische Gruß« wird mit dem Tischgebet verbunden, weil das Gebetläuten von einzel-

Bildstock und Wegkapelle bei Lämmersdorf,
unterer Bayerischer Wald, Zustand um 1920.

nen Familienmitgliedern, namentlich bei der Arbeit, oft nicht gehört wird.

Unmittelbar nach dem »Vater unser« für die Armen Seelen wird je nach den Familienverhältnissen ein weiteres »Vater unser« für verstorbene Familienangehörige angefügt. Es können noch Gebete für Schwerkranke oder besondere Anliegen folgen. Das Abendgebet wird in vielen Häusern auch noch mit einer »Aufopferung des Tages« und der »Erweckung von Reue und Leid« verbunden. Zusätzlich wurde am Hausaltar am Donnerstagabend bei dem Angstleuten von den Anwesenden die »Angst« laut gebetet. »Durch

deine heilige letzte Angst und schwere Verlassenheit, oh gütigster Herr Jesu Christ, verlaß uns niemals in Sonderheit und der letzten Stunde des Absterbens.« Dieses Gebet wird dreimal gesprochen unter Hinzufügung je eines »Vater unsers«. Dem Freitaggebete: »Es sind Finsternisse entstanden...« wird das Gebet des »Schmerzhaften Rosenkranzes« beigefügt.

Die Allgäuer beteten auch im Stall während des Melkens. Das gewöhnlichste Gebet war der »Rosenkranz« und die Gebete zu den Viehpatronen St. Mang und Wendelin.

Was das Rosenkranzgebet angeht, so dürfte es erst im Verlauf der Gegenreformation wirklich unter das Volk gekommen sein. Damals wurde auch der Begriff vom »Paurenrosenkranz« geprägt. Es kann kein Zweifel darüber bestehen, daß im Bereich der Volksfrömmigkeit sich mit dem Rosenkranz amulettartige Vorstellungen verbunden haben, zumal der Rosenkranz, wie Georg Schreiber sich einmal ausdrückte, keine schützende Heimat im Evangelium hat. Ein Beispiel für die Auffassung von besonderem Schutz durch das Mitsichführen eines Rosenkranzes sei aus den Gerichtsakten von Au bei München vom Jahre 1600 gebracht[66]. Der Tagwerker Gabriel Kayser hatte seinen »Pater Noster« (Rosenkranz) verloren. Am Rosenkranz war ein Anhänger befestigt mit der Darstellung des Ritters St. Georg (Wall-

Geschnitzte Votivtafel aus der zweiten Hälfte des 19. Jhs. Sammlung Kriss, Bayerisches Nationalmuseum München.

Gebetsheft mit Andacht zum heiligen Florian, Burg-
hausener Druck des 19. Jhs.

Rosenkranzanhänger, wohl altbayerisch, 18. bzw.
19. Jh. Schatzkammer Altötting.

fahrtsmedaille?). Der Tagwerker war nun belangt
worden, weil er bei Straßlach Vieh von der Weide
gestohlen hatte. Er motivierte diesen Diebstahl
indem er meinte, er sei wohl von allen guten
Geistern verlassen gewesen, als er das tat. Und die
Schuld an diesem Zustand läge darin, daß er
seinen Rosenkranz verloren hatte. Die Vorstellung, der Rosenkranz habe eine schützende
Funktion sowohl vor körperlichem Unheil wie
vor seelischen Anfechtungen gehabt, muß damals im Volke durchaus geläufig gewesen sein.
Eine andere Frage wäre, ob dieser Tagelöhner den
Rosenkranz auch gebetet hat, und wenn, bei welchen Gelegenheiten. Dies läßt sich natürlich nicht
beantworten.

Wie an einer Hochzeit nahm das Dorf auch am
Sterben eines Familienmitgliedes teil. Leoprechting schildert einen Versehgang, an dem alle Dorfbewohner, soweit sie Zeit hatten, teilnahmen.
»Vor dem Haus wartet man, bis der Pfarrer wieder
heraustritt, betet laut in der Gesamtheit Vater

Unser und Gelobt sei das Allerheiligste Altarsa-
krament und kehrt mit dem Pfarrer in ernster
Fassung in die Kirche zurück. Stirbt der Kranke,
wird alsogleich zur Schiedung geläutet. Wer immer dies hört, im Dorfe oder im Feld, opfert ein
Ave Maria und die Fünf Wunden für des Abge-
leibten seelige Hinfahrt auf.« Im Allgäu wurde im
Unterschied zum Lechrain der Tote allemal in der
Stube aufgebahrt.

Zur damaligen Zeit war das Verhalten der Bevölkerung noch sehr stark von Vorstellungen durchmischt, die man heutzutage als abergläubisch
wohl nirgends mehr antrifft. So zum Beispiel:
»Wenn das Gesicht des Toten weich bleibt ..., so
ist ein böses ängstliches Zeichen: er holt dann
binnen Jahresfrist einen aus dem Hause oder der
Nachbarschaft zum Tode ab. Damit er nicht wie-
derkehre, reckt man ihn am großen Fußzehen,
oder man schüttet wohl auch, sobald er hinausge-
tragen worden, einen Schappen frisches Wasser
auf die Türschwelle.«

Gottesacker St. Rochus bei Nürnberg. Heute Nürnberg Rothenburger Str. Nr. 20, Stich um 1759 von C. M. M. Roth.
Die Anlage geht auf das 16. Jh. zurück.

Ziemlich allgemein war die Vorstellung verbreitet, man müsse nach Eintritt des Todes die Fenster öffnen, damit die Seele ungehindert entweichen kann.

Die FRIEDHÖFE hatten bei weitem nicht jene monotone, fast steinbruchhafte Gestalt unserer Tage. Sie waren nach unserer heutigen Auffassung allerdings vielfach recht ungepflegt. Fentsch weist darauf hin, daß beispielsweise in Oberfranken des Grabhügels wenig geachtet wird. »Kaum in den reichsten Gegenden der Provinz findet sich mehr als ein hölzernes Kreuz von schlichtester Form neben der ziemlich verwilderten Ruhestätte, und die Sitte des Gräberschmuckes am Allerseelentage ist selbst in den katholischen Bezirken nicht gemeingiltig.«

Auch sonst ging es auf dem Lande, besonders in den evangelischen Gemeinden, beim TOTEN-BRAUCH bescheiden zu. Als Besonderheiten werden aus Franken beispielsweise erwähnt, daß die protestantische Leiche im Sarge vor dem Hause nicht ausgesegnet wird. Schulkinder singen, ehe der Leichengang beginnt, einen Choral, und erhalten hierfür eine kleine Münze aufs Gesangbuch. Bei der »kleinen Leiche« hält der Pfarrer eine Rede am offenen Grabe, bei der »großen« folgt auf das Begräbnis ein förmlicher Gottes-

dienst an Stelle der Grabrede. Die Protestanten pflegten ihre Toten ganz in Schwarz zu kleiden. In der Pfarrei Michelrieth im Spessart durften die Leidtragenden während der Trauerzeit, gewöhnlich drei Monate, beim sonntäglichen Gottesdienst nicht mitsingen. Zum Vergleich für diese gewisse Strenge im evangelischen Hause sei auf Max Frommer[67] verwiesen, der aus seiner Jugend berichtet, daß es bei einem Sterbefall so etwas wie ein Totenmahl innerhalb der Familie nicht gab. Zwar hielt man einem Toten in der Nacht die Totenwache, an der sich Verwandte und Nachbarn beteiligten. Aber dabei gab es keine Mahlzeit, höchstens ein kleines Stück trockenes Schwarzbrot, zum Kauen vermutlich, um leichter wach bleiben zu können. Nach der Beerdigung gab es im Trauerhaus Kaffee und Gugelhupf, aber nicht für die Familie, sondern zur Stärkung für Auswärtige, die den Heimweg ohne den Besuch bei Bekannten oder im Wirtshaus antreten wollten. Von diesem Angebot wurde wenig Gebrauch gemacht; auswärtige Verwandte nahmen diese Gelegenheit wahr, um sich kurz mit den Hinterbliebenen auszusprechen.

Im Zusammenhang mit den Beerdigungsbräuchen ist das TOTENBRETT zu erwähnen. Aus Oberfranken berichtet Fentsch, daß der Tote in der

Feldkreuz mit Totenbrettern aus der zweiten Hälfte des 19. Jhs. Bayerischer Wald.

Regel auf ein Brett gelegt und in ein Kämmerle gebracht wird. Im Mistelgau ist in jedem Hause solch ein Totenbrett vorrätig. Es hat seine Verwendung beim Ahn und Urahn gefunden und erbt sich zum gleichen Gebrauche auf die Nachkommen fort. Im Unterschied dazu berichtet Brunner aus dem Gebiet um Cham, daß das Totenbrett nie im Haus aufbewahrt wird, sondern nach der Beerdigung an einer Stadelwand oder einer Kapelle oder einfach an Bäumen und Wegen zum Gedächtnis aufgestellt wird. Es ist also nie Grabzeichen gewesen. Das kam erst nach dem Ersten Weltkrieg auf städtischen Friedhöfen vereinzelt vor. Wichtig ist es, sich über die Quellen klar zu werden, aus denen die Schreiner, die

Fertiger der Totenbretter, ihre Reime, Sprüche, Verse, Sinngedichte entnommen haben. Brunner kannte einen Schreiner in Dalking bei Cham, der sie aus dem Gedächtnis niederschrieb, ein anderer hatte eine handschriftliche Zusammenstellung, der dritte ein Büchlein. Die schönste Sammlung besaß ein Schreiner Ellmann in Miltach bei Kötzting. Der Titel dieses Büchleins lautete: *553 Sprüche zu Grabschriften aus den heiligen Schriften und den Kirchenvätern, aus deutschen, lateinischen und französischen Dichtern und aus mehreren Gottesäckern in und um München gesammelt und nach Stand, Geschlecht und Alter geordnet von einem emeritierten Priester,* München 1853. Druck und Verlag besorgten die Deschlersche Buchhandlung in der

Totenbretter im Berchtesgadener Land. Zeichnungen um 1914.

Schmiedeeisernes Grabkreuz aus Wassertrüdingen bei Dinkelsbühl. 18. Jh.

Vorstadt Au. Diesem Band waren bereits zwei weitere Sammlungen vorausgegangen, im Jahre 1843 und in zweiter Auflage 1848. Brunner nennt dann noch eine jüngere Sammlung von Adalbert Müller (A. Coppenrath in Regensburg). Das Totenbrett war keineswegs auf Altbayern beschränkt. In jüngerer Zeit hat sich Walter Hartinger[68] gründlich mit dem Thema befaßt. Neben

Schmiedeeiserne Grabblume, Niederbayern.

Totenkrone aus Röckingen bei Dinkelsbühl, spätes 18. Jh.

dem schlichten Holzkreuz waren in Gegenden, die in der Nähe von Bergwerken lagen, in denen Eisen gewonnen wurde, die schmiedeeisernen Grabkreuze bei Bürgern und Bauern üblich gewesen. Da Eisen immer teuer war, kamen sie für die ärmeren Bevölkerungsschichten nicht in Frage. Brunner beklagte schon zur Zeit des Ersten Weltkrieges, daß die schmiedeeisernen Kreuze durch Fabrikgußware, die alten Steindenkmale durch einförmige Würfel aus Granit oder Syenit verdrängt wurden. Das ist gleichzeitig ein Zeichen dafür gewesen, daß bäuerliche Repräsentation sich gegen Ende des 19. Jahrhunderts auch des Friedhofs bemächtigt hat. Auf der anderen Seite darf man diese äußere Vernachlässigung des Familiengrabes jedoch nicht als Pietätlosigkeit betrachten, denn das Gedächtnis der Toten wurde getreulich gehalten und der Gräbergang nach dem sonntäglichen Gottesdienst oder nach der Trauung war allgemein üblich.

Wenn man das Wort Heimat definieren will, so setzt man es gerne gleich mit Geburtsort oder Elternhaus. Man kann es aber noch konkreter umschreiben, daß der Hof und der Gottesacker, oder der Herd und der Grabhügel die eigentlichen Kernpunkte dessen waren, was man mit dem Wort Heimat zusammenfassen wollte.

Noch ist daran zu erinnern, daß in klimatisch sehr rauhen Gegenden das Beisetzen der Toten im zuständigen Friedhof während der Wintermonate für jene Höfe, die meilenweit von der Pfarrkirche entfernt lagen, unmöglich war. In solchen Fällen bewahrte man den Toten unterm Dachboden auf; Hans Carossa schildert dies sehr einprägsam in seinem Gedicht: *Rauhes Land:*

»O bald sind alle Steige schneeverweht,
Ungangbar auch der Weg zum fernen Grabe.
Wir trösten uns: in jedem Hause steht
ein guter Sarg bei andrer lieber Habe.
Vielleicht um Ostern, wenn in unserem Norden
die Heide blüht, wird einer fromm versenkt,
und bald ist Staub und Geist aus ihm geworden –
wohl dem, der dann noch freundlich an ihn
denkt.«

Es gab noch ein anderes Zeichen des Gedächtnisses, das war die TOTENKRONE oder der TOTENKRANZ. Dieser war bei beiden Konfessionen üblich. Schmeller[69] beschreibt sie als »aus farbigen Papier, Federn und Silberflittern über ein Gestell von Draht von den sogen. Kranzlbinderinnen verfertigte hohe Ornamente, welche bei Leichenbegängnissen oft in ganzen Reihen auf die Särge von Kindern, unverehelichten Mannspersonen und Jungfrauen gestellt und von den nächsten Verwandten besorgt zu werden pflegten.« In den Ansbach-Bayreuther Gebieten war der Brauch der Totenkronen von der Obrigkeit streng geregelt. Das *Hochzeiten-, Kind-, Tauff-, Leichen- und Trauerreglement Onolzbach, gedruckt und zu finden bey Johann Valentin Lüders, Hoch. fürstl. privil. Hof und Kanzley-Buchdrucker – vom 27. November 1733,* unter Markgraf Karl Wilhelm Friedrich herausgegeben, macht keinen Unterschied zwischen Kronen und Kränzen. Dieses Reglement enthält folgende für das evangelische Totenbrauchtum wichtige Ansätze: »VIII. Särge nicht mehr mit schwarzem Tuch ausschlagen. IX. Sterbekleider ohne Schleppen, keine Quasten und Kissen. XI. Wegen der Todten-Kränze bey Kinder oder erwachsener lediger Personen verordnen Wir gnädigst, daß, nachdeme Wir beschlossen, daß die Pflegen jedes Orts, und zwar besonders in Unserer Residenz Stadt, gewisse silberverguldete und ganz Silberne und andre Sorten Kränze, nach oben bemerkter Beschaffenheit und Distinktion der Personen, auf dem Land aber von Metall verguldete und Versilberte, dann auch Geringere verschiedentliche Sorten verfertigen lassen, hingegen bey deren Gebrauch davor jedesmahlen einen gewissen noch zu determinierenden Tax wieder zu geniessen haben sollen, sothane Kränze und zwar nur einen und nicht mehr die Eltern alleine, oder wann solche nicht mehr im Leben seyn, der verstorbenen Geschwistrigte und Erben auf den Sarg hefften und so nach zur Pfleg wieder liefern lassen dörffen; die Gevattern aber sowohl als alle übrige Anverwandten sollen hierfüro bey unten gesetzter Straffe nicht nur keine Kränze oder Kreuze, noch sonsten dergleichen mehr schicken, noch weniger aber die Tauff-Pathen in den Sarg kleiden, oder die Todten-Truhe anschaffen.« Der nächste Absatz befaßt sich mit der stufenweise abnehmenden Qualität dieser Totenkronen je nach Stand und Rang des Verstorbenen. Auch die Höchstpreise für diese Kronen waren genau festgelegt.

Andernorts ging man noch strenger vor. Die Windsheimer Polizeiordnung aus dem Jahr 1675 hatte alle Totenkränze verboten. Ferner vergüldete und beflimmerte Kränz und »falls je ein Dod (Pate) oder nächster Freund ein Kreuz oder Kränzlein schicken wollt, solle es nur von Rosmarin, Buxbaum oder natürlichen grünen Blumen

erlaubt sein«. Noch strenger war die katholische Würzburger Leich- und Trauerordnung vom 7. Juli 1747, die alle »Striche von Rosmarin oder Buxkränze, noch sonstige Bruderschaftszeichen« verboten hat. Die metallenen Totenkronen haben sich bis zum heutigen Tag vor allem in Mittelfranken häufig in den ländlichen Pfarreien erhalten. Sie waren in der Regel Arbeiten von Gürtlern und Silberarbeitern. Der Unterschied zwischen Stadt und Land kam hier auch in der Terminologie zum Ausdruck. So unterschied man in Windsbach die »Bürgerkrone« von der einfachen »Landkrone«. Für das Ausleihen der Kronen wurden noch in den dreißiger Jahren unseres Jahrhunderts Gebühren erhoben.

Die in dem Würzburger Verbot erwähnten Bruderschaften spielten an sich gerade im Armenseelenkult und damit auch in der Volksfrömmigkeit eine wichtige Rolle. Sie hatten schon im Mittelalter neben karitativen Aufgaben das Ziel, zur Erhöhung der öffentlichen Gottesdienste beizutragen. Nicht nur die speziell dem Gedächtnis der Armen Seelen und dem guten Tod zugeordneten Bruderschaften pflegten Beerdigung und Totengedächtnis der Mitglieder als eine ihrer wichtigsten Aufgaben zu betrachten. In diesem Zusammenhang sei nur auf einen Spruch hingewiesen, der uns auf Totenbrettern und Andachtsbildern immer wieder entgegentritt:

»S' ist halt eine harte Reis, wenn man den rechten Weg nicht weiß, drum fragt die drei heiligen Leut, Jesus, Maria Joseph allezeit.«

Dieses Sprüchlein gründet auf der seit der Gegenreformation stark aufblühenden Verehrung der drei heiligen Namen, wie beispielsweise in dem Kirchenlied des Kölner Jesuiten Wilhelm Nacatenus 1662 zum Ausdruck kommt *(Heilige Namen allzeit beisammen)*. Diese heiligen Namen, meistens in den Monogrammen IHS, Maria, Joseph dargestellt, konnten auch figürlich dem Beter vor Augen geführt werden, und dann gewöhnlich in der Form des »heiligen Wandels«. Dieser aber wurde von den barocken Theologen gern als trinitas terrestris, irdische Dreifaltigkeit bezeichnet. Die Verehrung dieser irdischen Dreifaltigkeit galt aber als wichtiger Bestandteil der Vorbereitung auf einen guten Tod, insbesondere war hierfür der hl. Joseph Patron. Die barocke Verehrung des hl. Joseph dürfte durch die Verehrung der heiligen drei Namen aufgeblüht sein.

Wurde bisher mehr das volksfromme Brauchtum im Totenkult herausgestellt, so ist noch einmal auf weit verbreitete Vorstellungen von der Ankündigung eines bevorstehenden Todes zurückzukommen. Hans Baumgartner[70] hat in seiner Sammlung von Erzählungen aus der Wasserburger Gegend das Thema mehrmals berücksichtigt. Nur zwei Beispiele: »Ein grobes Wetter: Fünfzehne war's im Krieg. Mein Bruder ist auch im Feld gewesen. Da ist bei uns daheim z'Spielberg einmal auf d'Nacht um sieben ein fürchterliches Unwetter kommen. Daß' uns halt sogar das Stadeltor ausg'hoben hat! Wie wir dann am nächsten Tag zum Nachbarn nüber sind und über das grobe Wetter reden wollten, haben die gsagt: was für grobs Wetter? Die haben nix g'hört und g'sehn davon. An Weihnachten haben wir dann die Nachricht kriegt, daß der Bruder haargenau an dem Tag gfalln is.« Das zweite Beispiel lautet: »Der Sepp war da. Beim Pflügl z'Babensham ist der Sepp am Pfingstsonntag gfalln. Und da ist d'Mutter allein daheim gewesen. Und wie die Kathi, ihr Tochter, auf d'Nacht um fünfe heimkommt, sagt's heut is der Sepp beim Gatterl eingangen! Sie hat g'hört, daß hint bei der Fletz jemand einageht. Ziemlich schwere, gnagelte Schuh! Akkurat, wie der Sepp gangen is! Dann geht er bei der Kucheltür vorbei, wo s'gsessen is. Wie s'bei der Tür nausschaut geht hinten d'Haustür noch einmal auf und zu, das hat sie g'hört. Und wie's nauskommt, is nix mehr da gewesen. Wie d'Kathi heimkommt sagt s' gleich: heut is dem Sepp was passiert. Es ist gar nicht lang hergangen, dann ist kommen, daß er in Kreta gfalln ist. Akkurat um die Zeit is er gfalln, am 25. Mai 1941.«

Der Hinweis auf den »heiligen Wandel« berührt auch das Problem der HEILIGENVEREHRUNG bei der katholischen Landbevölkerung. Bekanntlich hatte sie eine Blütezeit im 17. und 18. Jahrhundert. Hand in Hand mit der weltlichen Aufklärung ging auch von kirchlicher Seite eine Bewegung aus, die zum Ziele hatte, diese Heiligenverehrung wesentlich zurückzudrängen. Barbara Goy[71] hat das Thema der Aufklärung und Volksfrömmigkeit in den Bistümern Würzburg und Bamberg gründlichst untersucht. Sie bringt ein sehr bezeichnendes Beispiel aus dem Predigtwerk des Paters Vinzenz von Ebern, *Von dem ächten heiligen Dienste,* der unter anderem Folgendes formuliert hat: »Wenn nun aber der Christ ihre (gemeint der heiligen) Bildnisse auf jedem unansehnlichen Platze und in jedem Winkel aufstellt; wenn er sie unter solchen Überkleidungen, Verzierungen und Stellungen abbildet, die den Heiligen bey Lebzeiten nie eigen waren, und sie eben deswegen ins Lächerliche fallen; wenn er ungehalten darüber ist, und laut darüber wie über Eingriffe in die Religion murret; da dergleichen unschickliche und unzweckmäßige Zierereyen aus höherm Befehle hinweggeräumt werden sollen; ... wenn er endlich einen Heiligen vor den andern, um so zu reden auf Kosten der andern mehr werth, mehr Lob und Ehre beylegt: so ist diese ein übertriebener Eifer, ein Heiligendienst gegen die Ehre der Kirche und vielmehr Entehrung des heiligen Gottes. Mein! welcher ehrliche und angesehene Mann aus uns würde das gleichgiltig und als eine Verehrung ansehen, wenn man sein Portrait in jedem Gäßchen der Stadt, an jeder alten zerfallenen, mit Spinneweben und anderem Unrathe überzogenen Mauerwand, und das noch in einer burlesken Kleidung und Stellung anheftete.«

Ein wichtiger Bestandteil der Volksfrömmigkeit bis weit ins 19. Jahrhundert hinein bildete das WALLFAHRTSWESEN. Insbesondere die Wallfahrt zu Quellen beziehungsweise Brünndel. Die Erfahrung über heilkräftiges Wasser ist auch außerhalb des religiösen Bereiches gegeben gewesen. Nicht nur in Bayern waren solche Quellen, die vielfach einsam in Wäldern lagen, Ziel solcher Wallfahrt. Insbesondere auch bei Augenleiden. Die Ursprungslegenden dieser Wallfahrten haben oft eines gemeinsam, daß zunächst ein Einzelner Heilung oder Besserung erlebte und den Nachbarn davon Kunde gab, bis es dann nach und nach zu einem regelmäßigen Besuch gekommen ist. Ganz ähnlich war es auch bei neu entdeckten Heiligenbildern, bei denen zunächst nur behelfsmäßig eine Kapelle gebaut wurde und wo nach kirchlicher Billigung es zum Bau größerer Kapellen und selbst Kirchen gekommen ist. Ein besonders gutes Beispiel hierfür findet sich heute noch in dem niederbayerischen Samerei, wo die Holzkapelle im Chor der großen Wallfahrtskirche erhalten geblieben ist.

Die topographische Situation einer Wallfahrtsstätte ist immer mit einem gewissen Umgriff verbunden. So stehen um die Marienwallfahrtskirche Allersburg bei Abensberg/Biburg ringsherum 10 Kapellen, gleichsam als Vorwerke der marianischen Burg. Die Wallfahrtsstätten waren vielfach über Stationswege zu erreichen, wie beispielsweise von München nach Maria Ramersdorf oder (nach 1671) von München nach Unterhaching, wo 15 Stationen mit Szenen aus dem Leben der

Votivtafel vom Jahre 1850 in Maria Beinberg bei Schrobenhausen.

heiligen Familie aufgestellt waren, denn damals war in Unterhaching eine Wallfahrt zur heiligen Familie aufgekommen.

Aus Oberstdorf im Allgäu ist ein typisches Beispiel für die Fortentwicklung einer Wallfahrt und die bewußte Gestaltung der Landschaft bekannt. In einem Augsburger Visitationsbericht ist zu lesen: »Verwichenen Sommer ist der Weg vom Dorf bis zur Kapelle – gemeint ist die Appach-Kapelle, eine Marienwallfahrt – mit 10 Bildstöcken geziert worden«. Im gleichen Bericht wird vom Plan eines Neubaues der Appach-Kapelle gesagt: »Von der Pfarr gegen dem Gebirg liegt ein uralte Capell zu Ehren der Mutter Gottes erbauet, Appach genannt. ... wird über die Maßen vom Volk frequentiert... weil nun der Weg geziert, will sich gebühren, daß die Capell ebenfalls erneuert wird. Darum ist... dieselbe von neuem im Namen Laureten (gemeint ist als Loretokapelle) größer zu erbauen gedacht.« 1657 wurde dann der Grundstein zu jener Kapelle gelegt. Es ist wichtig zu erkennen, daß hier religiöse Motive mit ästheti-

schen Überlegungen verknüpft wurden. Nicht anders war es in Altötting, wo man zu gleicher Zeit auf die Ausschmückung der Umgebung »der uralt heyligen Capell unsrer Lieben Frau auf der grünen Matten« bedacht war. Dazu gehörte eine stufenförmig gezogene und von einem Gerüst unterbaute Linde, ein Brunnen für die Wallfahrer und ein reich ausgestatteter Monumentalbrunnen, von Erzbischof Paris Lodron aus Salzburg 1637 gestiftet, der, wie der Merian-Stich zeigt, von einer Muttergottesstatue (wohl Nachbildung des Gnadenbildes) gekrönt war.

Einsame Wallfahrtsstätten wurden vielfach in der Barockzeit von Klausnern betreut. Ein typisches Beispiel, die Filial- und Wallfahrtskirche St. Maria Magdalena auf der Biber bei Flintsbach, sei hier hervorgehoben. 1626 ließ sich der Eremit Fr. Hannes Schell dort auf der Höhe nieder und baute mit Genehmigung der Grundherrschaft eine kleine Kapelle. Die Wallfahrt setzte mit dem Magdalenenfest im Jahre 1636 ein, an dem die Kapelle vom Freisinger Fürstbischof konsekriert wurde.

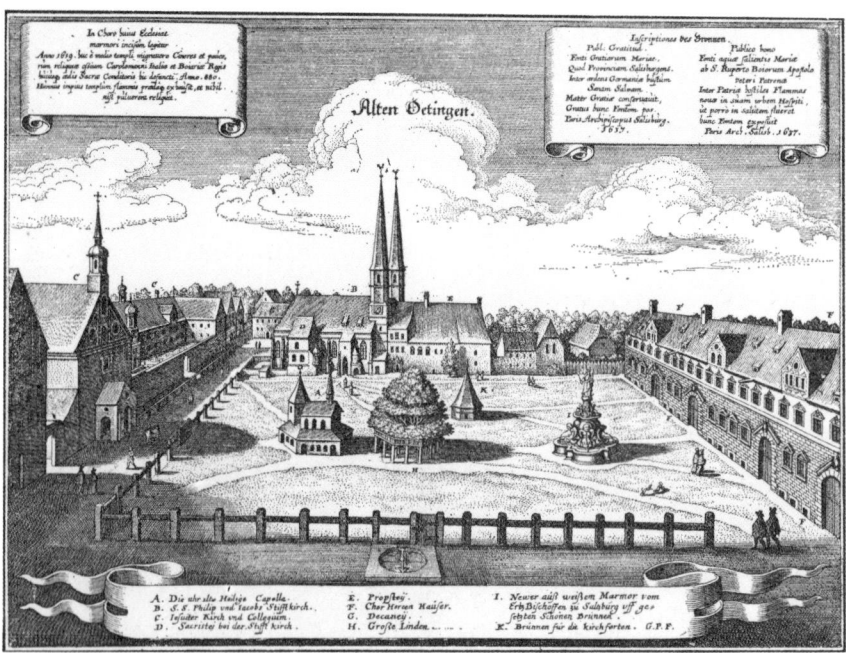

Vor der Kapelle befindet sich eine große, rings ummauerte Waldwiese. Längs der Mauer errichtete 1733 bis 1736 der Klausner Fr. Jacob Hammerschmidt elf Kreuzwegstationen, die zwölfte Station stellte der Altar in der Kapelle dar. Eine 13. Station wurde an der nördlichen Stirnwand der Mauer, die 14. in der Mitte der Waldwiese als Heilig-Grabkapelle gebaut. Eine östlich der Kirche befindliche Freikanzel erinnert daran, daß dort an Wallfahrtstagen gepredigt wurde.

Nicht weniger aufschlußreich ist die Geschichte der Klause zu St. Florian bei Frasdorf. 1755 ordnete der Fürstbischof von Chiemsee an, daß der dortige Klausner ein Schulhaus zu bauen habe, um den Kindern aus den abgelegenen Höfen in der Nachbarschaft Schulbesuch möglich zu machen. Die Klausner waren damals grundsätzlich zum Schulhalten verpflichtet. Ende des 18. Jahrhunderts wurde die Klause aufgehoben.

Es würde viel zu weit führen, alle in Bayern vorhandenen Kalvarienberge, Klausen, Brünndl aufzuführen. Sie sind alle Bestandteil der barocken Sakrallandschaft. Dazu rechnen aber auch Feld- und Wegkapellen, Bildstöcke und Feldkreuze. Unterfranken zeichnet sich heute noch durch einen besonderen Reichtum vielfältig gestalteter Bildstöcke aus, die teilweise noch in das Spätmittelalter zurückreichen.

Das Thema Volksfrömmigkeit wäre nicht abge-

schlossen, wenn man nicht auch an jene Vorstellungen erinnerte, die zwar mit religiösen Dingen verbunden sind, aber im Grunde genommen von der Kirche meist zu tadeln waren. So etwa die Vorsichtsmaßnahmen, die man im Spätmittelalter traf, um nicht anläßlich eines Jahreswechsels Gefahr zu laufen, im kommenden zu sterben. So schrieb Sebastian Brant 1494 in seinem *Narrenschiff:* »und wer nit etwas nuwes hat / und um das nuw jor singen gat / und grün tannris steckt in sein hus / der meint, er lebt das jor nit us.« Dieses Zitat wird oft angeführt, wenn es um die Frage des Ursprungs des weihnachtlichen Christbaumes geht. Nach dem vorliegenden Text konnte damals von einem Baum noch nicht die Rede sein.

Um künftiges Unheil abzuwehren, bediente man sich vielfach geweihter Gegenstände, deren Verwendung als Schutzmittel von der Kirche geduldet wurde. Hierher gehören die Ulrichskreuze und Benediktuspfennige, Wetterkreuzel und anderes mehr. Beliebt waren noch bis zum 19. Jahrhundert die sogenannten Monikagürtel, lederne Gürtel, die durch die Berührung mit gewissen Heiltümern die Kraft hatten, denjenigen (besonders schwangere Frauen), die ihn gläubig um den bloßen Leib zu tragen pflegten, bei allerlei Beschwerden hilfreich zu sein. Ein Monopol hierfür hatten die Augustiner-Eremiten (Schmeller). Heutzutage ist es schwierig, die religiöse Gedan-

Pfarr- und Wallfahrts-
kirche Mariä Himmel-
fahrt in Aufkirchen/
Starnberger See. Stich
von Michael Wening zu
Beginn des 18. Jhs. Der
Kirchenbau entstand
um 1500.

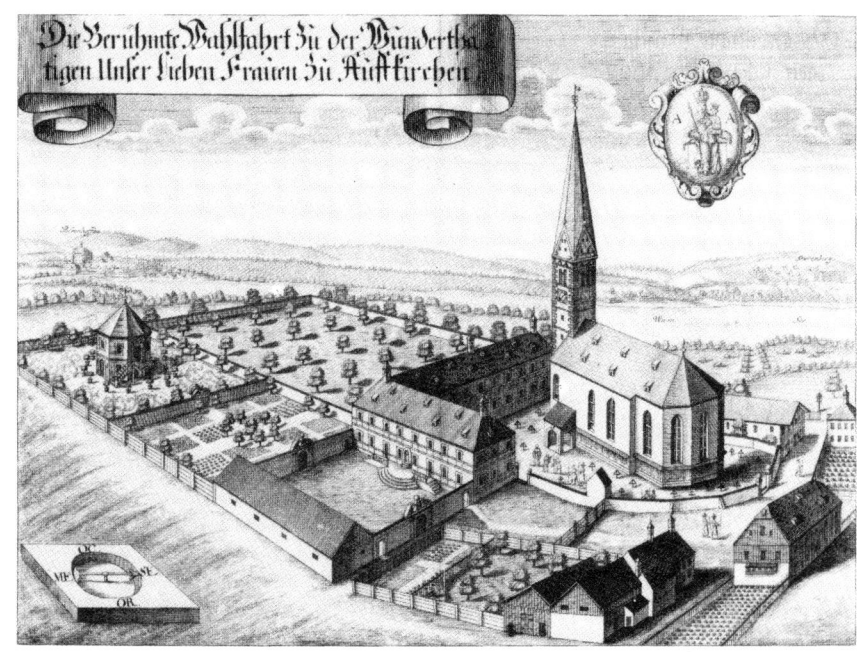

kenwelt des Landvolkes zu rekonstruieren. Es
gibt zwar vielerlei Möglichkeiten, mit Hilfe von
Briefen, Lebenserinnerungen, Tagebüchern und
Reisebeschreibungen Einsichten zu gewinnen,
wie das Max Rumpf[72] in seiner *Religiösen Volkskun-*

de mit viel Geschick getan hat. Bei näherer Prüfung dieser volksfrommen Vorstellung erkennt
man, daß sie sich vielfach mit volksmedizinischen
Anschauungen berühren, von denen im folgenden berichtet werden soll.

Volksmedizin, Tiermedizin

*»Das Habichkraut hat ein Krafft, damit es kület und sänfftiglich zusammen zeucht /
wirdt derohalben die hitze des Magens / vnnd andere hitzige Geschwulst vbergelegt«*
Kräuterbuch des Pedanios Dioskurides[73], übersetzt von dem Frankfurter Arzt Johann Dantz,
gedruckt 1610 in Frankfurt

Leben in frischer Landluft, in freier Natur gilt als gesund. Dennoch brachte die schwere Arbeit von Jugend auf und die, nach unseren heutigen Begriffen, mangelnde ärztliche Versorgung vielfach frühzeitig mehr oder weniger schwere Leiden mit sich, Veränderungen an der Wirbelsäule, Leistenbrüche und andere Leibesschäden. Die zahllosen Votivtafeln in den katholischen Landkirchen zeugen davon. Dazu kamen die Bresthaften von Jugend auf, die nie zu schwerer Arbeit in Wald und Feld herangezogen werden konnten und bestenfalls als Schneider, Schuster oder ähnliches ihr Leben fristen mußten. Schließlich blieb die Landbevölkerung ebenso wenig wie die der Städte von Erkrankungen der Atemwege, der Verdauungsorgane oder von Verletzungen aller Art verschont. Hier suchte man so schnell wie möglich Heilung zu erlangen und griff zu den »probaten«, also nach der Erfahrung bewährten Heilmitteln. Lindenblüten und Kamille, Huflattich und Salbei sowie eine große Zahl von anderen Heilkräutern waren seit jeher bekannt und im besten Sinne Hausmittel; die Rezepte ihrer Zubereitung und Anwendung wurden in den Familien weitergegeben wie die Anleitung zum Zaunmachen vom Vater an den Sohn, die Einweisung in das Stricken und Nähen von der Mutter an die Tochter. Viele Kenntnisse von Heilkräutern und ihrer Anwendung reichen in das frühe Mittelalter zurück und haben teilweise ihre Wurzeln in der Antike, deren Wissen die Klöster bewahrt hatten. Nicht von ungefähr schrieb der Kleriker und Arzt Odo von Meung (sur Loire) in der ersten Hälfte des 11. Jahrhunderts ein Lehrgedicht über 65 Heilpflanzen und 12 Drogen. Es war unter dem Namen *Macer* weit verbreitet und wurde selbst noch von Paracelsus erläutert. Ohne Zweifel waren die Vorstellungen des Volkes von den Heilmitteln im Nachmittelalter auch stark von der wissenschaftlichen Medizin des 16. Jahrhunderts (Theophrastus Bombastus Paracelsus) beeinflußt. In dem überkommenen Wissen von den Heilmitteln war aber von jeher auch Volksgut mit enthalten. Hier-

für ein aus unserer heutigen Sicht verblüffendes Beispiel. Es geht um ein Heilmittel gegen Hüftschmerz. »Man sammelt am Tag des Jupiter (= Donnerstag) bei abnehmenden Mond und zurückgehender Flut ein Kraut, das (herba) brittanice genannt, und trocknet es und bewahrt es auf, weil es im Winter nicht zu Gebote steht; es wirkt aber auch grün. Man verreibt es mit drei Körnern Salz und mit 5 oder 6 Körnern Pfeffer, man gibt einen gehäuften großen Löffel Honig und einen reichlichen Trank Wein hinzu, fügt, wenn man will, ein wenig warmes Wasser hinzu und gibt es so zu trinken. Doch muß man dieses Kraut, während man es hält, bevor man es pflückt, dreimal folgendermaßen besprechen: ›Ich halt Erde, ich pflücke das Kraut (im Namen Christi)‹. Es soll dabei nützen, wofür ich es pflücke. Mit Daumen und Ringfinger bricht man es ohne Messer ab und reißt es aus.« Diese Anweisung ist aus einer Sammlung von über tausend derartiger Rezepte genommen, die um das Jahr 400 Marcellus Empiricus in Bordeaux zusammengestellt hat. Hier findet man alle Elemente vereinigt, die uns auch im Nachmittelalter bei volksmedizinischen Anweisungen immer wieder begegnen. Dabei sei noch angemerkt, daß das Ausreißen der Pflanze an die Flachsgewinnung erinnert. Der Flachs wurde, wie berichtet, nie mit der Sichel geschnitten, sondern stets von Frauen ausgerauft. Sieht man nur auf die Heilwirkung bestimmter Kräuter, so ist volksmedizinisches Wissen immer eine vernünftige Sache gewesen und bis zur Stunde geblieben. Dennoch weisen die Ärzte des 19. Jahrhunderts, die sich mit dem Thema Volkskrankheiten und Volksmedizin befaßt haben, ausnahmslos darauf hin, daß im Volk, zumal im ländlichen Bereich, damals noch ein Wust von Aberglauben, Dummheit, Betrug, Verblendung und Selbsttäuschung gesteckt habe: »Das erhellt zur Genüge aus dem restierenden Material z. T. aus heidnischer, größtenteils aus längst vergangener Zeit stammender Volksmedizin«, so Georg Friedrich Fischer[74] im Oberfrankenband der *Bava-*

Votivtafel von 1769 mit der Darstellung der Gebärmutterkröte.
Bayerisches Nationalmuseum München.

ria, der noch hinzufügt: »Das Volks bildet sich seinen eigenen Kreis von Vorstellungen über pathologische Vorgänge aus dem es sich durch wissenschaftliche Ärzte nicht leicht heraustreiben läßt und erklärt sich hiernach die Wirkung der angewandten Mittel.« Die Krankheit rühre meist von schlechten Säften her (einseitige Humoralpathologie), »welche aus dem Körper heraus müßten. Nach ihrer Entfernung ist auch die Krankheit beseitigt. Fieber, Entzündungen, Ex-

antheme, Gicht, Hämorrhoiden, kurz die meisten im Volk verbreiteten Krankheiten, auch solche chronischer Art, werden also angesehen.«
Hier ist anzumerken, daß der Begriff Volksmedizin im 19. Jahrhundert verschiedene Bedeutungen haben konnte. Einmal als Gegensatz zur Schulmedizin, das heißt der wissenschaftlichen Medizin, dann aber auch, wie bei dem Mediziner Most, in der Bedeutung medizinischer Ratgeber für das Volk. Dieser Unterschied wird manchmal

Spätgotische Messing-
mörser, Apotheker-
gefäße. Süddeutsch.

übersehen. Für Bayern ist die wichtigste Quelle für Volksmedizin in der ersten Bedeutung die *Bavaria* und die parallel dazu entstandenen medizinischen Topographien, an deren Spitze die medizinische Ortsbeschreibung des Regensburger Arztes Johann Christian Gottlieb Schäffer vom Jahre 1787 steht.

Der schon genannte Georg Friedrich Fischer zählt auch auf, welche Hausmittel im 19. Jahrhundert in Oberfranken zur Verfügung standen: Asche, Lauge, Brombeere, Eibisch, Kamille, Eichel, Eichenrinde, Essig, Feigen, Fenchel, Gewürznelken, Hagebutten, Hefe, Holunder, Honig, Ingwer, Kaffee, Calmus, Klettenwurzel, Knoblauch, Kochsalz, Kümmel, Leinsamen, Lindenblüten, Malz, Mandelmilch, Petersilie, Pfeffer, Rettich, Rüben, Safran, Schafgarbe, Schlehdornblüte, Schwarzbeeren, Senf, Tabak, Wacholder, Wegerich, Zimt, Zitrone, Zucker, Zwiebeln. Auf den ersten Blick erkennt man, daß hier ältere und jüngere Mittel und ihre Anwendung vermischt sind. Man denke etwa an Kaffee und Tabak gegenüber Schafgarbe und Kamille. Der bereits erwähnte Marcellus (S. 100) hat seinen Rezepten ein Gedicht hinzugefügt, in dem es unter anderem heißt: »Die Natur gibt zu Heilzwecken Hilfe mit den Schlangen, dem wilden Tier, dem Vieh und der Feldfrucht, dem Vogel, der Purpurschnecke, dem Fisch, mit mildem ungemischten Wein, Baumfrüchten, Wassern, Salz, Honig und Öl, Säften, Salbe, Kienhölzern, Pech, Schwefel, Wachs, Mehl, Dinkel, Bohnen, Lein, Spänen, Fell, Horn, Beeren und Eicheln, Hölzern, Kohle, Flugasche, Blumen und verschiedenen Kräutern, Gemüsen und Metall, Messing und Kreide, Blei-

weiß, Bimsstein, Gips, Gallmei, Kupfer, Kupferblech, gebranntem Kupfer, weichem Werk, Hammerschlag, Schusterschwärze« usw. Das heißt mit anderen Worten, die gesamte Natur kann zur Heilung des Menschen dienstbar gemacht werden.

Es kann also nie Aufgabe einer allgemeinen kulturgeschichtlichen Schilderung des Landlebens sein, möglichst alle in alten Handschriften oder auch mündlich noch zu erfragende Rezepte aufzuführen. Es geht vielmehr um das grundsätzliche Verhalten.

Was aber Fischer unter »Wust« versteht, sei noch einmal an dem Beispiel der volkstümlichen Fieberbekämpfung geschildert: »Gegen Fieber drei Froschlungen und Lebern gepulvert in einem Löffel Brantwein eingenommen; drei Stück Mutterkorn in Schnaps gegessen; Korn, eine handvoll so lang gehalten, bis es mit dem Schweiße des Kranken benetzt ist, dann in eine Hecke an einem Kornfeld vergraben. Wenn es aufgeht, ist das Fieber fort. An einem Freitag im abnehmenden Mond, die Nägel an Händen und Füßen beschnitten, selbe einem lebendigen Krebse angebunden und diesen gegen die Strömung in fließendes Wasser rücklings geworfen, im Namen Gottes etc. Neunerlei Holz rücklings in fließendes Wasser geworfen.«

Gegen Überbeine: »Man fängt vor Georgi (23. April) einen Maulwurf, läßt ihn in der rechten Hand absterben und empfängt dadurch auf ein Jahr die Kraft, durch Bestreichen mit dieser Hand alle Überbeine, Beulen etc. zu vertreiben.« Oder: »Wenn man in der Kirche während des Gottesdienstes zwei Personen miteinander plaudern sieht, so berührt man das Überbein und spricht – ›was ich sehe, das ist eine Sünd', was ich greife, das schwind' im Namen Gottes‹ etc.«

Die Heil- beziehungsweise Arzneipflanzen des Volkes können oft in verschiedener Weise ausgewertet werden. Brunner[75] berichtet beispielsweise aus der Oberpfalz: »Die Hollerblüte gibt einen vorzüglichen Schweißtee, die Blätter werden zum Kühlen auf entzündete Stellen gelegt, die schwarzen Beeren zu einem beliebten Mus gekocht, äußern eine sehr wohltätige Wirkung auf die Gedärme und geben, mit Zucker eingekocht, das in die Apotheken oft verlangte Hollerbirl – Lotwari« (Hollerbeeren Latwerge). Brunner wußte auch noch das Sprichwort »vor dem Hollerbaum muß man den Hut abziehen«. Frauenblätter (Tanacetum) und Erdbeerblätter wirken heilsam auf offene Wunden, Spitzwegerichsaft heilt langwierige Katarrhe wie das Wasser, worin die jungen Triebe von Weißtannen gekocht wurden. Gegen Herzleiden werden die roten Beeren des gemeinen Schneeballenstrauches (viburnum opulus) angesetzt; diese haben ein herzförmiges Samenkorn, was vielleicht die Ursache war, sie gegen Herzleiden anzuwenden. Auf den Dächern neben dem Kamin, auf Mauern und dergleichen sieht man häufig den Hauswurz (semper vivum tectorum) eine Pflanze, deren Anbau bereits im *Capitulare de villis* Karls des Großen empfohlen wurde. Sein Saft war gut gegen rissige Haut sowie gegen Brandwunden. Bei Brandwunden wird in der Oberpfalz auch der abgerupfte Flaum der Schilfrohrkolben mit Nelkenöl verwendet, auch legt man frisches Sauerkraut oder frisch gekochte Kartoffeln darüber. Bei Skrofulose der Kinder gibt man Thymian ins Bad oder den lockeren Mull aus Ameisenhaufen mitsamt den Fichtennadeln und Ameisen. Auf den Stoatritt (eine Hautverhärtung auf den Füßen) werden gequetschte Taubnessel- oder junge Erlenblätter und dann Spitzwegerichblätter gelegt, die Arnikatinktur aber ist das Allheilmittel bei Verstauchung, Quetschung, Prellung und vielen anderen Übeln.

Auch einige Beispiele zur Beseitigung der Warzen seien hier angeführt: 1. Abzählen und die Knoten von Strohhalmen unter die Dachtraufe graben, dann beten. 2. Mit einem Zwirnsfaden oder Roßhaar fest umwickeln, damit sie abdorren. 3. Mit schwarzen Nacktschnecken (oder mit gewöhnlichen Schnecken) bestreichen und diese dann auf Steckerl aufspießen. Wenn der Schneck vertrocknet ist, ist die Warze vergangen. Damit berühren wir wieder bereits den Bereich des Aberglaubens. 4. Ähnlich wie bei dem ersten Beispiel, so viele Warzen man zählt, so viele Knoten mache man in einen Faden und lege ihn unter eine Dachtraufe. Ist er verfault, sind die Warzen weg. 5. Marzell berichtete aus der Gegend von Türkheim und St. Martin in der Rheinpfalz: Wer Warzen hat, wartet bis eine Beerdigung ist, nimmt dann ein Hauswurzblatt (semper vivum tectorum), geht zum Bach und spricht, es läutet den Toten ins Grab, damit wasche ich meine Warze ab. Dann streicht man mit dem nassen Blatt über die Warze und sie fällt ab.

Das Fieber kommt nach der Volksvorstellung aus dem Wasser, aus Brunnen und Teichen. Unter den zahlreichen volkstümlichen Heilmitteln gegen Fieber nehmen jene mit magischem Charakter wohl den größten Platz ein, obwohl im Volk Naturheilmittel (Fiebertee) allgemein bekannt waren. Brunner erwähnt als Fiebermittel aus der Oberpfalz: Gegen Fieberhitze im Kopf wird Bäckersäure in Wasser aufgeweicht, auf Leinenfleckchen gestrichen und auf die Fußsohlen geklebt. Sind sie trocken, so werden sie erneuert. Diese Säure zieht die Kopfhitze in die Füße herunter.

Das Volk hielt sehr lange noch an der einst allgemein verbreiteten Methode der Aderlässe fest. Immerhin konnte für Oberfranken gegen Mitte des 19. Jahrhunderts festgestellt werden, daß die Gewohnheitsaderlässe an Feiertagen und zu gewissen andern Zeiten nahezu am Verschwinden sind. Leoprechting[76] berichtet eine bemerkenswerte Form der prophylaktischen Augenpflege.

Messingmörser von 1549. Heimathaus Wasserburg/Inn.

Am Karsamstag wäscht man sich des Morgens beim Frühläuten die Augen mit fließendem Wasser, ist damit gesichert vor Werktagen am Gesicht auf ein Jahr. Doch darf man dabei keinen An- und Widergang haben, denn stillschweigend muß man jede geheimnisvolle Handlung verrichten, sonst verschwindet der Zauber schnell. An anderer Stelle erläutert er die Ausdrücke »Angang« und »Widergang«. Man versteht darunter ein Begegnen, von wem es auch sei, wenn man irgendeine Handlung, bei welcher alles in höchstem Stillschweigen und ungesehen geschehen soll, vornimmt. Ein solcher An- und Widergang, ersterer auf dem Hin-, letzterer auf dem Rückweg, stört den Zauber und unterbricht darum die gemachte »Stellung«. Noch allgemeiner schreibt er in der Morgenfrüh, wenn der Tag noch jung und unentweiht, wenn man da über Land geht, was einem zuerst begegnet, das nennt man den Angang, und es bedeutet Gutes oder Übles, je nachdem. Ein altes Weib, ein Geistlicher, ein Weib mit aufgelöstem Haar, das sind schlechte Angänge, man sollte lieber umkehren. Eine Hure dagegen bringt Glück, darum sind die ledigen Kinder so häufig auch Glückskinder.

Bis jetzt gibt es keine größeren Untersuchungen über volkstümliche Behandlung der Augen. Eine liebenswürdige Überlieferung aus der Oberpfalz, die auf die zweite Hälfte des 19. Jahrhunderts zurückgeht, hat Brunner aufgezeichnet:

»Unsa liawe Frau vo Bogn,
is ma ebbs ins Aug ei gflogn,
Unsa liwa Frau vo Passa,
Tou mas wieda assa,
Unsa liawe Frau vo Lurd,
Mach ma mei Aug wieda guat.«

Manche Heilbrünndl wurden auch bei Augenleiden aufgesucht, so beispielsweise Heiligenbrunn bei Eggenfelden (Diözese Regensburg). Als Rudolf Kriss[77] in den zwanziger Jahren die dortige Wallfahrt besuchte, fand er folgende Situation vor, die als Beispiel für die lebendige Art, wie er solche Stätten erlebt hat, bezeichnend ist: »In einem an die Kapelle angebauten Nebenraume haust ein alter Einsiedler. Ich sah ihn gerade in dem Gärtchen seiner Klause stehen, und da ich bei ihm noch andere Opfergaben vermutete, so sprach ich ihn an. Er war darüber sichtlich erfreut und lud mich sofort ein, in seine Klause zu kommen.

Ich hatte nun Zeit, ihn genauer anzusehen; er war ein alter Eremitenbruder, hatte einen weißen Bart, ein dickes Bäuchlein und stank entsetzlich nach Schnupftabak. In dem winzig kleinen Raum befinden sich ein Sofa, Stuhl und Tisch, ein Herd, auf dem er sich seine leibliche Nahrung zubereitet und darüber eine Etagere, angefüllt mit allerlei Gebetbücher, woraus er seine geistliche Nahrung bezieht. Im übrigen beschäftigt er sich mit dem Anfertigen von Rosenkränzen, aus deren Erlös er seine Unkosten bestreitet; sonst lebt er von den Gaben, die ihm die Leute zutragen, oder die er sich selbst bei ihnen auf Bestellung holen kann. Direkt betteln darf er nicht. Doch wenn er einmal drei Tage nichts mehr zu essen gehabt hat, dann ist es ihm gestattet, die Kapellenglocke zu läuten; wie mir in Gangkofen erzählt wurde, muß er in der Erntezeit von diesem letzten Zufluchtsmittel ab und zu Gebrauch machen, wenn die Leute im Trubel der Arbeit manchmal auf ihn vergessen. Doch ist dieser Fall sehr selten und wird er in der Regel gut versorgt.«

Ein weiteres Kapitel, das in der Volksheilkunde von jeher eine große Rolle gespielt hat, ist die Behandlung der Fraisen (oberfränkisch Gefraisch). Damit werden krampfhafte Erscheinungen vor allem bei Kindern bezeichnet. Schmeller erläutert: »Bei Kindern unterscheiden die Mütter das Übel nach den dabei vorkommenden Umständen, mit verschiedenen Namen, als da sind z. B. die Kopffrais, wobei sich im Gesicht ein unwillkürliches Zucken und Lächeln zeigt; die schreiende Frais, die stille Frais; die Sperrfrais, wobei die Speiseröhre versperrt ist und nicht mehr einnimmt; die Wurmfrais, die von Würmern im Leibe herrührt; die Zahnfrais, durch schweres Zahnen verursacht. Auch epileptische Zustände wurden mit Frais bezeichnet.« Elfriede Grabner[78] berichtet, daß ein Fraisbrief in der Sammlung des steirischen Volkskundemuseums in Graz folgende Fraisarten unterscheidet: eine kalte, fallende, reißende, rote abdörrende, zitternde, abbrennende, spritzende, stille, schreiende, wütende, geschwollene und gestoßene Frais. Ergänzend fügt sie hinzu, ebenso wie bei den Fiebervorstellungen gibt es 77 Arten von Fraisen, die den Menschen bedrängen, obwohl bei der Aufzählung der Fraisenarten fast immer nur die Unglückszahl 13 aufscheint, wie auch im obenstehenden Fraisbrief.

Schmeller vergißt nicht auf ein Mittel gegen die Fraisen hinzuweisen: »den Fraisbeter, das ist eine Art Rosenkranz (Pater Noster), aus allen vom

Fleische gereinigten Wirbelknochen einer Natter gemacht, welche man im Frauendreißigst (15. August – 15. September) lebendig gefangen, in einem verschlossenen neuen Topf durch Hunger und Hitze getötet und dann in einen Ameishaufen gelegt hat, damit durch diese Tierchen das Fleisch weggenagt wurde; statt der Wirbel konnte man auch den Samen des Gewächses Coix Lachrima nehmen. Ein so hergestellter Rosenkranz oder Beter unter den Kopf einer mit der Frais behafteten Person gelegt, hat nach dem Wahne einiger Gegenden heilsame und rettende Kraft.«

Bekanntlich waren es vielfach die Dorfhirten, die solche Kenntnisse und Ratschläge erteilten. Brunner berichtete, daß ein solcher Hirte wirtschaftlich dann am besten daran gewesen sei, wenn er im Rufe stand, Naturheilkundiger oder Kenner und Helfer bei TIERKRANKHEITEN zu sein. »Wenn er da guten Rat erteilen, mit Tee und Salbe helfen, in kritischen Fällen eingreifen und durch seine Erfahrung Gutes wirken kann, steigt er in der allgemeinen Achtung außerordentlich und erhöht bedeutend sein Einkommen. Er ist pfiffig genug, von seinem wertvollen Wissen nicht zu viel freizugeben, verfährt mit der bei den Bauern notwendigen Geheim- und Wichtigtuerei nach dem Grundsatz: der Vorteil treibts Handwerk.« Kommt solch ein Hirt des Sonntags einmal ins Wirtshaus, so läßt sich wohl der Großbauer herab zu sagen: »Grüss di Gott Haida (= Hüter) do trink.« Die Tierbehandlung lag natürlich nicht nur in den Händen der Hirten und Schäfer, sondern auch in denen der Schmiede, vor allem der Hufschmiede und schließlich der Tierzüchter und Leiter der großen weltlichen und kirchlichen Wirtschaftsbetriebe. Auch hier geht das Wissen bis in die Antike zurück.

In den *Georgica* des Vergil[79] finden wir eine sehr aufschlußreiche Stelle: »Auch der Krankheit Ursach und Anzeichen will ich dich lehren.

Häßliche Räude befällt dein Vieh, wenn frostiger Regen

Tief ans lebende Fleisch durchdringt und starren den Winters

Eisgrauer Reif, oder wenn den Geschorenen unabgewaschen

Haftet der Schweiß und die Leiber zerkratzt der stachelige Dornbusch

Deswegen lassen die Hirten im süßen Flußwasser alles Vieh sich baden

Oder man netzt den geschorenen Leib mit der Herbe des Ölbaumes

mischt auch Silberglätte hinzu und natürlichen Schwefel,

Teer vom Idagebirge und Wachssalbe, fett und geschmeidig,

Meerzwiebel auch Nießwurz scharf und pechschwarzes Erdharz

Aber am wirksamsten heilt doch der Hirt die Leiden der Räude,

Wenn er's vermag mit dem Messer die schwärenden Blattern zu oberst

aufzuschneiden. Es wächst ja und lebt vom Verbergen die Krankheit,

Während der Hirt die heilende Hand an die Wunden zu legen

säumt und sitzt und Zeichen und Wunder verlangt von den Göttern

Ja, selbst wenn schon in Mark und Gebein der Blökenden eindringt

rasender Schmerz, wenn die Glieder verzehrt das dörrende Fieber,

half es noch stets, die Glut der Entzündung zu lindern und unten

Tief am Fuße beschlagen der Ader springenden Blutquell«.

Vergil benutzte natürlich bereits ältere Quellen, und aus der Zeit des schon genannten Marcellus Empiricus haben sich Schriften von Tiermedizinern erhalten wie die des Flavius Vegetius, der ein Buch über Veterinärmedizin verfaßt hat. Er warb in seiner Schrift zugleich um die Anerkennung für die tierärztliche Kunst und beklagte ihren Verfall. Ebenso darf auch noch an die *Ars veterinaria* des Pelagonius erinnert werden. Vielfach berührten sich die Tierarzneimittel naturgemäß mit jenen für den Menschen. Hierfür gibt es aus der ersten Hälfte des 19. Jahrhunderts einen aufschlußreichen Beleg in dem sogenannten *Sindelsdorfer Hausmittelbuch für Tierkrankheiten.*[80]

Dieses Buch hat seinerzeit Heinrich Marzell auf der Auer Dult in München gekauft und es Max Höfler zur medizingeschichtlichen Auswertung zur Verfügung gestellt, der es in der Zeitschrift *Janus*[81] herausgebracht hat. Zwei Münchner Autoren, J. C. Coluzzi und Albert Vierling, haben die Höflerschen Ausführungen verwertet in ihrem Verzeichnis der gebräuchlichsten Volksheilkräuter und Wurzeln nebst Schilderung der Zwecke[82]. Dieses Verzeichnis enthält nur 58 Kräuter und Wurzeln, da es sich aber um gerade die bekanntesten handelt, die zugleich sozusagen den Grundstock ländlicher Hausapotheken gebildet haben, sei es hier vollständig gebracht.

Verzeichnis der gebräuchlichsten Volksheilkräuter und Wurzeln nebst Schilderung der Zwecke.

1. Allantwurzel, Rhizoma enulae. Für Atemnot, fördert den Auswurf und reinigt das Blut.
2. Andornkraut, Herba marubii. Für Verschleimung der Lunge, ganz besonders bei Husten und Engbrüstigkeit, Bleichsucht, nervöse Anfälle.
3. Angelikawurzel, Radix angelicae. Für Kältegefühl im Magen, urintreibend und blutreinigend. Mittel für viele Hautkrankheiten.
4. Anserinenkraut, Herba anserinae. Für Unterleibs- und Brustkrämpfe; bestes Mittel für Herzkrämpfe und choleraartige Erscheinungen.
5. Arnikablüte, Flores arnicae. Die Tinktur hieraus bekanntes Mittel für Blutstauungen, Gicht, Rheumatismus und Rückenschmerzen.
6. Attichbeeren, Fructus eboli. Mittel bei Wassersucht, dient zur Reinigung der Nieren. (Wurde von Pfarrer Kneipp viel verordnet!)
7. Augentrost, Herba euphrasiae. Reinigt die Augen und stärkt die Sehkraft.
8. Baldrianwurzel, Radix valerianae. Leistet bei Herzkrämpfen, Magenverstimmung, nervösem Schwindel, Schlaflosigkeit vorzügliche Dienste.
9. Benediktenkraut, Herba benedictii. Für Darm-, Magen-, Nierenleiden sehr zu empfehlen, zur Appetitanregung und Verdauung.
10. Birkenblätter, Folia betulae. Sicher wirkendes Mittel gegen Gicht und Hautausschläge. Vorzügliches Mittel bei Wassersucht.
11. Bitterklee (Fieberklee), Herba trifolii fibrini. Fördert die Verdauung; bei Unterleibsentzündung zu empfehlen.
12. Bockshornsamen, Semen foeni graeci. Für Geschwülste, Blinddarmentzündung, Blutvergiftung. (Wurde viel von Pfarrer Kneipp verordnet.)
13. Brennesselblüte, Flores urticae. Kräftigt den Haarwuchs, Mittel gegen Haarausfall.
14. Brennesselkraut, Herba urticae. Für Verschleimungen; dient auch als Magenreinigungsmittel; durch dieses Kraut werden ungesunde Stoffe durch den Urin ausgeschieden.
15. Brombeerblätter, Foliae rubi fructicosi. Mittel zum Gurgeln bei Halsentzündungen, zur Blutstillung (für Frauen) empfehlenswert.
16. Chamillen, deutsche, Flores chamomillae vulgaris. Bekanntes Hausmittel für Erkältungen und Magenbeschwerden. Heilt Wunden und lindert alle Schmerzen.
17. Chamillen, römische, Flores chamomillae romanae. Zu gleichen Zwecken wie die deutsche Chamille; dient aber noch vorzüglich für Kopf- und Haarreinigung, auch Blutarmut.
18. Dornschlehblüte, Flores acatiae. Reinigt das Blut und den Magen; dient auch als gelindes Abführmittel.
19. Eberwurzel, Radix carlinae. Reinigt die Gedärme, stärkt Magen und Nieren.
20. Ehrenpreiskraut, Herba veronicae. Mittel gegen Brustbeklemmung, beginnende Katarrhe, Schutzmittel gegen die Schwindsucht.
21. Eichenrinde, Cortex quercus. Bäder für Bruchleiden, bei geschwollenem Halse und Drüsen.
22. Eisenkraut, Herba verbennae. Wirkt bei beschwerlichem Atmen und Keuchhusten, beseitigt auch den Fieberfrost, heilend bei Leber-, Nierenleiden.
23. Engelsüßwurzel, Radix polipodii. Wirkt gut auflösend bei katarrhalischen Husten, befördert den Auswurf und wird bei beginnender Lungenschwindsucht angewandt.
24. Enzianwurzel, Radix gentianae. Vorzügliches Magenmittel, Förderung für Appetit und Verdauung, in Branntwein angesetzt gutes Magenmittel.
25. Erdbeerblätter, Folia fragariae. Anzuwenden bei Gries-, Stein-, Leberleiden, auch Blutreinigung.
26. Eibischwurzel, Rhizoma altheae comisa. Altbekanntes Mittel für Husten und Verschleimung.
27. Faulbaumrinde geschn., Cortex frangulae concisa. Mittel bei Hämorrhoiden, schmerzlos, auch sehr gutes, unschuldiges Abführmittel.
28. Ginsterkraut, Herba genistae. Mittel gegen Gries und Steinleiden. Bei großer Entkräftung infolge überstandener Krankheit zur Stärkung bestens empfohlen.
29. Hagebuttenkerne und Früchte, Fructus cynosbati. Vorzüglich schmerzstillendes Mittel für solche, welche an Gries, Nieren- und Blasensteinen leiden.
30. Hauhechel, Radix ononidis concisa. Gegen Gicht, chron. Rheumatismus und Podagra.
31. Heidelbeerblätter, Folia myrtilli. Bringt bei

Von Garb/Schaffryp/oder Gerwel.
Cap. clx.

Das recht vnd edelst Millefolium so ich der gestalt halben auch Garb müß nennen/wechst nit allenthalben/sunder würt in etlichen gütten frucht äckern/als in Wormbser Gaw/gefunden/acht wol es werden diß krauts

Darstellung der Schafgarbe
im Kräuterbuch
des Hieronymus Bock. Straßburg 1546.

Wassersucht Erleichterung und wird bei Rachenkatarrh zum Ausspülen als gut wirkendes Mittel benützt.

32. Heublumen, Flores mixtae. Haben große Wirkung bei Scharlach, Masern, Hautausschlag, sowie Verstauchungen und rheumatischen Schmerzen. Heublumenbäder sind sehr nervenstärkend und bei Erkältungen sehr empfehlenswert. Von Pfarrer Kneipp vielfach angeordnet.

33. Himbeerblätter, Folia rubi idaei. Werden bei Flechten, Hautausschlägen und entzündeten Augen als Auflage benützt.

34. Hirtentäschelkraut, Herba bursae pastoris. Gegen Leibschmerzen, Blutspeien und Blutflüsse.

35. Holunderblüte, Flores sambuci. Frühlingskur zur Blutreinigung. Erzeugt Schweiß.

36. Huflattichkraut, Herba farfarae. Dient zur Reinigung der Atmungsorgane; auch zu Auflagen bei Geschwülsten.

37. Johanniskraut, Herba hyperius. Mittel gegen Leibschmerzen und Blutstörungen.

38. Kalmuswurzel, Rhizoma calami mundata. Zur Stärkung des Magens; Gase abtreibend und appetitanregendes Mittel.

39. Knöterich, Polygonum persicaria. Sehr heilsam bei Magenblutung und Magenentzündung, außerdem bei Kehlkopfentzündung und Halsweh.

40. Lavendelblüte, Flores lavendulae. Bei Gicht und Rheumatismus gutes Mittel zur Stärkung der erkrankten Glieder. Geben auch, zwischen die Wäsche gestreut, einen frischen, angenehmen Geruch.

41. Lindenblüte, Flores tiliae. Schweißerzeugendes, gleichzeitig beruhigendes Mittel. Löst Verschleimungen der Lunge, Luftröhre und Nieren.

42. Löwenzahn, Herba taraxaci. Für Blutarme zu empfehlen.

43. Lungenkraut, Herba pulmonariae. Sehr gutes Mittel bei Halsentzündungen, Blutspeien, auch bei Entzündungen der Brust sehr zu empfehlen.

44. Malvenblüte, Flores malvae arboreae. Wird gegen Halsgeschwulst, Husten und Heiserkeit angewandt.

45. Melissenkraut, Herba melissae. Für zerrüttetes Nervensystem gibt es nichts Besseres. Wirkt erheiternd auf das Gemüt, belebt die Kräfte.

46. Münzenkraut (Pfeffermünz), Herba menthae piperitae. Vorzüglicher Tee bei Erkältung, Erbrechen und Krämpfen. Dient bei Blähungen, Beruhigung der Nerven. Bei Verdauungsstörungen das wirksamste Mittel.

47. Moos, isländisches, Lichen islandicus. Für Heiserkeit und krampfartiges Husten.

48. Moos, irländisches, Lichen carragheen. Für gleiche Zwecke wie isländisches. Außerdem für technische Zwecke (Buchbinder für Bücherkanten).

49. Quendelkraut, Herba serpilli. Für Verdauungsstörungen, Blähungen, Kolik.

50. Rautenkraut, Herba rutae. Wirkt vortrefflich bei Blutandrang zum Kopfe, Atemnot, Herzklopfen und allen krampfartigen Erscheinungen.

51. Salbeikraut, Herba salviae. Der aus den Blättern bereitete Tee beseitigt den lästigen, oft starkriechenden Nachtschweiß; ist ferner ein Heilmittel bei Durchfall und Magenverschleimung. Er wirkt stark blähungtreibend.

52. Schafgarbenblüten, Flores millefolii. Wirkt blutreinigend und stärkt den Magen. Mittel gegen Schlaflosigkeit und bei Rückenschmerzen.

53. Stiefmütterchenkraut, Herba violae. Wirkt abführend, regt die Hauttätigkeit an und trägt zur Reinigung der Nieren bei.

54. Tausendguldenkraut, Herba centauri minores. Entfernt Sodbrennen und Magenschmerzen; stärkt den Magen, vertreibt das Fieber und ist ein gut lösendes Mittel bei Verstopfung.

55. Waldmeisterkraut, Herba hepaticae stellatae. Linderung bei Wassersucht, Unterleibschmerzen, Milz- und Leberkrankheiten.

56. Walnußblätter, Folia juglandii. Sehr heilsam bei Hautausschlag, vortreffliche Blutreinigungskur; im Zusatz mit Honig bei Bleichsucht sehr zu empfehlen.

57. Wermutkraut, Herba absynthii. Vertreibt Magenblähungen und üblen Mundgeruch, dient zur Verbesserung der Magensäfte und wirkt vorzüglich appetitanregend.

58. Zinnkraut, Herba equisen. Für Gries- und Steinleiden sehr zu empfehlen, da es die Beschwerden beim Wasserlassen beseitigt. Gutes Mittel zur Reinigung des Magens.

Soweit die Zusammenstellung von Coluzzi und Vierling aus dem Jahr 1917.

Naturgemäß sollte man ja bei der Behandlung der Volksmedizin mit der einfachen KÖRPERPFLEGE als Voraussetzung für die Gesundheit beginnen. Die medizinischen Topographien und Abhandlungen zum Gesundheitswesen auf dem Lande behandeln diesen Punkt mit sehr unterschiedlicher Ausführlichkeit. Gustav Höfler, der Tölzer Distriktarzt und Vater des berühmten Max Höfler rühmte 1860 die Reinlichkeit bei der Bevölkerung des Isarwinkels. Die Gelegenheit zum BADEN benutze die Jugend gerne, während gleichzeitig ein Oberpfälzer Bezirksarzt darüber klagt, daß das Bad des Neugeborenen auf Jahre hinaus das erste und letzte sei.

Zur Frage des selten oder häufigen Badens brachte Schmeller[83] in seinem Wörterbuch eine uns heute seltsam klingende Bemerkung: »Der Gebrauch der waschbaren, gesunden, leinernen Bekleidung unmittelbar am Leibe, welche man nun ausschließlich mit dem Wort Hemd bezeichnet, dürfte überhaupt nicht viele Jahrhunderte zurückgehen. Das häufige Baden unserer Vorfahren läßt fast vermuten, daß sie nur Wolle auf dem Leib getragen haben. Wir baden nun seltener, wechseln aber destoöfter unsere Leibwäsche.« Aufgrund der Weistümer wissen wir, daß noch im 16. Jahrhundert Badstuben nicht nur in den Städten, sondern auch auf dem Lande in beträchtlicher Zahl zur Verfügung standen. Insbesondere gab es diese Badstuben auch in Weilern und Einöden Oberbayerns, die sich ursprünglich bei letzteren wohl immer im Eigenbesitz des jeweiligen Bauern befanden.

In den Dörfern war das Recht, eine Badstube zu unterhalten, ähnlich geregelt wie das Recht, ein Wirtshaus zu führen. Die Inhaber der Badstube waren verpflichtet, für die Bevölkerung, vor allem am Wochenende, Bademöglichkeiten zu bieten. Die Badewannen waren gewöhnlich große Holzbütten, die mit Hilfe von Badeschaffs gefüllt wurden. Die kleinen Badstuben in den Einöden dagegen dürften ähnlich wie die finnische Sauna eingerichtet gewesen sein und funktioniert haben. Nach dem bayerischen Landrecht von 1616, das sich hier auf ältere Forstordnungen stützt, soll in einem jedem Dorf nur eine Badstuben, und wo keine gewesen, keine neue aufgesetzt werden. Ferner sollten die »Sonderbadstuben der Bawrn bei ihren Hauswohnungen oder solche Bädlein, die man hin und wider tragen mag und mit Gluet haizt, außer bei den Einöden an den Gebirgen, wo man weithin das Ehaftbad hat, ohne Erkandtnus

der Obrigkeit nicht zugelassen, desgleichen in Städt und Märkten den geringen Burgern und Handwerksleuten keine Badstübel so man hin und wider trägt, sondern allein die ordentliche gemauerte Badstübel in den Häusern gestattet sein.« Hierzu folgende Erläuterung. Die Ehaftbäder sind jene Gemeindebäder, die vertragsgemäß die Bevölkerung zu bedienen hatten (vgl. Kap. 1). Die tragbaren Bäder waren im 19. Jahrhundert vor allem im Dachauer Hinterland noch bekannt. Sie standen gewöhnlich im Ofenwinkel und waren Schwitzbäder. Zu Schmellers Zeiten waren die Badstuben im Oberland streng genommen zweckentfremdet, sie dienten nicht mehr als Dampfbad. Schmeller definiert diese Badstube als ein zum Hofe gehöriges Nebenhäuschen, worin sich der Backofen, die Anstalt zum Flachsdörren und -brechen etc. befinden, oder welche nicht selten von dem Taglöhner bewohnt wird, der dem Hofe vertragsmäßig um einen festgesetzten Taglohn zu arbeiten hat. So lange noch Flachs angebaut wurde, nahm man diese alten Badstuben als Brechhäuser her, daher rührt die noch heute bekannte Bezeichnung »Haarbadstube«.

Es kann kein Zweifel darüber bestehen, daß das Baden im 18. und auch in der ersten Hälfte des 19. Jahrhunderts bei weitem nicht mehr die Rolle gespielt hat wie im 15. und 16. Jahrhundert. Nach der Nabburger Schulmeisterordnung von 1480 sollten die armen Schulkinder am Mittwoch ins warme Bad gehen, weil am Samstag die Bäder voll Erwachsener wären. Auch pflegte man früher bei vielen Handwerkern den Gesellen bei Bauten sowie den Arbeitern am Samstag früher als sonst Feierabend und Geld zu geben, damit sie ins Bad gehen konnten, während im Jahre 1553 die Landesordnung gegen das Auszahlen von Badgeld gewesen ist.

Sicher ist – wie es auch die moderne medizinische Wissenschaft bestätigt –, daß manche Heilmittel der Volksmedizin immer berechtigt waren und auch heute noch gültig sind. Andererseits gab es so viel Abstruses, Abergläubisches und mehr in das Reich der Magie Gehöriges, das heute allgemein abgelehnt wird. Es bleibt aber eine Frage offen. Welchen Stellenwert hatte die Volksmedizin einst im Umfeld des Volkswissens? Hier gewinnt man bei der Lektüre ärztlicher Berichte des 19. Jahrhunderts über Volksmedizin wahrscheinlich ein falsches Bild. In den einzelnen Familien gab es sicher immer nur das eine oder andere Rezept, sofern man nicht eines der handgeschriebenen Rezeptbücher oder eines aus dem Kalender besaß. Wahrscheinlich galt das Interesse des Landvolkes gar nicht so sehr den medizinischen Fragen, trotz großer Säuglings- und Müttersterblichkeit, trotz des Siechtums der alten Leute. Im Grund genommen wurden die Alterserscheinungen, wie Nachlassen der Sehschärfe, Schwerhörigkeit und Zahnausfall mehr oder weniger resigniert hingenommen.

Man sollte das Thema einmal von der anderen Seite betrachten: Das Leben der Landbevölkerung war ja eigentlich gesund, viel Bewegung, eine gewisse Regelmäßigkeit des Schlafes, eine, wie wir gehört haben, durchaus mögliche Reinlichkeit und insbesondere eine vernünftige, meist fleischarme Kost, dazu wenig Alkohol. Natürlich war die ärztliche Betreuung einst ungenügend. Damit waren der Quacksalberei Tür und Tor geöffnet. Hier sollte man sich an die Erzählung von Adalbert Stifter, *Die Mappe meines Urgroßvaters* (1843), erinnern, in der wohl erstmals das Idealbild eines Landarztes gezeichnet wird. Das Problem einer vernünftigen Ernährungsweise gehört aber bereits zum folgenden Thema, dem der Volksnahrung, die nunmehr in ihrer Eigenart dargestellt werden soll.

Nahrungsgewohnheiten, Essen und Trinken

»Sun, den rocken mische mit habern ê dû vische ezzest nâch unêrn«
Meier Helmbrecht, Vers 461–463

Eine Betrachtung über das Leben auf dem Lande in vorindustrieller Zeit könnte sich mit Fug und Recht zunächst auf das Thema Nahrungsgewohnheiten konzentrieren, denn von der Geschichte her gesehen, steht am Anfang jeder bäuerlichen Existenz der Kampf um das Überleben. Die Vaterunser-Bitte um das tägliche Brot ist nur zu oft zum Notschrei geworden. Mißernten, Kriege, Katastrophen aller Art haben die Ernährung immer wieder gefährdet. Auch in normalen Zeiten war landauf, landab in der Regel Schmalhans Küchenmeister. In dem Ständebild des Jost Amman (1568) bekennt sich der Bauer zu Wasser und Brot. Der gewiß wohlhabende Vater Helmbrecht gesteht, daß er nicht mit Wein aufwarten kann, preist aber das Quellwasser, das er auf den Tisch bringen wird. Kein Wunder, daß in den Schilderungen aus städtischer Sicht von den wenigen höchsten Festtagen des Jahres, an denen sich der Bauer etwas geleistet hat, so häufig vom maßlosen Trinken und Essen und den damit verbundenen Folgen berichtet wird. Doch gab es zeitlich und landschaftlich Unterschiede im Konsum, mit denen sich die Kulturgeschichte und die Volkskunde zu beschäftigen hat. Gemeinhin ist die Meinung verbreitet, daß die einfache und kräftige Kost auf dem Lande der Gesundheit förderlich ist und man dabei ein hohes Alter erreichen kann. Die Ärzte in der ersten Hälfte des vorigen Jahrhunderts vertraten jedoch oft die Meinung, daß die vielen Magenleiden bei der Landbevölkerung Folge einer falschen Ernährungsweise seien, vor allem in Gegenden mit einem hohen Schmalzkonsum.

Wilhelm Heinrich Riehl hat in der *Bavaria,* der *Landes und Volkskunde des Königreichs Bayern,* dem Thema Nahrung jeweils eigene Abschnitte zugewiesen. In diesem Zusammenhang hat um 1857 der mit der Erforschung Frankens beauftragte Eduard Fentsch[84] folgende bezeichnende Anekdote aufgeschrieben: »Zur Zeit des letzten Fürstbischofs von Bamberg lebte in Buchbach zwei Stunden von Teuschnitz [heute LK Kronach] ein Ansitzer, also ein Austrägler, von 103 Jahren, der immer noch frisch und rüstig war und allenthalben zugriff. Als einmal auf einer Rundreise der Landesherr nach Teuschnitz kam und ihm von dem alten Mann Kunde war, ließ er diesen zu sich rufen und fragte ihn, wie er es denn angefangen und was er etwa Sonderliches gegessen und getrunken habe, daß er so alt geworden sei? Antwortete jener, er habe erst im 34-sten Jahre auf seiner Eltern Geheiß ein Weib genommen und allzeit tüchtig gearbeitet. Seiner Lebtag aber sei ihm kaum jemals ein anderer Bissen übers Maul gekommen, als eine brennte Wassersuppen des Morgens, Mittags Sauerkraut und Klöse, etwan hie und da ein Stücklein Schwarzfleisch. Am Abend aber Erdäpfel und Milch und zu allem ein Trunk frischen Wassers. Der hohe Herr freute sich des lebfrischen Greises, und da er ihm für das Neiglein Tage, das ihm noch zu Leben vergönnt sein möge, noch etwas Gutes antun wollte, so setzte er ihm ein kleines Leibgeding aus mit der besonderen Klausel, daß er für alle Tage eine kräftige Fleischsuppe essen und mitunter auch einen Schoppen Bier zur Stärkung trinken sollt. Dreiviertel Jahre darauf fing der Alte an zu siechen und als er merkte, daß es zu Ende ging, klagte er den Befreundeten: wenn ich den Fürstbischof nicht gesehen und seine Fleischsuppe nicht gegessen hätte, wollt ich noch lange leben.« Hierüber ließe sich natürlich streiten, obschon es durchaus möglich ist, daß die ungewohnten Änderungen für den Alten schädlich waren.

Fentsch machte auch sonst im Frankenwald und im Vogtland die Beobachtung: »Selbst in den armen Webern des Vogtlandes steckt trotz aller Not eine merkwürdige Zähigkeit.«

Allgemein war eine feste Speisefolge für die Alltagswochen bei bäuerlichen Betrieben üblich. Rudolf Kriss[85] berichtet über eine solche ehemals allgemein verbreitete Speisefolge bei der Bevölkerung des Berchtesgadener Landes. Da gab es

Marktszene in München, Zeichnung von Friedrich Perlberg, 1892. Stadtmuseum München.

Montag: Rohrnudeln mit Kraut; Dienstag: Semmelknödel mit Kraut; Mittwoch: Millinudeln (Bandnudeln in Milch gekocht) oder Bettelnudeln (Bandnudeln abgeröstet); Donnerstag: Leberknödel mit Kraut oder Kaasnudeln; Freitag: wie am Montag; Samstag: Wassersuppe mit Brotschnittel und mit Butter abgeröstete Zwiebeln, dann am Samstag Abend Rohrnudeln mit Hollerkoch oder Zwetschgenbrüh. Fleisch kam nur am Sonntag auf den Tisch, und auch da oft nur in Form von Fleischknödeln. Zum Frühstück gab es gewöhnlich nur eine Milchsuppe und am Abend das gleiche; Bier höchstens am Sonntag. Kriss fügt hinzu, und das ist eine sehr wichtige Feststellung: »Erst Krieg und Zwangswirtschaft haben diese frühere Ordnung aufzulösen begonnen«.

Beachtenswert ist bei der vorstehenden Übersicht auch die Tatsache, daß von Fischkost keine Rede ist, obwohl die Fische des Königssees (Bartholomäsee) einst bei den oberen Schichten sehr begehrt waren. So wissen wir vom damaligen Chorherrenstift Berchtesgaden, daß der Fischmeister von St. Bartholomä an die Hofküche jährlich 2000 Stück Saiblinge zu liefern hatte. Darüber hinaus lieferte der Fischer Saiblinge nach München, Wien und anderen Orten. Nach einer Rechnung von 1740 wurden damals 14 733 Stück Saiblinge, 192 Pfund Hechte und 175 Pfund Rutten abgeliefert. Zusätzlich bezog man Fische aus dem Chiemsee, so 1642 geselchte Fische im Wert von 2 fl. 32 kr. 1644 erscheinen in den Rechnungen Krebse, Rutten, Äschen, Ferchen (Forellen) Brachsen, Rinanken (Renken), Hechte, Koppen, Schleien und Stierl (Stirling). Doch das gehört offensichtlich alles in eine, standesmäßig gesehen, andere Welt.

Daß der eintönige Speisezettel auf dem Bauernhof auch in den Klöstern bekannt war, erfahren wir aus dem Gedicht eines Tegernseer Klosterschülers, des 1789 in Weilheim geborenen Markus Seitz, der von 1801 bis 1803 im Kloster weilte. Es lautet:

»I sagtas mei Seel',
i friß nix vom Mehl,
kainö Nudl, kainö Strudel,
bey Leib nix vom Mehl.
Kraut und Fleisch
ja das wär mei Speis
und Knödel in d'Supp'n
sechs Stückeln Fleisch.«

Aus dem Rottal berichtet Wimmer[86]: »Die All-

tagskost des Rottal bestand durchweg in sogenannter Roggenkost, das heißt die sämtlich in großer Quantität, aber dieser nicht entsprechenden Qualität vorgesetzten Mehlspeisen werden aus Roggenmehl verfertigt und spielen hiebei die sogenannten Knödel die größte Rolle. Die gewöhnliche Kost wird jedoch geändert, wenn die Heu- und Getreideernte heranrückt. Schon während des Mähens der Wiesen werden nämlich Küchel gebacken und dies während der ganzen Erntezeit. Dabei wird in der Regel der Unterschied gemacht, daß bei der Winterernte Küchel aus Weizenmehl, bei der Sommerernte aus Roggenmehl, sogenannte Schuksen gebacken und in Abundanz verzehrt wird. Ebenso machen in der gewöhnlichen Kost die Weihnachtsfeiertage, Ostern, Pfingsten und die Kirchweih ruhmvolle Ausnahmen. In einigen Gemeinden, die näher der Rott liegen, werden an den Samstagen jeder Woche solche Küchel gebacken, allein dies ist nicht überall im Bezirk der Brauch.« Schmeller erläutert die Schuksen (auch Schuchsen) als längliche, zungenförmige, in Schmalz gebackene, hohl aufgetriebene Kücheln aus Roggen- oder Weizenteig und verweist zugleich auf die Dienstbotenordnung des Benediktinerklosters Scheyern vom Jahre 1500: »An dem Sambtztag vor herrenvasznacht, den man nent den smalzigen sambtztag, pacht man den Ehhalten einziger großer Küchel, genannt Schuchsen und gibt yedem Ehhalten XXI. Davon essent sy dy Vaßnacht und werden gepachen aus sweinensmalz, dy sullen sy an sambtztag nicht essent, aber an Suntag, Montag, Erichttag.«

Auch im Schwabenland ging es oft schmalzig her. 1873 veröffentlichte der Allgäuer Pfarrer Joseph Schelbert[87] eine Darstellung des Landvolkes des Allgäu mit seinem Tun und Treiben. Er unterscheidet zwischen der Kost daheim auf dem Hof und jener der Sennen auf den Alpen. Er gab zu, daß die Kost im Allgäu bis in die vierziger Jahre des 19. Jahrhunderts sehr ärmlich gewesen sei. In den letzten drei bis vier Jahrzehnten aber habe sich hierin alles wesentlich verändert und zum Besseren gestaltet. Die Kost sei nunmehr nach dem Zeugnis aller, die hierin die genaueste Kenntnis haben, besser, reichlicher, mannigfaltiger, auch reinlicher und sorgfältiger gekocht, als wohin man immer auf dem Lande kommen kann. Es gab drei Hauptmahlzeiten, zu Morgen nach der Stallarbeit, zu Mittag zwischen 11 Uhr und 12 Uhr und zu Abend nach der Fütterung des

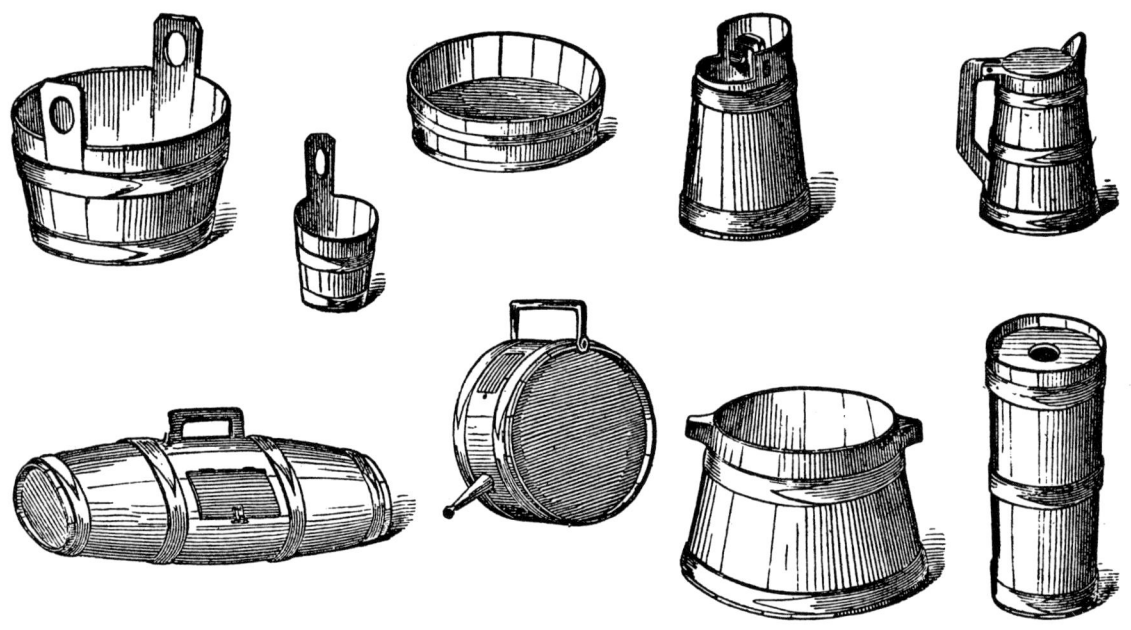

Binderarbeiten aus dem Berchtesgadener Land um 1860,
unter anderem Fischlagl und Stoßbutterfaß.

Viehes. Eine Zwischenmahlzeit am Nachmittag, der sogenannte Nohhunder, ein Brotessen zwischen drei und vier Uhr, ein sogenannter Vorhunder nur bei besonders strenger Arbeit. Schelbert berichtet weiter: »Die drei Hauptmahlzeiten, nämlich morgens, mittags und abends bestehen im Allgäu nie, wie man sich städtisch ausdrücken würde, aus nur zwei Gängen, sondern es müssen früh und spät wenigstens drei, Mittags wenigstens vier sein. Eine Hauptsache ist den Allgäuern die Suppe. Die Allgäuer Hausfrauen verstanden sich auf wenigstens ein Dutzend guter Alltagssuppen und wußten darüber hinaus verschiedene Fest-, Kraft- und Krankensuppen. Da gibt es vor allem eine Milchsuppe, und zwar mit Mehlbröseln oder mit Weiß- oder Roggenbrotbrocken. Ferner im Wasser, Schmalz und Zwiebeln a Bräñte und a Brihselsuppe; a Bränns aus grobkörnigem Weizen und Habermehl. Gerste-, Erbsen- und Semmelreissuppe wird auf mehrfache Art bereitet, ebenso die Nudel-, Spätzle- und Knöpflesuppe. Für liebe Gäste hat man die Kriesbär- (Kirschen-) Suppe. An den höchsten Festtagen statt der Suppe Brät- oder Fleischknöpfle und in Krankheitsfällen zu schnellen Kuren eine Eier-, Hennen- oder Biersuppe.« Schelbert erwähnt auch, daß der Kaffee üblich ist.

Vergleicht man die Berichte aus den übrigen Landesteilen Bayerns, so wird überwiegend davon gesprochen, daß er um die Jahrhundertmitte aufgekommen ist und daß er gewöhnlich nur das Getränk der Bäuerinnen war, die ihren Kaffee in der Regel versteckt hielten und ihn nur insgeheim getrunken haben. Schelbert fährt nun fort: »Ist mit der Suppe der Boden gelegt, so kommt allemal ebbas Dicks und Fests, sei es Milchspeise oder ebbas Baches. An Milchspeisen gibt es: Kartoffelmus, a milches und a wiss Mues, Millnudla, Millschlättra, Millknöpfle und Millschnitta, Erstere alle aus Mehl, letztere aus Weißbrot in Milch gekocht. Auf der untersten Stufe von ebbas Baches stehen geröstete Kartoffeln; nacheinander hinauf: a sabrei, a kratzat (Schmarrn), verschiedene Gattungen gebackener Nudeln und Knöpfle, namentlich Ziegernudeln; mehrere Arten von Kiechle insbesondere Apfel-, Birnen-, Hef- und Schnittenkiechle usw. Weder Fleisch noch Fisch, das heißt hier, weder Milchspeise noch ebbas Baches, aber die Lieblingsspeise sind den Allgäuern die Kässpatzen aus feinem Weißmehl gemacht, gesotten, und mit Kässchnittchen und Schmalz völlig durchmischt. Diese sind umso geschätzter, je mehr sie von Schmalz triefen und je höher sich die Käsfäden beim Essen ziehen lassen.

Fremde können bei solchem Essen kaum zusehen, geschweige denn mitmachen; denn sie werden unwillkürlich an eine gewisse Feuchtigkeit der Nase erinnert. Eine Zuspeise darf abends und namentlich mittags nie fehlen. Dazu dienen: Kartoffel in verschiedener Gestalt, grünes und gedörrtes Obst, Bohnen, Sauerkraut, weiße, gelbe Rüben, Rettiche, Salat usw. Zum Nachtisch oder wie der Allgäuer sich ausdrückt, um den Mund abzuspülen und die Kehle auszulichen, gehören zu den drei Hauptmahlzeiten jedesmal Milch und Brocken. Von Fleisch wird wenig gegessen. In der Regel nur an den höchsten drei Festtagen, nämlich Kirchweih, Weihnachten und Ostern.« Hier ist es auffällig, daß Pfingsten und Fronleichnam nicht zu den höchsten Festtagen gerechnet werden, wie das andernorts üblich gewesen ist.

Was die Getränke angeht, so fehlt es nach Schelbert »nirgends an gutem Quellwasser: aber auch Milch, Molken, Äpfel- und Birnenmost, ›Tronk‹, das ist Wasseraufguß an Obst und Beeren, wird viel getrunken. Nur im Sommer und bei ganz außerordentlichen Fällen gibt es auch Bier und Branntwein. In den letzten zwei Jahrzehnten haben zwar auch im Allgäu die Wirtschaften an Zahl zugenommen, jedoch nur meistens in den Pfarrdörfern. Die meisten Dörfer neben draußen mit 10 bis 40 und noch mehr Häusern haben keinen Wirt, und es gibt daselbst sehr viele, welche daheim bei der Arbeit die ganze Woche, ja ganze Monate keinen Tropfen Bier trinken und auch keinen wollen.«

Auf der Alp wird zweimal gekocht und fünf- bis achtmal und noch öfters, je nach Appetit, gegessen. Etwa um neun Uhr wird zum ersten Mal gekocht. »Gekocht wird immer nur eine Speise. Am Morgen ist die Kratzat das Liebste, deshalb Gewöhnlichste und mit Recht ist die Kratzat dem dortigen Sennen das, was den Städtern ein saftiges Stück Rindfleisch. Es sieht appetitlich aus, das beste Weißmehl im blanken Ahornnapf mit Milch oder Rahm anrühren und dann den Teig in frischem goldenen Butter backen und wenden zu sehen. Wie Goldfischlein schwimmen die Kratzatbröslein im geklärten Fett und es ist ein stolzes Stück Arbeit der Allgäuer Sennen, das noch mancher nicht bewältigen könnte, dieselbe noch warm und fett herauszufangen. Nur auf einzelnen Alpen gibt es statt der Kratzat manchmal Rahmsuppe oder Kaffee, wozu der Rahm sprichwörtlich so dick sein muß, daß er mit einem Messer zerschnitten werden kann.« Mittags zwischen 12 und ein Uhr gibt es wieder ein Butterbrot (a Schmolzgiga = Schmalzgeige). Man ißt dazu Schotten (Zieger noch in Molken) und Molkenzieg (Milchzucker). Abends vor dem Melken, etwa um 6 Uhr, wird wieder gekocht, und zwar wieder ein Kratzat oder zur Abwechslung Nokken, Kässpatzen oder saure Knöpfle, in einer Butterbrühe und mit saurem Schottenwasser gesäuert. Zum Schlafengehen nehmen die Sennen zur Sicherheit die letzte Schmolzgige mit. Es wird allgemein angenommen, daß die Allgäuer Sennen groß und klein per Mann einen Zentner

Holzgefäße aus der Rosenheimer Gegend, z. T. bemalt. Das Drehbutterfaß von 1868 mit Messingbeschlag.

Butter während eines Sommers von 110 bis 120 Tagen brauchen. Ein Krüppel sei jeder, der nicht täglich ein Pfund Butter zwingt und wöchentlich ein Pfund Leibes gewinnt.

Das Schmer bestand vielfach aus Schweinefett. Nach Schmeller[88] erhielt jeder Dienstbote in Scheyern um 1500 als Teil seines Lohnes ein, zwei und mehr Pfund Schmer. Das im Vorstehenden erwähnte Kratzat wird im Altbayerischen Schmarrn genannt, wozu Schmeller[89] folgende Bemerkung bringt: »Art trockener Mehlspeise aus zerbröckeltem Brot oder Semmelkrumen, zerstoßenem Pfannkuchen auch aus Mehl, Gries etc. unter verschiedenen sonstigen Zutaten mit Butter oder Schmalz geschmort oder geröstet. Brot oder Semmelschmarrn, Mehl-, Griesschmarrn, Topfenschmarrn, Kapaunen-, Lungen-, Nierenschmarrn.« Er fügt hinzu: »in Schwaben wird Schmarren auch für Obstmus, im Würzburgischen für eine Art weichen Kuchens aus zerstoßenen Pflaumen gebraucht.«

Nachdem das tägliche Essen im Allgäu nach Schilderung des Pfarrers Schelberts[90] stets abwechslungsreich war, sollte man vermuten, daß es bei Hochzeiten erst recht hoch zugegangen ist. Dem war aber damals nach seiner Darstellung nicht so. Er schreibt: »Die Brautleute gehen zwar wie früher, mit Eltern und Geschwistern im festlichen Gewande in die Pfarrkirche, lassen sich kopulieren und für sich eine heilige Messe lesen, oder ein Amt mit Musik halten. Diese wenigen Personen nehmen auch dann beim nächstbesten Wirte ein einfaches Mahl ein und begeben sich am Abende wieder heim.« Im Berchtesgadener Land herrschten dagegen altbayerische Tischsitten bei der Hochzeit. Das Hochzeitsmahl begann drei Uhr nachmittags und war wie üblich von Musik begleitet. Das Mahl selbst bestand aus Würstlsuppe, Rindfleisch, zweierlei Braten, Kaffee, Kuchen und Bier. Doch scheint dies auch nur ein Abschnitt dessen zu sein, was einst üblich war. Der schon zitierte Assessor Wimmer[91] notiert im Jahre 1858 aus dem Landgericht Eggenfelden: »Jeder Tisch wird zu 12 Personen hergerichtet, für jede Person ist ein Porzelain oder Zinnteller mit Messer, Gabel und Löffel hergerichtet. An jedem Tische befinden sich zwei mit Bändern gezierte steinerne Maßkrüge, aus welchen gemeinschaftlich getrunken wird.« Um Mittag 12 Uhr beginnt das Essen, und zwar das erste Auftragen. »Dieses besteht aus: a. Suppe mit Leberwürst; b. sogen. Lüngerl; c. Fleisch mit Gemüse; d. Hirn- oder Zwetschgenbavesen; e. Braten (Kalbs- und Schweinsbraten); f. Backwerk.

Nach Beendigung dieser ersten Auflage beginnt wieder das Tanzen. Ist es Nachmittags gegen drei

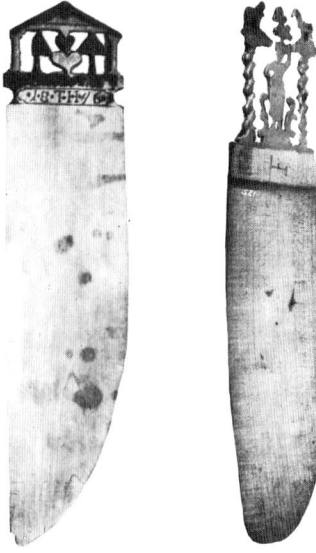

Rahmspäne 19. Jh. Museum Ruhpolding.

Schottenwiege 19. Jh. Museum Schliersee.

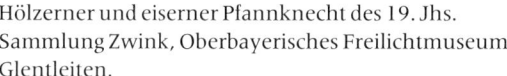
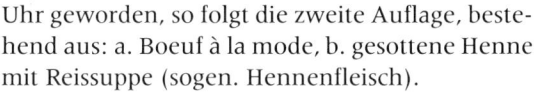
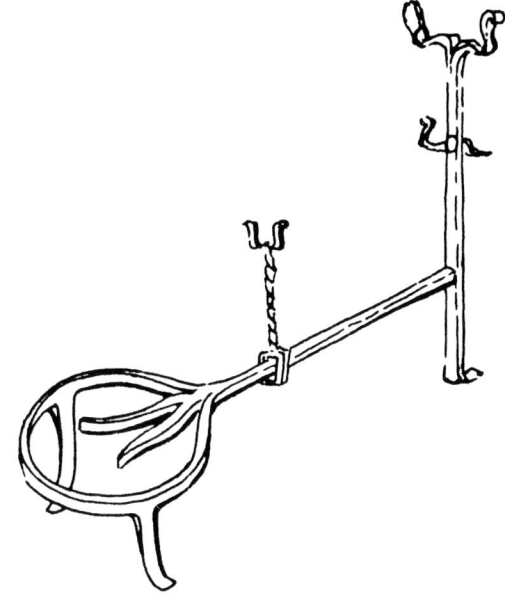

Hölzerner und eiserner Pfannknecht des 19. Jhs.
Sammlung Zwink, Oberbayerisches Freilichtmuseum
Glentleiten.

Uhr geworden, so folgt die zweite Auflage, bestehend aus: a. Boeuf à la mode, b. gesottene Henne
mit Reissuppe (sogen. Hennenfleisch).
Nun folgt wieder der Tanz und wird solcher nur
durch die dritte und letzte Auflage vom Essen
unterbrochen, welche Abends sechs Uhr beginnt
und in verschieden Braten, Kalbs-, Schweins-,
Gänse-, Enten-, Spanferkel etc. je nach der
›Schönheit‹ der Hochzeit besteht.
Einen komischen Anblick gewährt es, wenn man
diese an sechs bis acht Tischen sitzenden Personen beisammensitzen und aus ihren Gesichtern
die volle Zufriedenheit ihrer behaglichen Lage
entnehmen kann, so wie es andrerseits possier-
lich zu schauen ist, wenn jeder der geladenen
Hochzeitsgäste bemüht ist, diejenigen Speisen,
welche er nicht mehr zu verzehren vermag, bestmöglichst zusammen in ein Tuch zu bringen,
welches er hinter seinem Platz oder wenigstens in
seiner Nähe aufbewahrt, um auch des andern
oder der folgenden Tage noch Gewinn aus diesem
Tage ziehen zu können, welche Sammlung unter
dem Namen ›Bschoad‹ (Bescheid) bekannt ist.«
Auch im Fränkischen war der Konsum bei Hochzeiten beträchtlich. So berichtet Eduard Fentsch
bei einer Schilderung einer Bauernhochzeit am
Hahnenkamm in Mittelfranken[92]: »Die unver-
brüchliche Reihenfolge der Gerichte beim ersten
Mittagmahl besteht in Folgendem: − Suppe mit
Weckschnitten und Semmelklößen oder Knöpfle

nach schwäbischer Art; Rindfleisch − je ein Pfund
für die Person − mit Merettig, und unmittelbar
hierauf ein gleiches Quantum Rindfleisch in saurer Soße; eine ›Füll‹ aus Eiern, Mehl und Semmel
gleich der in Südbayern üblichen Bratenfülle,
Blut und Leberwürste, je eine halbe auf den
Mann; Schweinebraten zu je einem Pfund; sodann ein Paar Bratwürste und ein Stück Butter-
torte für jeden Gast. Das zweite Mahl vor dem
Schenken beginnt mit Reissuppe und Rindfleisch,
worauf Rindfleisch mit saurer Soße folgt. Diesmal
treffen auf den Kopf nur dreiviertel Pfund. Hiernach große, gebackene Semmelklöße, sodann
Schweinebraten je ein Pfund, Sulze je ein Teller
und schließlich Speckkuchen.
Wenn auch der Beistand leistende sogen. ›Maurer‹ einen ganz anständigen Teil, der jeden Gast
betreffende Portion als Bescheidessen einträgt, so
bleibt diesem immerhin noch genug, um seinen
Hunger für etliche Tage vorauszustillen. Er muß
auch dem Gastgeber zu Ehren sein möglichstes
tun, und Zimperlichkeit gilt für Beleidigung.«
In diesem Zusammenhang verweist Fentsch auf
eine fürstbischöflich Eichstättische Verordnung
vom Jahre 1658 über Heiratstage, Hochzeiten
und Kindstaufen. In dieser Verordnung wird zwischen Weinhochzeit und Bierhochzeit unterschieden, wobei die letztgenannte die bescheide-
nere Form ärmerer Familien gewesen ist. Bei der
Weinhochzeit waren für das Mahl, das bereits

eine viertel Stunde nach dem Kirchgang beginnen und vier Stunden dauern durfte, acht Gerichte gestattet: Suppe, Vorbraten, Eingemachtes, Rindfleisch mit Henne, Fische, Nachbraten, Küchl und Krebse. Hier erscheinen erstmals auf bäuerlichen Hochzeitstafeln die Fische und Krebse, deren es, wie schon Apian berichtet, in der unteren Altmühl sehr viele gab. Bei der Bierhochzeit blieben Eingemachtes und Krebse weg.

Fentsch betont, daß es bei den Söldnern und Leerhäuslern gegenüber dieser überschwenglichen Fülle oft um so magerer hergeht. Der größte Luxus ist hier der Kaffee am Morgen, welcher die hausmännische Brotsuppe fast überall verdrängt hat. »Diese graubraune trübe Brühe – ein Conglomerat von Mandel-, gelbe Rüben- und Zichoriensurrogat – hat nämlich in den unteren Schichten, wo auch der Mittagtisch wenig Nahrhaftes bietet und Kartoffeln an die Stelle des Fleisches treten, zuverlässig etwas Zehrendes und Entkräftendes.«

Später kommt er nochmals auf das Problem des Kaffees zurück, wenn er die Verhältnisse im Ansbachischen und auf dem fränkischen Landrükken, im Sulzach- und Wörnitzgrunde, im Altmühl- und Taubertal schildert.

»Nur der Kaffee, der unter Beigaben von gekochten Kartoffeln den Morgenimbiß bildet, ist unerläßlich. Während der Mahd wird den Knechten und Dirnen Kaffee mit einem Butterlaibe selbst nachmittags auf das Feld hinausgeschickt. Wenigstens ist dies im Taubertal Sitte, wo überhaupt die Anforderungen in dieser Richtung einigermaßen höher gespannt sind.« Dies wird dann noch näher erläutert. »Der Mittagtisch bringt abwechselnd Fleisch und die vorbeschriebenen Mehlspeisen. Wir haben bereits bemerkt, daß namentlich der Großbauer sich von seinem Gesinde vielerorten absondert und seine eigene wohl bestalltere Küche hat. Kartoffeln und Sauerkraut sind fast tägliche Erscheinungen, anderes Gemüse kommt selten auf den Tisch, namentlich Grünes, häufiger noch Erbsen, Bohnen und Linsen. An schwäbische Sitte gemahnt insbesondere der im Wörnitzgrunde geltende Gebrauch, Mohn aufs Brot zu streuen.«

Schließlich sei bei der Schilderung der Hochzeitsessen auch die Oberpfalz nicht vergessen. Johann Brunner[93] notierte für den 3. September 1913 aus Cham folgende Speisefolge:

Brotsuppe mit Leberwurst, dann Voressen (Lüngerl) mit Brot, dann Rindfleisch mit Kren, dann Schweinebraten mit Kraut. Das eigentliche Hochzeitsessen nach der Trauung: Suppe mit Knödel, Voressen (Brühfleisch) Rindfleisch mit Gemüse, Geselchtes, Schweinefleisch mit Kraut, Kalbsbraten, Weinspeise, Torten, Kücheln und dergleichen. Auch hier brauchte man einen Helfer; was in Mittelfranken Maurer hieß, war hier der sogenannte Nachgeher, ein Mithelfer beim Essen, da *eine* Person nicht imstande ist, die Menge des gebotenen Essens zu bewältigen. Brunner erläutert noch näher »trotzdem bleibt immer noch viel von den Speisen übrig und wird dann als Bschoid mit nachhause genommen, sodaß auch die Angehörigen eines Hochzeitsgastes einen ›Gschmack‹ von der Hochzeit bekommen.« Bei diesen Oberpfälzer Hochzeitsessen sei besonders auf das Schweinefleisch mit Kraut verwiesen, das jahrhundertelang zum festen Bestandteil eines Festessens gehörte.

Es haben sich auch Übersichten über den Speiseplan eines ganzen Jahres erhalten. So hat der frühere Münchner Oberstudienrat und ehrenamtliche Archivpfleger des Landkreises Dachau, Joseph Scheidl, 1917 aufgrund der Aufzeichnungen des Pfarrers Judas Thaddäus Neumayr aus Oberweikershofen vom Jahre 1768 folgenden Bericht über die bäuerliche Dienstbotenkost im 18. Jahrhundert im Dachauer Land veröffentlicht. Vorweg werden einige Fachausdrücke erläutert. Alle Arten von Nudeln begegnen, unter ihnen die eigentliche Schmalznudel, auch Ausgegangene, Gangene oder bairische Nudel genannt, aus Weizenmehl mit Hefe hergestellt und in Schmalz gebacken. Weiter nördlich im Gericht Pfaffenhofen/Ilm wurde sie aus Roggenmehl bereitet. Die Schmalznudel wurde auch Schnoitte (Geschnellte) Nudel genannt, weil sie während des Backens auf der Oberseite leicht aufspringt (aufschnellt), wobei sie recht knusprig wird.

Schmeller[94] äußert sich über die altbayerische Nudel wie folgt: »Auf dem platten Lande von Bayern, wo der Getreidebau den Futterbau und die Viehzucht weit hinter sich läßt, und der Erstere meistens durch Pferde betrieben wird, wo demnach die Bevölkerung fast ausschließlich auf Mehlspeisen verwiesen ist, spielt die Nudel und zwar unter mannichfaltigen Gestalten eine vorzügliche Rolle. Obenan steht die (im Unterland laibförmige, im Oberland zylindrische, mit Sauerteig oder Hefen gegorene, in Schmalz mit Wasser gesottene) Schmalznudel, im Oberland auch lange oder gehefelte Nudel genannt. In einer ordentlichen Bauernwirtschaft (= Bauernhof), z. B. des Landgerichts Dachau, müssen an jedem Samstag jahraus, jahrein solche Schmalznudeln nicht nur auf den Tisch gebracht, sondern auch nach dem Essen noch besonders an das Gesinde verteilt werden. Der Oberknecht hat 5, der Mittelknecht 4, der Drittler 3, der Stall Bueb 2, der Taglöhner 2, die Oberdirn 7–9, die Mitteldirn 5–7, die Drittlerin 2–3 Stück zu bekommen. Ebenso wird es an hohen Festtagen, an den sogen. drei Rauhnächten und an noch anderem Tage gehalten. Zur Erntezeit nimmt jede Person täglich ihre besonderen 2 Schmalznudeln nach dem Essen in Anspruch. In schmalzärmeren Gegenden des Unterlandes ist die Bäuerin nur von Georgi bis Michaelis schuldig an den Samstagen mit Schmalznudeln aufzuwarten. Unter den Schmalznudeln selbst ist die Königin die in lauter Schmalz gebackene Kirchtagnudel, die aber nur einmal des Jahres erscheint und auch auf andern als Bauerntischen figurieren durfte. Der Form nach ist aber die unterländische, kugelförmige, von der oberländischen Kirchtagnudel sehr verschieden; denn diese ist das, was im Unterland sonst ein ausgezogener Küechel heißt. Laib- oder kloßförmig und nach der Gährung in Milch gekocht sind: die aufgegangenen oder Dampf-, die Milch-, Steck-, die Rüermilch-, die Dempf-, die Kessel- etc. Nudeln. In sogen. Krautsolzen, Zwetschgenbrüh etc. gekocht sind die Krautnudeln, Zwetschgennudeln etc. Aus ungegorenem, in kleine Zylinder zerteilten und in Schmalz gekochtem Teige bestehen: die Finger-, die gestutzten, geschutzten, die gedrähten Nudeln. Die Topfen-, Erdäpfel etc. Nudeln sind Nudeln dieser Art mit Topfen, Kartoffeln etc. versetzt. Geschnittene Nudel besteht aus ungegorenem, zur Riemchen oder Fäden geschnittenen, in Milch oder Fleischbrühe gekochtem Teig. Die Ror-Nudel, Rörennudel, Reinnudeln werden aus feinem gegorenem Teig in einer Reinen mit Schmalz im Ofenrohr gebacken. Die Laibl-Nudel ist ein kleiner Laib von weißem Teig wie Brot gebacken. Unter Nürnberger Nudeln versteht man im Werdenfelsischen Makkaroni.« Nachrichten aus dem 18. und 19. Jahrhundert zufolge waren die Nahrungsgepflogenheiten in den einzelnen Landesteilen Bayerns zum Teil so unterschiedlich, daß beispielsweise ein Oberbayer die Allgäuer Kost nicht vertragen hat, weil sie für ihn zu schwer war, und daß Oberpfälzer Dienstboten in Regensburg mit der dortigen an

Niederbayern ausgerichteten Kost so schlecht zurechtkamen, daß sie vielfach nach kürzerer Zeit ihren Dienst wieder aufgegeben haben und in ihre Heimat zurückgekehrt sind. Über die Oberpfälzer Kost unterrichtet sehr einläßlich Gertrud Benker.[95] Was nun die Dienstbotenkost von Oberweikershofen[96] angeht, so erscheinen neben den Nudeln die Kücheln. Von diesen unterschieden durch die dünne, weiße Scheibe inmitten des braunen Kranzes, meist Fenster- oder haubete Küchel genannt. Die Bauzen oder Baunzen unterschieden sich von den Dampfnudeln durch ihre gewaltige Größe. Die weißen Zelten sind nichts anderes als eine Art besseren Weißbrotes, ungefähr in der Größe und Gestalt einer Handfläche. Die Marzeln oder Matzeln werden aus Weizenmehl mit etwas Topfen hergestellt und in der Pfanne beiderseits schön braun gebacken. Die Rendl oder Rödel waren aus Haber- oder Gerstenmehl hergestellt und wurden wie die Spätzeln in Wasser, seltener in Milch gekocht. Die Scheyerer Dienstbotenordnung von 1500 kannte ein Rendlmus. Nun zur Aufzählung des Pfarrers Neumayr von 1768: »am Neujahrstag Mittag Suppe, Voressen Fleisch, Zugemüse und Bier. Nachts Suppe. Das Voressen bestand in der Regel aus Kuttelfleisch. Am Abend des heiligen Drei Königstages haubete Küchel und andere Nudeln. Am Lichtmeßtag Mittags Rendl, auf die Nacht Schmalznudeln. Wenn alles Getreid ausgedroschen gibt man das sogen. Drischlhängen z. B. Mittags Knödl, auf die Nacht aber Marzlen und Küchel; auch gibt man Bier zu genüge.«

Am sogen. unsinnigen Donnerstag (Donnerstag vor Fastnachtssonntag) mittags Knödel, abends Suppe. Am Fastnachtssonntag mittags Suppe, Fleisch, Zugemüs, nachts Braten. Auch gab es Bier, wenigstens mittags; der Pfarrer vermerkt: »Ich habe solches auch abends gegeben wenn die Dienstboten es verdient haben. Faschingsmontag: mittags Knödel, nachts Nudeln, z. B. Schmalznudeln. Faschingsdienstag Essen wie am Faschingssonntag. Abends, wenn man ohnehin Fleisch hat, gebraten, sonst aber gute Nudeln, z. B. ausgegangene Nudeln. Bei beiden Mahlzeiten Bier. Am Aschermittwoch mittags Rendl, nachts Suppen oder wann in der Fasnacht keine Nudeln gekocht worden, kann man diesen Tag welche kochen, jedoch nach Belieben. Am Samstag vor dem Palmsonntag abends Schmalznudeln. Sonntag Mittag Eiersuppe und große gangene Nu-

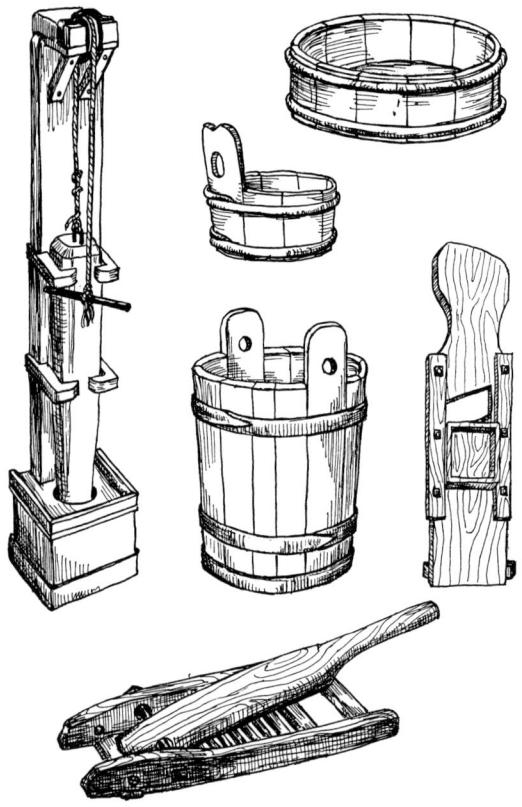

Haushaltgeräte in Holz mit Gerstenstampfe, Krauthobel und Kartoffelquetsche, 19. Jh.

deln.« Man konnte aber auch am Samstag große Nudeln und am Sonntag Marzlen geben. Am Gründonnerstag mittags Rendl, abends Schmalznudeln. Karfreitag: »Dürre Ruben und Arbessuppen (Erbensuppe) abends gsottene Birn und weißes Brot.« Karsamstag Mittag Suppen, nachts Bayerische- oder Schmalznudeln. Ostersonntag Mittag Suppe, Voressen, Fleisch, Bier, fast ein Hochzeitsessen! Nachts große Nudeln. Hier befindet sich im Manuskript ein späterer Zusatz, »gute Knödel sind gebräuchlich. Außerdem werden am Ostersonntag verteilt, dem Baunmeister 6, dem Knecht 5, der Dirn 6, der Mitterdirn 5 Ostereier.« Von Ostern bis Pfingsten gibt es alle Sonntage mittags Knödel. Am Himmelfahrtstag mittags Marzel, auch dem Hüter einen Weidling voll, etwas mehr als sonst an den Samstagen. Am heiligen Pfingsttag mittags Knödel, nachts Suppe. Pfingstmontag, mittags Marzel, auch dem Hüter mehrmals einen Weidling voll und drei dreißiger

Beutelmehl. Am Dreifaltigkeitssonntag mittags Marzel. Am Fronleichnamstag Marzel, dem Hüter einen Weidling voll. Am Johannitag mittags Marzel, dem Hüter einen Weidling voll. Am Jacobitag mittags Nudel, Marzel. Zusatz, »die ganze Schnittzeit (= Erntezeit) dem Hüter alle Tag ein paar Nudel«. Am Michaelitag Nudeln zum Mittag. An Allerheiligen Marzel am Abend. Allerseelen haben die Dienstboten jedes einen weißen Laib Brot. Bei den Dirnen ist das Knödlbrot mit eingeschlossen. Am St. Martinstag Marzel.

Es fällt auf, daß zwischen Ostersonntag und Weihnachten keine ausführlichen Angaben über die tägliche Kost gegeben werden. Man muß sich aber den Ablauf der Speisen ähnlich wie zwischen Neujahr und Ostern vorstellen. Etwas ausführlicher sind die Angaben für die Weihnachtszeit. Am Heiligen Abend mittags Nudeln wie an den Samstagen. Abends gesottene Birnen und weißes Brot. Am heiligen Christtag nach der Frühmesse Suppe und Fleisch, mittags Suppe, Voressen, Fleisch, Zugemüse. Abends haubete Kücheln, Weißbrot, aber kein Bier. Am Stephanstag mittags Rendl, abends gschnittene Nudeln oder Knödeln. Zusatz: »Fällt der heilige Abend am Freitag so kocht man wie oben. Am Samstag drauf wie oben am heiligen Christtag, macht aber nur schlechte Schmalznudeln. Am Stephanstag, wenn er auch schon auf den Sonntag fällt, mittags nur Rendl.«

Von Weihnachten bis Fasnacht werden hergebrachtermaßen alle Sonntage Knödel gekocht. Unter den weiteren Notizen seien noch folgende hervorgehoben: Am Sonntag in der Kirchweih in der Frühe Suppe, Fleisch, Wurst, mittags Suppe, Voressen, Fleisch, abends Brein (= Hirsebrei) Dotschen, nachts Bratl. Kirchweihmontag in der Früh Suppe, Fleisch, mittags wie Sonntag, am Abend Marzel und zum Schluß Bratl. Und schließlich: »Wenn man den Flachs in dem Ofen gramlet (bricht), hat ein Weib vier Kreuzer von jedem Ofen voll, mehr ein viertel Branntwein miteinander und Weißbrot. Am Schluß werden Marzel gekocht. Wenn man in den Grueben gramlet, in der frueh Rendel, um acht Uhr Weißbrot und Branntwein ein Maß, mittags Nudeln, um drei Uhr eine halbe Bier für jede und Brot, zur Nacht Knödel.« Als Lohn erhält jede Brechlerin 8 Kreuzer.

Hierzu sei erwähnt, daß die Bezeichnung »im Ofen gramlen« sich auf das Flachsdörren in einem Dörrofen bezieht, in den die Frauen hineinkriechen mußten, um die Flachsbündel aufzustellen und auch wieder herauszuholen, was bei den hohen Hitzegraden außerordentlich strapaziös war. Geschah das aber in Gruben, so war es nicht so anstrengend und daher auch die Entlohnung etwas geringer.

Aus diesem Jahresweiser für die Dienstbotenkost wird der sicher auch im Dachauer Land wöchentliche Wechsel von Nudeln und Knödeln nicht erkennbar. Über die Knödel schreibt Schmeller[97]: »Der Knödel, oberpfälzisch Kniedl, der Mehlkloß, d.h. Mehlteig mit verschiedenen Ingredienzen, als z.B. Brot- oder Semmel-Schnittchen. Bröckchen von Fleisch, Speck, Leber etc., oder mit Grütze, Kartoffeln etc. in einem runden Klumpen zusammengeknetet und gekocht. Nach den verschiedenen Ingredienzen erhalten die Knödel verschiedene Namen. Die gemeinsten sind wohl die Mehlknödel schlechthin und die Brotknödel; zu den vornehmern gehören die Speck- und Leberknödel. Neben den Nudeln machen die Knödel jahraus jahrein das Hauptgericht des bäuerlichen Tisches aus, und zwar so, daß an gewissen Tagen der Woche Nudeln, an anderen Knödeln Rechtens sind. Der gelahrte Jurist Baron Schmid meinte sogar, bayerische Landskinder seien besonders deswegen mit der Relegation oder Landesverweisung zu verschonen, weil sie ihnen ›Nudl und Knödlhalber‹ unverschmerzlich fallen. In der Oberpfalz ist das Knödel auch eine Art Mehlspeise (Semmelschnittchen in Teig geknetet) die mit Milch und Butter in der Ofenröhre gebacken wird. Im Rottal ist a Knedl was anderwärts a Küchl.«

Es würde zu weit führen, alle örtlichen Eigenarten der Speisen aufzuzählen. Es gibt allerorts eine landschaftsgebundene Typik oder, wie Eduard Fentsch sich ausgedrückt hat, dem gemeinüblichen stehe eine lokale Observanz gegenüber.

Auf ein Getränk oder eine Suppe sei jedoch noch hingewiesen, das ist die Herbstmilch, auf die vor allem niederbayerische und oberpfälzische Inventare hinweisen. In ihren Lebenserinnerungen mit dem Titel *Herbstmilch* schildert Anna Wimschneider[98] die Bereitung der Herbstmilch wie folgt: »Das Lieblingsessen der Alten war eine gute Herbstmilchsuppe mit viel saurem Rahm und im Rohr gebratenen Kartoffeln. Herbstmilch ist eine saure Milch, zu der man fast jeden Tag wieder eine gestöckelte Milch dazuschüttet, dann rührt man um, nimmt einen Liter heraus, verquirlt ihn mit etwas Mehl in einem Liter kochenden Wasser

und rührt sie dann mit saurem Rahm an. Die Herbstmilchsuppe entspricht im großen und ganzen dem, was sonst als die Säuer- oder Sauersuppe aus saurer Milch, Mehl und Essig hergestellt, die gewöhnliche Morgensuppe des Landvolkes gewesen ist. Hier darf auch angemerkt werden, daß das Wort Frühstück auf dem Lande bis in die zweite Hälfte des 19. Jahrhunderts nicht bekannt war, sondern man immer noch von der Morgensuppe sprach, ein Begriff, der noch im 16. Jahrhundert beim Adel und Bürger üblich war.

Eine systematische Bestandsaufnahme des Nahrungswesens auf dem Lande müßte natürlich in jedem Fall immer die Zubereitungsweise mitbeschreiben. Dazu würde man jedoch schon sehr genaue Befragungen bei der älteren Generation vornehmen müssen. Diese Frage nach der Zubereitung müßte aber noch weiter zurückgehen, etwa bei den Körnerfrüchten, bei denen zu ermitteln wäre, wie man das Mahlen und Stampfen früher gehandhabt hat. Anni Gamerith[99] hat sich jahrelang mit diesem Thema beschäftigt. Sie berichtet über die Gerstenstampferei: »…und ich geriet zu einem Bauern, dessen Vorfahren am Hofe jahrhundertlang Ölausschlagerei und Gerstenstampferei für weite Nachbarschaften herum betrieben hatten, der, von klein auf darin aufgewachsen und angeleitet, alle Geräte selbst zu zimmern und herzustellen, mir alle Holzarten und Maße anzugeben vermochte und die Arbeitserfahrung an den Früchten selbst – Lein, Gerste und anderen Ölfrüchten – beherrschte, wie selten einer.

Er erzählte, wie man Gerste leicht netzen müßte, nicht zu viel, sonst geht's Stampfen nicht, nicht zu wenig, sonst zerhaut's die Gerste, wie man sie erst etwa drei Stunden durchstampfen müsse, dann abwinden, die Gerste nochmals netzen und etwa ein- bis zwei Stunden weiter stampfen und wieder abwinden. Dann sei sie fertig.

Allerdings hängt die Stampfzeit sehr von Art, Sorte, Reife und Qualität der Gerste, noch mehr aber von der Antriebskraft ab. Bei sehr schwachem Wasser kann das Stampfen auch zwei bis drei Tage dauern. Auch wird manchmal dreimal abgesiebt und weitergestampft.

Und er sagt: ›Die Gerst hat zwoa Häut, das Außigwand (äußere Gewand, Kleid) und die Pfoad (Hemd) und beide muaß sie ausziagn.‹ Wenn beide weggestampft sind, dann bleibt nur der nahrhafte Kern. Je besser und sauberer sie gestampft, um so besser ist sie. Freilich gilt dies nur für die gewöhnlichen Gerstensorten. Es gibt aber zweierlei Gerste: eine mit einer Haut und eine mit zwei Häuten, und die sind ganz unterschiedlich zu behandeln. Die mit einer Haut heißt Weizengerste, weil sie nur eine Kleienschale wie Weizen besitzt. Sie läßt sich wie Weizen mahlen und beuteln und deren Mehl nahm man früher zum Brote, auch als Kochmehl. Wird diese Weizengerste gestampft, so ist sie früher fertig und braucht nur einmal genetzt und geneut werden (neuen = stampfen), habe sie doch nur eine Haut auszuziehen.

Doch sei die gewöhnliche zweihäutige Gerste bedeutend ergiebiger. Von dieser habe man kleinere Mengen fertiggestampften Gerstenbreins auch oft gemahlen, für feinere Zwecke, etwa für Kleinkinder. Die zweihäutigen Gersten lassen sich ungestampft nicht leicht mahlen und nicht recht beuteln, weil sich die Gerstenspiegel im Beutel anlegen.« Soweit der alte steirische Bauer.

Nur wenn man derartige Vorgänge kennt, kann man alte Mühlenordnungen richtig verstehen. So heißt es beispielsweise in der Ordnung[100] eines ehrbaren Handwerks der Müllner, Landgericht Erding um 1600 unter Ziffer 36: ... »item nachdem sich etlich Pauren understannden, Stampf zum Preun und Gersten neuen, bei iren Herbrigen zehaben, das soll aine yeden für sich unverwäerth sein, dieweil sich aber etlich aus inen understeen, anndern iren Nachpaurn umb Mueß und Belohnung zeneuen, das dann den Müllnern zunahend und Abpruch irer Nahrung reich. Darumb ist fürgenomen, das füran khein Paur dem anndern umb ainige Belohnung oder Mueß stempfen noch neuen soll.« Das heißt also, daß der Bauer für seinen Eigenbedarf Hirse (Brein) und Gerste zu Hause stampfen durfte, nicht aber für seinen Nachbarn, weil sonst der Verdienst der Müller geschmälert worden wäre. Diese Gerstenstampfen konnten von Hand oder Fuß betrieben werden. Für die erste Form finden wir Beispiele in den Heimatmuseen von Passau und Pfarrkirchen, für die zweite Form im Heimatmuseum Bogenberg und im Deutschen Volkskundemuseum in Berlin. Hierzu gibt es eine Untersuchung von Edgar Harvolk.[101]

Ein Punkt muß noch kurz berücksichtigt werden. Das sind die alkoholischen Getränke. Um die Mitte des vorigen Jahrhunderts waren sie besonders in Unterfranken üblich. Fentsch berichtet, daß beispielsweise im Landgericht Bischofsheim gegen Ende der fünfziger Jahre (also gegen 1860) nicht weniger als 79 Branntweinbrennereien tätig waren. Einen liebenswürdigen Hinweis auf den Konsum von Kirschgeist bringt Schmeller[102] aus dem Oberland. Bei der Behandlung der Redensart »einen gelten lassen«: Diese Redensart bedeutet so viel wie »ihm einen gastfreundlichen Trunk oder Bissen anbieten. Jener besteht gewöhnlich aus Kirschgeist, der hier von vorzüglicher Güte bereitet wird, und wovon selbst jedes Mädchen ein Fläschlein voll in ihrer Truhe aufbewahrt, um allenfalls dem Buhler am nächtlichen Kammerfensterl gelten zu lassen.«

Kleidung und Tracht

»Dô man den Lant sîn recht maz,
man erloubt im hûsloden grâ und des vîretages blâ.«
Seifried Helbling, um 1300

Es ist eine allgemein verbreitete Meinung, die Landbevölkerung habe sich bis vor 150 Jahren allerorten durch ihre bunte Kleidung von der städtischen Bevölkerung unterschieden, insbesondere, wenn sie ihr Sonntags- und Festtagsgewand angelegt hatte. Wenn auch nicht so ausgeprägt wie die Sprache, habe die Tracht landschaftliche Unterschiede besessen, an denen man gleichsam die Herkunft des Trägers ablesen konnte. Mit sehr pauschalen Formeln, wie etwa blau und rot – Bauernmod, wollte man diesen Eindruck auf einen Nenner bringen. Seit der Zeit um 1800 mehrten sich auch die Bildquellen, in denen Maler und Zeichner Unterschiede und Eigenheiten der Volkstracht festzuhalten versucht haben, so wie man im 19. Jahrhundert durch Generationen bemüht war, das Volkslied und das Erzählgut des Volkes zu sammeln. Jedem Landesteil wollte man sozusagen eine Nationaltracht, ein Nationalkostüm zuschreiben. Man erinnert sich als Beleg für diese Auffassung an Titel der frühen Trachtenwerke[103] wie z. B.: Alois Schreiber, *Teutschlands Nationaltrachten, Volksfeste und charakteristische Beschäftigungen,* 1. Bd., Das Großherzogtum Baden (um 1825); Joseph Felix Lipowski, *Bayerische Nazionalcostüme* 1.–12. Heft, München 1825–1830; Strauch, *Altenburger National-Trachten,* um 1830; Marschner, *Altenburger Nationaltrachten* 1830; Ernst Duller, *Das deutsche Volk in seinen Mundarten, Sitten, Gebräuchen, Festen und Trachten,* Leipzig 1847. Diese Reihe ließe sich um vieles vermehren. Die hier zitierten Werke liegen noch in der Tradition einer von der kameralistischen Literatur des späten 18. Jahrhunderts begründeten Betrachtungsweise. Gegen Mitte des 19. Jahrhunderts waren es, veranlaßt durch die von König Maximilian II. angestrebte Landesbeschreibung, vor allem die Mediziner, die im Rahmen einer medizinisch statistischen Berichterstattung über ihre Amtsbezirke von Nahrung und Kleidung berichtet haben. Beim vergleichenden Studium solcher Berichte fällt auf, daß sie immer wieder darauf hinweisen, Volkstracht sei schon lange ausgestorben oder nur in Resten vorhanden. Wenn man diese Feststellung ohne weitere Kritik liest, dann könnte man annehmen, daß diese Ärzte den früheren Zustand einer von Trachtenträgern belebten Landschaft noch gekannt haben oder aber sich von Gewährsleuten davon erzählen ließen. Je mehr man jedoch Material sozusagen flächendeckend sammelt, um so mehr verdichtet sich der Verdacht, daß man beim Fehlen von Trachten automatisch angenommen hat, es habe eine solche einst gegeben.

Wir müssen heute davon ausgehen, daß trachtliche Besonderheiten Höhepunkte bestimmter Landschaften waren, während andere sich mehr oder weniger neutral verhalten haben. Das wird zum Teil sogar spürbar bei einem Kameralisten alter Schule wie Joseph Hazzi, der bei seinen Erhebungen über die einzelnen Landgerichtsbezirke in Ober- und Niederbayern doch immer wieder darauf hinweisen mußte, daß sich manche Gerichtsbezirke im Grund genommen nicht stärker unterschieden haben. Sicher ist, daß im Zeitalter der Romantik diese Vorstellung von einer reich differenzierten Kleidung der Bevölkerung allgemein üblich war.

In diesem Zusammenhang ist es aufschlußreich, den Bericht eines Mannes zu lesen, der weit entfernt von jeder romantischen Verklärung des Volkes gewesen ist: Johann Pezzl[104] in seiner *Reise durch den Baierschen Kreis* schreibt: »Die Tracht der Bauern ist nicht ganz gleichförmig. An der Nachbarschaft von Tyrol und Oesterreich nähert sie sich der Tracht jener Provinzen. Im ganzen genommen, besonders in der Mitte des Landes, ist sie folgende: rund und kurz an dem Kopf abgeschnittene Haare; ein runder schwarzer Filzhut; ein rothtüchenes Leibl (Kamisol), das nicht vorne zugeknöpft, sondern auf einer Seite mit messingnen Häckchen zugeheftet wird; über dieses Leibl ein schwarzlederner, mit grüner Seide ausgenähter Hosenträger; ein Küttel (Rock) mit engen Ärmeln, der nicht bis an die Knie reicht, rund wie ein kleiner Mantel ist und mitten am Rücken ein

Unterfränkische Burschentracht aus Eichenfürst bei
Marktheidenfeld, erste Hälfte 19. Jh.

paar Falten, sonst aber nirgends keine, auch keine
Taschen hat (die Reichen tragen ihn von ziemlich
guten rothen Tuch: blaue Strümpfe; Schuhe ohne Schnallen mit kleinen ledernen Nesteln, Riemchen gebunden). Hosen sind zweierlei: die ver-
heiratheten Bauern tragen noch häufig weite sogen. Pumphosen, wie die Schweitzerischen, vom
schwarzen Leder; die ledigen Kerle aber enge, wie
die Städter. So ist der Sonntagsputz. Bei der Arbeit

tragen sie Küttel und Hosen von Zwilch, Strümpfe
aus grober Leinwand zusammengenäht, und bei
bloßen Hausarbeiten häufig hölzerne Schuhe.
Die Kleidung der Bauersweiber und Mädchen ist
ebenfalls im ganzen Lande nicht einerlei; sie tragen sich anders in der Gegend von Straubingen,
anders um Dingolfing, anders bei Ingolstadt, und
wieder anders um München herum. An einigen
Gegenden tragen sie auf dem Kopf sogen. Haupt-
tücher: diese sind Stücke von feiner Leinwand in
Form eines Dreiecks mit sehr spitzigen Winkeln;
vorne daran sind sehr breite Spitzen; das wird
simpel auf den Kopf gelegt, und mit den beiden
spitzigen Enden festgebunden; an andern Gegenden tragen sie weiße Häubchen, fast wie sie die
französischen Landmädchen tragen. Ihre Mieder
sind allenthalben sehr kurz und fast ganz ohne
Fischbein: sie werden in einigen Gegenden einzeln angezogen, und dann hat der dazu gehörige
Rock wenige aber große Falten; an andern Orten
hangt Mieder und Rock aneinander. Und dann
hat der Rock sehr viele aber kleine Fältchen. Die
Röcke sind überhaupt alle sehr kurz, und reichen
nur ein bißchen über die Knie, welches beim
Tanzen manchmal nicht die besten Folgen hat. –
An ihren ländlichen Festen und Galatagen tragen
sie ebenfalls eine Art von Krönchen, das aus
steifen Kartenpapier gemacht, ungefähr eine
Querhand hoch, mit schwarzem Sammet überzogen, ganz rund, und oben mit Blümchen aus
Flittergold verziert ist. Wenn sie in diesem Putz
erscheinen, dann nennen sie es prangen.«
Hierzu folgende Erläuterungen. In dieser Schilderung des Johann Pezzl kommen eine Reihe von
Tatsachen vor, die uns immer wieder begegnen
werden; so etwa im Abschnitt über die Männer-
tracht, daß die ältere Generation an einer älteren
Stufe der Kleidung festhält, während die jüngere
sich mehr nach der jeweils städtischen Kleidung
orientiert. Ferner kommt deutlich zum Ausdruck,
daß die bessere Kleidung jeweils für den Kirchgang (Sonntagsputz) bestimmt ist. Jahrhundertelang hatte man für das Kirchtagsgewand bereits
besondere Vorschriften. Nicht von ungefähr hat
Albrecht Dürer eine Nürnberger Bürgersfrau in
drei verschiedenen Gewandungen gezeichnet:

Bäuerin aus der Ochsenfurter Gegend um 1856.

Laabertaler Haube. Mitte 19. Jh. Regensburg, Hist. Museum.

Mädchen in Festtagstracht, Werdenfelser Land.

HAUSKLEIDUNG (Alltagsgewand), KIRCHGANGSKLEIDUNG und TANZKLEIDUNG. Aus dem Abschnitt über die Kleidung der Bauersweiber und Mädchen geht deutlich hervor, daß es gerade die Kopfbedeckung ist, die zu örtlichen Unterscheidungen führt. Was die Kopfbedeckung beziehungsweise den Kopfschmuck an ländlichen Festen und Galatagen angeht, so bezieht sich die Wendung »sie tragen ebenfalls ein Art von Krönchen« auf eine Erläuterung, die Pezzl bei der bürgerlichen Kleidung gegeben hat, bei der es heißt: »An hohen Festtagen aber, z. B. an Fronleichnamstage etc. bei Hochzeiten, Kindstaufen und derlei Feierlichkeiten tragen sie eine besondere Kopfzierde, die sie Krönchen nennen«.

Die Dreiteilung in Hauskleidung, Kirchgangsgewand und Tanzkleid hat sich seit dem 16. Jahrhundert bei den Bürgern ohne Zweifel sehr differenziert. Im 19. Jahrhundert haben es in einigen Gegenden die Bäuerinnen nachzuahmen versucht. So ist von der wohlhabenden schwäbischen Bäuerin in der Gegend zwischen Augsburg und Günzburg[105] eine Folge von fünf verschiedenen Stufen der Kleidung überliefert: »Erstens das Festkleid, das nur an hohen Festtagen, an Weihnachten, Ostern, Pfingsten, Fronleichnam, beim Kirchenpatrozinium (= Kirchweih), bei Taufen, Firmungen und Hochzeiten getragen wurde. Zweitens, das Mittelfestkleid. Es wurde an den übrigen Kirchenfesten, an Christihimmelfahrt, Peter und Paul, am Josephi- und Ulrichstag getragen. Drittens, das Sonntagsvormittagskleid (das eigentliche Kirchengewand). Viertens, das Sonntagsnachmittags- oder Christenlehrkleid. Fünftens, das Werktags- oder Arbeitsgewand.«

Solche reiche Differenzierung war selbstverständlich nicht allerorts üblich. In erster Linie können wir sie für das 19. Jahrhundert in wirtschaftlich wohlhabenden Gegenden vermuten, wie beispielsweise im Ochsenfurter Gau. Pfarrer Johann Pfeufer[106] berichtet, gestützt, auf die Überlieferung seiner Mutter, »ganz stolz zeigten sich Frauen und Mädchen am großen Feiertag, nämlich in roten Faltenröcken aus Tibet mit Besatz von blauseidenen Bändern, mit goldgeblumten Atlasschürzen, einem reich verziertem Mieder, ›Leiwl‹, Leibchen genannt und mit seidensamtenen Mutzen mit Gold- und Silberblumen und Glitzerbändern als Ausputz. Unter Glitzerbändern verstand man die meist 8−10 cm breiten aufgenähten Garnituren an Vorderärmeln und Halsausschnitt.

An mittleren Feiertagen gab man es nicht ganz so reich, aber doch vornehmer als an Sonntagen; die Röcke waren mit Bändern anstatt mit Litzen besetzt. Die Schürzen bestanden aus gepreßten farbigen Atlas und die Mutzen waren aus Samt mit broschierten Blumen gefertigt.

Am Sonntag ging man in Faltenröcken mit Litzen; als Stoff wählte man Tibet oder ›Kasamar‹ (Kaschmir); dazu gehörte Atlasschürzen die mit ›Stuffbändern‹ eingefaßt waren, samtene broschierte Mutzen mit Glitzerbändchen an den Ärmeln und kleinen Borten zum Ausputz und, wie ja immer das Leibl.« Als weitere Besonderheiten nennt Pfeufer Winterkleidung, Tanztracht, Trauertracht. Als Hochzeitstracht wurde die höchste Festtracht getragen, dazu der Brautkranz.

Angesichts solcher Schilderungen von bäuerlichem Kleiderprunk ist es lehrreich, den Bericht des Allgäuer Pfarrers[107] aus der Zeit von 1870 über Kleidung seiner Landsleute nachzulesen. Er schreibt: »Das Allgäuer Volk hat weder im allgemeinen, noch in einzelnen Tälern eine solche Kleidung, daß man sagen könnte, sie sei ihm eigentümlich, eine sogen. Nationaltracht. Manche, und zwar solche, welche diesem Bergvolke hold sind, können dies nur beklagen, während andere ihre Verwunderung kaum verbergen. Wer aber nun einerseits die Verhältnisse im Allgäu und andrerseits die größeren und kleineren Mängel jeglicher Nationaltracht genauer kennt, wird hierin keinen Grund zur Klage und Verwunderung finden. Die Schutztüchtigkeit und Bequemlichkeit bleibt immerhin die Haupteigenschaft der Kleidung. Wo gibt es aber nun, so weit die deutsche Zunge klingt – um von Fremden gar nicht zu reden – eine Nationaltracht, welche bei Jung und Alt, bei Männern und Weibern, in Hitze und Kälte diesen Zwecken nur so ziemlich, geschweige in jeder Beziehung entspräche… Jenseits des Lechs, namentlich im Ammer- und Isartale usw. gibt es noch immer bei den Weiblichen so wackere Pelzkappen, daß in Bezug auf Größe und Form am besten die ›Bärenhäuter‹ der alten Grenadiere damit verglichen werden können. So sind diese nur warme Winterkappen, im Sommer dagegen höchst unbequem, und ob im Verhältnis zum Preise – sie kosten 20–30 Gulden, auch schön und dauerhaft? Kommt noch der blaue oder graue Wettermantel dazu, wie er dort wenigstens von ältern Personen noch getragen wird, dann dürfte das Urteil eines gewissen Allgäuers richtig sein. Als dieser nämlich einen Haufen mit solchen Kappen und Mänteln bekleideten Weibervolkes sah, sagte er zu seinem Begleiter: ›doh lueg hear, dih seahet grad us, wih bei is dahuim a Bruslat Hoihuinze‹ – eine verworrene Menge gefüllter Heuzähne (Hainzen).«

Schelbert fährt fort, »dies Urteil führt zu einem anderen Vergleich. Der ›Miesbächer‹ steht den Dirnen in den oberbayerischen Bergen sehr gut, ist schutztüchtig und mag für unsertwegen auch für festlich gelten. Samt dem dazugehörigen Wettermantel gewinnen jedoch die damit Bedeckten ungefähr die Gestalt von verwitterten Bergtännelein.«

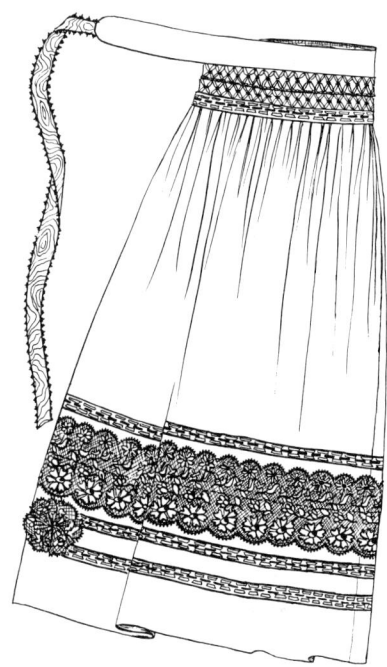

Bestickte Schürze aus der
Amberger Gegend, um 1840.

Schelbert besaß offenbar recht gute Kenntnisse über Trachtengewohnheiten in Bayern, Schwaben und der Schweiz. Er prägt sogar in einem Fall geradezu einen trachtenkundlichen Begriff, wenn er von altbayerischen »Spensergegenden« spricht, in denen bei besonderen Festlichkeiten, wie Hochzeiten und dergleichen, der schwere doppelte Tuchmantel umgehängt wird, ungeachtet der Hundstage und einer Hitze von 25 bis 30 Grad. Wir können seine Ausführung über alte abgelegte Allgäuer Kleidung von Männern und Frauen übergehen, um uns dem dritten Abschnitt seines Berichtes zuzuwenden, in dem es heißt:

»Ohne weite Reisen oder Studien zu machen hielt das Allgäuer Volk schon längst diese Kleidung in vielfacher Beziehung für unpraktisch, und deshalb wurde sie ohne Volksvereine und Generalversammlungen in kurzer Zeit allgemein abgeschafft und auf der Bollediele aufgehoben. Allerdings wirkten bei dieser Abschaffung, und dem Ersatze einer zweckmäßigeren Kleidung noch andere Kräfte dem allgemeinen Bestreben nach Besserung mit. Die zahlreiche Berührung mit den Fremden sowohl daheim als draußen, die immer häufigere Vermischung der Bauers-, Gewerbs- und Handelsleute in Stadt und Land und insbesondere die vortreffliche Verbesserung des Bodens sowie des Viehes und der Milchprodukte, und das damit in Verbindung stehende Steigen der Preise fast aller Produkte welche das Allgäu hauptsächlich verkauft, als Holz, Vieh, Butter und Käse.« Schelbert kommt zum Schluß: »das Allgäuer Landvolk hat im allgemeinen jetzt eine ihm völlig entsprechende Kleidung. Sie ist schutztüchtig und bequem, zudem schön, reinlich, anständig und wechselt nicht bloß nach Geschlecht, sondern auch nach Alter und Jahreszeit.«
Diese Sprache unterscheidet sich sehr wesentlich von der, die die Amtsärzte jener Zeit gesprochen haben. Will man dem Problem einer vom Bürger unterschiedlichen Tracht auf dem Lande gerecht werden, so wird man sich zunächst einmal von den Vorstellungen der Trachtenvereine frei machen müssen.
Selbstverständlich ist die Bewegung der Trachtenvereine ein kulturgeschichtliches Phänomen, das man ernst nehmen soll. Im Grund genommen steht hinter ihnen eine heraldische Betrachtungsweise der Volkstracht, die jeweils eine Gegend repräsentieren soll, ohne Rücksicht darauf, welche Komponenten ehedem bei der Bildung lokaler Trachten wirksam gewesen sind. So spielte einst die konfessionelle Zugehörigkeit der Bevölkerung bei der Herausbildung von Trachten eine große Rolle, zugleich mit einem heute nicht mehr vorstellbaren Zugehörigkeitsgefühl zu einer Pfarrgemeinde. Als man um 1900 damit begonnen hat, eine Bestandsaufnahme der noch vorhandenen sogenannten Volkstrachten vorzunehmen, hätte man folgende Fragen formulieren können: Wo gibt es noch Pfarrgemeinden, die sich, aus welchem Grund auch immer, verpflichtet fühlen, den Sonntagsgottesdienst in einer einheitlichen, für alle geltenden Kleidung zu besuchen und die sich auch bei anderen kirchlichen

Veranstaltungen so verhalten? Eine zweite Frage hätte lauten können: Wo pflegen Pfarrangehörige auch bei weltlichen Feiern sich im Kirchgangsgewand, wenn auch mit Modifikationen, zu zeigen? Die Vorstellung bzw. das Bewußtsein der Zugehörigkeit zu einer bestimmten Pfarrei oder Gemeinde war stellenweise um 1900 noch lebendig. Es sei nur an die sogenannten Trachtendörfer beispielsweise in Hessen erinnert. Wäre es möglich, daß der Verfall der Trachten auch mit einem Verfall des kirchlichen Lebens Hand in Hand gegangen ist? Im allgemeinen wird das Schielen der Dorfbewohner nach der Stadt im 19. Jahrhundert wohl überbetont. Als Beispiel sei nur eine Bemerkung aus dem Niederbayern-Band der *Bavaria* zitiert: »In dem Tale der Vils hat wie so vielfach auf dem Lande bei Männern und Frauen eine neue Mode die altübliche Bauerntracht verdrängt. Das Weibervolk ahmt hier mehr als irgendwo der städtischen Mode nach. An Stelle der älteren Frauentracht trat längst bei Bäuerinnen und Dirnen die bürgerliche Kleidung. Die Frauen prangen an Festen in Überröcken von Seide, Merino, Wollmuselin und auch die Mädchen in den modernsten Stoffen von greller Farbe und den Schnitt so elegant als tunlich. Für gewöhnlich trägt man schwarzseidene Kopftücher, zur Gala Riegelhauben, die Frauen hie und da reiche Pelzhauben, einzelne die schweren Goldhauben der Passauerinnen.« Zum Vergleich mit diesem Bericht seien die Ausführungen des Assessors Wimmer[108] aus Eggenfelden herangezogen: »Der Bauer so wie der Knecht haben einerlei Schnitt und nur der größere oder geringere Geldüberfluß oder Putzsucht gibt zwischen beiden den Unterschied zu erkennen. An Werktagen tragen beide die unvermeidliche Zipfelhaube von schwarzer Wolle, rupfernes Hemd, einen Brustfleck im Winter, ohne solchen im Sommer – lederne lange Hose mit Messerbestecksack auf der rechten Seite und Holzschuhe an den Füßen. Daneben, oder vielmehr über diese Kleidung wird ein Schurz von blaugedruckter Leinwand – Schaber oder Fetzen genannt – dessen Oberteil am Halse, dessen Unterteil um die Mitte befestigt ist.« Zum Sonntagsgewand: »Dieses besteht aus einem runden nicht hohen Filzhut mit etwas breiter Krempe, auf welcher ein Band von Seide oder Samt befestigt ist und welches eine in der Regel silberne kleine Schnalle ziert, ferners aus einem Gilet von Woll- oder Seidenstoff mit silbernen Knöpfen, einer ledernen Hose und gewichsten Wadenstiefeln.

Zum Kirchengange im Vormittag wird der aus feinem Tuche bestehende etwas lange und mit silbernen Knöpfen versehene Rock angezogen, welcher, da er nur an Sonn- und respektive Festtagen genommen wird, sehr oft als Familienstück auch nach dem Tode des Besitzers noch vorhanden ist, gut und brauchbar.« Zur Sonntag-Nachmittagskleidung: »Nicht so in ganzer Gala wie beim Frühgottesdienst, begibt er (der Bauer) sich in den nachmittäglichen Rosenkranz oder Vesper – denn wenn auch der übrige Anzug beibehalten ist, so wird doch statt des Rockes der Spenser von ebenfalls feinem Tuche, im Winter mit Pelz verbrämt und mit vielen silbernen Knöpfen geziert, angezogen, über welchen sodann je nach Umständen und der Temperatur ein faltenreicher Tuchmantel mit sogen. Radkragen und seidenen Quasten geworfen wird.«

Zur Tracht der Bäuerin beziehungsweise des weiblichen Geschlechtes berichtet Wimmer, sie sei hauptsächlich nur an einem Kleidungsstücke, »nämlich dem Kopftüchel konstant und je nachdem dieses groß und schwer ist, wird auch der Grad des Fürnehmseins bemessen. An Werktagen werden Holzschuhe, dann auf dem Kopfe gewöhnliche schwarze Tücher getragen, welche um den Vorderkopf gewunden, am hintern Teile desselben festgebunden sind und deren Ecken – Zipfel sodann dem Nacken herunterhangen; ganz auf dieselbe Weise wird mit den Kopftücheln an Sonn- Festtägen (Hochzeiten, Primizen) und Kirchweihen verfahren, nur mit dem Unterschiede, daß diese Tücher, aus schwerer Seide bestehen, in der Regel viel größer sind. Die übrige Tracht des weiblichen Personals ist verschieden, je nachdem eben die Vermögensumstände des Individuums es erlauben. Bei Solennitäten tragen einige Schnür- und Halskette mit Riegelhäubchen, andere gewöhnlich schwarze Mieder mit oder ohne Haken, die dritten wieder Oberröcke. Daß übrigens bei dieser, vorzüglich der jüngeren Generation vielmehr Rücksicht genommen wird, ob man jetzt rot oder gelb, grau oder braun vorzüglich trage, ob die Ärmel eng geschlossen oder offen sein müssen, dies bedarf ohnehin keiner weiteren Auseinandersetzung.« Hier darf an einen Bericht des Erlanger Professors Johann Ernst Fabri[109] *Briefe eines Reisenden über das Hochstift Passau an seinen Freund zu . . .* erinnert werden, in dem es heißt: »Die Einwohner von Wegscheid und Obernzell sind gleichfalls etwas stolz, wie jene von Griesbach (heute Untergriesbach) und Wald-

Ortenburgerinnen aus der Zeit um 1800, Aquarell von Max Joseph Wagenbauer. Staatl. Graphische Sammlung München.

kirchen und lieben die Kleiderpracht. Ehemals war der Luxus auch unter dem Bauernvolke dieser Gegend so sehr eingerissen, daß beinahe jeder Bauernbursche eine Taschenuhr, silberne Schuh- und Hutschnallen und seiderne Westen, und die Viehmägde silberne Schnallen und Korsette von besten Seidenstoffen trugen. Diese Üppigkeit waren in der Folge verboten; den Übertretern wurden Schnallen, Taschenuhren und Kleidungsstücke von Seide weggenommen; die Mägde vereitelten aber das Verbot dadurch, daß sie nur äußerlich eine Kleidung von schlechterer Art trugen, selbige aber inwendig mit Tafend oder anderem Seidenzeuge füttern ließen.«

Was nun die DIENSTBOTENKLEIDUNG allgemein angeht, so war der Bauer verpflichtet, einen Teil des Jahreslohnes in Kleidungsstücken zu stellen. Hierfür einige Beispiele. Der schon wiederholt zitierte Joseph Hazzi gibt für das Gericht Auerburg (am linken Innufer zwischen Kiefersfelden und Niederaudorf) für die Zeit um 1800 folgendes an: »Ein Knecht erhält 30 f Lohn, dazu alle Jahre zwei Hemden, zwei Paar Schuhe, zwei Paar Sohlen zusätzlich, einen Rock (Schalk oder Kamisol) ein Paar zwilchene Hosen und ein Paar von Loden gelegentlich ein Schaffell, dazu noch Werktagsstrümpfe von rupfenen Tuch (= Grobleinen). Eine Magd erhielt meistens 20 f Lohn, zwei Hemden, zwei Paar Schuhe, zwei Paar Sohlen zusätzlich, zwei Beinhosen (Art Wadenstrümpfe), eine Schaube oder schwarzwollenen Kittel, ein rupfernes und zwei wollene Fürtücher. Überdies Zeug zu einem Mieder.«

Daß die Dienstboten auf dem Lande sich von der bäuerlichen Familie, zumindestens in Altbayern, in der Kleidung nicht wesentlich unterschieden haben, ist leicht verständlich, da sie als Ehhalten, wie schon betont, in gewissem Sinne zur Familie gerechnet wurden.

Von Dienstbotenverhältnissen des Fichtelgebirges wissen wir, daß ein Knecht um 1860 an 40 fl. Lohn, zwei Hemden, ein Paar Stiefel und eine Mütze erhielt. Die Magd 12—14 fl. Lohn, 20 Ellen Leinwand, eine Schürze, ein Paar Schuhe. Im Bayreuther Umland erhielt die Magd 14—16 Ellen Tuch (= Leinwand), etliche Pfund Wolle, etwas Flachs, ein Paar Schuhe, ein Paar Pantoffeln, zudem je 1 fl. für Schürze, Halstuch und Brustfleck.

Der Großknecht erhielt im Frankenwald damals 40 fl. in Geld, dazu ein Goller, eine Hose von Beidergemang (Mischgewebe), ein Hemd und ein Paar Stiefel. Die Magd erhielt etwa 15 Ellen Leinwand, eine Schürze, einen Rock und ein Paar Strümpfe; dazu 12—15 fl. Lohn.

Westlich von Bamberg erhielt der Knecht entweder nur Geld oder aber 22—24 sogenannte gute Gulden (das waren altfränkische Gulden, die nach dem damaligen Kurs einen Gulden und 15 Kreuzer wert waren), dazu kamen eine Hose, ein Paar Stiefel, etwas Leinwand für Hemden und sonstige »Zugehörung«. Die Magd erhielt »10 gute Gulden, dazu 14—16 Ellen Leinwand, eine Schürze und ein Tüchel oder statt dessen für jedes Stück einen guten Gulden und etwas Flachs.«

Aus den vorstehenden Texten gewinnen wir schon eine Reihe von Angaben über die Werktags- bzw. Arbeitskleidung. Es liegt auf der Hand, daß auf diesem Gebiete sich kaum landschaftliche Unterschiede herausbilden konnten. Diese begannen eigentlich erst bei dem jeweiligen Kirchengewand.

Im Alpen- und Voralpenland müssen wir berücksichtigen, daß die Kleidung nicht unwesentlich durch die Gewandung der Jäger beeinflußt war. So sei daran erinnert, daß in dem sogenannten *Geheimen Jagdbuch* Kaiser Maximilians I. gefordert wurde: »Du sollst allzeit zwiefach Schuch haben, das heißt zwei Paar Schuhe auf die Jagd mitnehmen, dazu vier Leisten also Schuhleisten, wann

du in das Gebirg gehst und in den Schnee.« Das heißt, man sollte die Möglichkeit haben, die Schuhe auf Leisten zu spannen, um sie zu trocknen, wenn sie naß geworden waren. Es heißt dann weiter: »Item grau und grüne Kleider sollst du haben, halb grau, halb grün, zu Hirschen und Gemsen ist das die beste Farbe.« Von hier aus führt ein gerader Weg zu den graugrünen Lodentrachten der Alpenländer, ein Farbakkord, an dem auch die Bestrebungen zur Trachtenerneuerung, zur Trachtenpflege, wie auch so viele Trachtenmoden bis zur Stunde festgehalten haben.

Aus Franken besitzen wir einen wertvollen Beleg über ein sogenanntes urtrachtliches Kleidungsstück, einen WETTERSCHUTZ, der die Bezeichnung »grünes Tuch« führte. Es handelt sich um das Regentuch der nürnbergischen Frau, von quadratischer Form mit etwa 2 Meter Seitenlänge. Man legte es mit einer Kante über den Kopf, so daß es seine Trägerin vom Kopf bis zu den Füßen umhüllte und schützte. Unter dem Kinn zusammengefaßt, gab es dem Kopfteil ein kapuzenartiges Aussehen. Es war gleichzeitig so vor dem Abrutschen gesichert. Eduard Rühl[110] fand dieses Tuch vor etwa 40 Jahren noch in der Forchheimer Trachteninsel, wobei er einige Varianten feststellen konnte. In Effeltrich ist das Tuch mit einer einfachen Wollborte eingefaßt, während es in Hausen mit einer breiten grünen Randlitze verziert ist. Nordöstlich dieses Kerngebietes (also im ehemaligen Landkreis Pegnitz) trägt das grüne Tuch einen aufgedruckten breiten Schmuckrand. Rühl fand dieses grüne Tuch auch noch in der Bayreuther Gegend und in der Gegend von Neunhof bei Kraftshof, also zwischen Nürnberg und Erlangen. Eduard Fentsch konnte es um die Zeit von 1857 auch noch in der Gegend von Neumarkt und Sulzbach, im oberpfälzischen Jura, beobachten, wo es zum vollendeten »Anzug« der Bäuerin gehörte. Er schreibt: »Die Bauernfrau trennt sich gemeinhin nur beim Kirchgang von demselben.« Er beschreibt diesen Wetterschutz als großes schalähnliches Stück grünen Wollzeuges, das dreieckig zusammengeschlagen und so über den Rücken geworfen wird, daß die Enden unter der Achsel weglaufen und hinten geknüpft werden können. Auf solche Art bildete es am Rücken einen Sack, in welchem alles, was zum Hausbedarf gehört, heimgetragen wird. Es vertritt also die Stelle des sonst üblichen halbrunden Rückenkorbes. Nebenbei weist Fentsch auch darauf hin, daß in der Gegend von Eschenbach

Miesbacher Tracht um 1980.
Die Bäuerin im Festtagsgewand (Schalk).

und Weiden (in der nördlichen Oberpfalz) zum gleichen Zweck ein weißes Linnentuch verwendet wird. Insofern unterscheidet es sich wenig von den Kopftüchern der Frauen in der Gegend von Eschenbach, Kemnath, und Neustadt a. d. Waldnaab, die um 1780 noch durchwegs aus weißem Leinen waren und den Namen Dreizipfel führten.

Alle älteren Trachtenbeschreibungen befaßten sich in der Regel mit den Spitzenleistungen bäuerlicher Kleidung. In unserem Zusammenhang interessiert aber besonders der Alltag. Hier sind es jeweils die Mediziner, die Material geliefert haben. So sei aus einer wenig bekannten medizinischen Topographie des Gerichtes Greding bei Hilpoltstein aus der Zeit von 1820/23 folgende Äußerung des dort tätigen Arztes Dr. Plank[111] ange-

führt: »Die Kleidung ist bei den Männern sehr einfach, plump, ohne Auszeichnung und Pracht. Besser hingegen bei den Weibern und Mädchen an Festtägen und bei öffentlichen Gebräuchen. Im Winter besteht die männliche Kleidung in grobem, schwerem, meist dunklem oder ganz schwarzem Tuch und inländischen Wollzeug. Zur Sommerszeit in geringem Leinenzeug und wird eigentlich mehr auf die Wohlfeilheit und lange Dauer berechnet und auch dem Wechsel der Witterung, als um den Körper zu bilden. Die weibliche Kleidung ist zwar etwas kostbarer und zierlicher, besonders in den größeren Ortschaften, aber eben nicht vorteilhaft für die Entwicklung der Organe des jugendlichen Körpers.« Der Arzt Dr. Plank nimmt hier Anstoß am Einschnüren und an den hohen Absätzen schwerer Schuhe. Er

Oberbayerischer Bauer um 1940 mit Charivari. Janker gesteppt, Lederhose gestickt.

beanstandet aber auch die dichten Pelzhauben der protestantischen Bevölkerung, die zu jeder Jahreszeit getragen werden, wodurch Kopfausschläge entstehen konnten. Es heißt abschließend: »Unter den Bauersleuten herrscht wenig Reinlichkeit und Wechsel der Kleidung und Wäsche, sowohl bei Erwachsenen und Kindern… Manche pflegen ganz unbekleidet zu schlafen zur Ersparung der Wäsche.«

Es kann in unserem Zusammenhang nicht der Sinn sein, alle ehemals üblichen Trachten der einzelnen bayerischen Landschaften aufzuzählen bzw. zu beschreiben. Doch sollten einst selbstverständliche, heute aber fast unbekannte Gewohnheiten herausgehoben werden, so zum Beispiel das EINFLECHTEN VON BÄNDERN in die Zöpfe. Im *Journal von und für Deutschland* 2. Bd., 1785, wird berichtet, daß in Nürnberg im 17. Jahrhundert von Zopfmachern für die bäuerliche Bevölkerung in der Umgebung Zöpfe verfertigt wurden »von Baumwolle, die wie Lichtdochte gezattelt und rot gefärbt am unteren Ende zwei Finger breit mit Rohrgold oder Dürmgold (= Darmgold) umwickelt und daran gleichsam Dollen heraus- und

Drei Westen aus dem Ochsenfurter Gau von 1858, 1868 und um 1860. Nürnberg, Germanisches National-museum.

Flitterlein dazwischen hineingehängt wurden. Auch fertigten sie rote, blaue und grüne Roßzöpfe von Schafwolle, die aber kürzer wie die Baum-wollenen waren.« In dem Bericht wird hinzuge-fügt, daß eine Bauernbraut, die sich nicht solcher Zöpfe bedient hätte, für sehr kahl gehalten wor-den wäre und daß Böhmen, Mähren, Polen und Ungarn gleichfalls gute Abnehmer solcher Bau-ernzöpfe gewesen wären.

Weitere Belege dafür, daß bereits vor 130 Jahren dieses Einflechten von Bändern in die Zöpfe au-ßer Übung kam, finden sich unter anderem aus Unterfranken (Gegend von Bad Neustadt a. d. Saale), wo man damals feststellte, daß lange, banddurchflochtene niederhängende Zöpfe sel-ten geworden seien. In der Münnerstädter Ge-gend war es üblich, das schöne, reiche Haar in Zöpfe zu flechten, über den Wirbel zu nesteln und durch einen metallenen Pfeil zu halten. Diese Übung dürfte das ältere Durchflechten mit Bän-dern abgelöst haben. Genaueres wissen wir aus Schwaben, und zwar aus der Augsburger Gegend: »Die ältere echt schwäbische Sitte verliert sich bei dem jüngeren Geschlecht für den Alltagsge-

Sogenannte Linzer Goldhaube, 19. Jh. Regensburg, Hist. Museum.

Brautkrone aus dem Aichacher Land, erste Hälfte 19. Jh.

brauch, wird aber zum festlichen Putz beibehalten. Das sogenannte Harbart war das altübliche Jungfrauenabzeichen. Es bestand aus einem nicht ganz zollhohen Stirnreifen von Pappe mit roter Seide überzogen und mit weißen Glasperlen gitterartig bestickt. Zwischen diesem Gitter sind bunte Perlen verstreut, vorne zusätzlich mit drei großen Glassteinen in einer roten Bandrose. Rechts und links vom Reif sind rote Bänder angebracht, mit denen das Harbat rückwärts um den Zopf befestigt wird.« Verwandte Formen zu diesem Augsburger Mädchenschmuck sind aus dem Egerland und dem thüringischen Altenburg bekannt. Doch zurück zu den schwäbischen Zöpfen. Diese werden beschrieben als ein dreiviertelellenlanges Geflecht aus Flachs, mit hochrotem Atlas überzogen, welches zwischen die natürlichen, gleichfalls rotdurchflochtenen Zöpfe in Windungen kronenartig nach dem Vorderkopf gelegt und unter dem Kinn festgebunden wurde. Nach dem Nacken zu bildeten die Haargeflechte zwei Widderhörner. Alle Bänderenden ließ man reich über den Rücken herunterfallen. Aus dem Bericht des königlichen Gerichtsbezirksarztes Dr. Knoller vom Jahre 1861 kann folgendes entnommen werden: »Bis in die letzte Hälfte des 18. Jahrhunderts hatte Augsburg eine nationale Frauentracht, bei welcher vor allem der Kopfputz, das sogenannte Horbet (= Harbat) und das kleine sogenannte Hirnhäubchen eines der Hauptattribute bildeten.« Knoller erklärt Horbet als ein Ge-

flecht von künstlichen Zöpfen. Er hat sich also den Kopfschmuck nicht mehr genau vorstellen können, denn aus dem älteren Bericht geht deutlich hervor, daß Harbat und Zöpfe zu unterscheiden waren. Er erinnert sich noch, daß sich noch ein paar Hochzeitsladerinnen und Leichenansagerinnen beider Konfessionen bis in die zwanziger Jahre des Harbat als Galatracht bedient hatten. Hazzi erwähnt aus der Gegend nördlich von Landsberg, daß die Jungfrauen auf den Hochzeiten schuhhohe, von Seide überzogene, mit Sträußen und Flittergold und Steinen gezierte Binden trugen, worüber sich das in rosafarbene Bänder geflochtene Haupthaar legte. Das ist ein ganz deutlicher Hinweis, daß diese Gegend nördlich von Landsberg in dieser Beziehung ganz unter Augsburger Einfluß gestanden ist.

Was die festtägliche Kleidung angeht, so verdanken wir Eduard Rühl[112] einen wichtigen Bericht über die Herstellung von JUNGFRAUEN- bzw. BRAUTKRONEN aus der Forchheimer Gegend, wo er in den dreißiger Jahren noch den Hersteller dieses Kopfschmuckes, des sogenannten hohen Kranzes, bei der Arbeit beobachten konnte. Es war der 1885 in Reuth bei Forchheim geborene Bauer Johann Georg Amon. Amon hatte die Kunst des Kränzemachens von seinem Vater gelernt. Sein Großvater, der sich auch schon auf diese Kunst verstand, soll sie von einer herumziehenden Frau gelernt haben. Die Herstellung des hohen Kranzes dauerte etwa 10 bis 14 Tage. Der Bauer bediente sich

Niederbayerische Tragtaschen aus der ersten Hälfte des 19. Jhs.
mit Lederapplikationen. Regensburg, Hist. Museum.

dabei auch der Hilfe seiner Familie. Um 1933 kostete ein solcher Kranz etwa 75 Reichsmark. Darin waren die Materialkosten mit etwa 40 bis 45 Reichsmark enthalten. Die Herstellung kann etwa folgendermaßen beschrieben werden: Zunächst werden zwei einfache Pappreifen von gleichem Durchmesser benötigt. Der obere, drei Zentimeter hoch, wird Hauptträger des Kranzschmuckes. Der untere, der sogenannte Sendelkopf, ist neun Zentimeter hoch. Er trägt die langen, roten Bänder, die zur Befestigung auf dem Kopf notwendig sind. Der untere Reifen wird mit Goldstoff (Sendl) überzogen. Dann werden auf die untere Hälfte 16 Verzierungen flach aufgelegt. Über die obere Hälfte hängt später das Flitterzeug des oberen Reifens herab. Für den oberen Reifen kommen fünf Arten von Schmuckteilen in Betracht, die zunächst einzeln gefertigt und dann am Reifen befestigt werden. Zunächst sind es acht Rosen, die in der Mitte des Reifens befestigt werden. Ein mehrteiliges Perlengehänge, die Glocke, fällt bis über den unteren Reifen herab. Ein Gehänge aus Schlangendraht schlingt sich von Rose zu Rose, wechselnd in Gold und Silber. In die Zwischenräume zwischen den Rosen, etwas nach oben gerückt, so daß sie oben seitwärts herausstehen, kommen acht Sträuße, die ebenfalls Glocken tragen. Jetzt fehlen noch die Schmuckglieder, die vom oberen Rand in die Höhe stehen. Es sind dies vier Bollen und vier Weizenähren. Bei diesen acht aufwärtsstehenden Ziergliedern wird eben-

falls zwischen Gold und Silber gewechselt. Jetzt sind am oberen Reifen die Hauptzierate befestigt. Aber es sind noch Lücken da. Diese werden ausgefüllt mit 32 Teilen Goldflitter. Die einzelnen Teile bestehen aus einem ganzen Büschel von dünnen Golddrähten, an deren Enden bewegliche Goldplättchen befestigt sind. Diese Goldflitterteile geben erst dem oberen Reifen seine volle gerundete Form. Nun können die beiden Reifen aufeinander durch Klammern befestigt werden. Der Goldflitter des oberen Reifens hängt weit über den unteren herab. Das Bemerkenswerte an dieser Beschreibung ist, daß Eduard Fentsch bei seiner Feldforschung im Jahre 1857 aus der Forchheimer Gegend fast dieselben Beobachtungen gemacht hat. Er beschreibt den hohen Kranz als kugelförmig ausgebauten Zylinder von etwa einem halben Fuß Höhe, die Kopfbreite überholt mit Flitter, Bouillons, Zitterdraht, Glasperlen und kleinen künstlichen Blumen fein verziert und behangen. Fentsch bemerkt zusätzlich: »In gleicher Weise gewandet sich die Prangerin (Kranzljungfrau) und die Marienbildjungfrau am Fronleichnamstag.« In den evangelischen Gegenden sei der Kopf der Braut in gleicher Weise gebändert und mit dem Krönchen (= hoher Kranz) versehen wie in den katholischen.

Der Bericht über das Schaffen des Bauern Amon war uns so wichtig, weil er einen Beitrag zum Thema bäuerliche Tätigkeit in der Freizeit darstellt. Wenn es stimmt, daß Amon seine Kunst

Niederbayerische Florhaube des 19. Jhs. Regensburg, Hist. Museum.

von einer vorbeiziehenden Frau gelernt hat, so bleibt es doch sicher, daß die Form selbst in der oberfränkischen Gegend schon bekannt gewesen sein muß.

Im Grunde genommen steht die Forschung immer noch in den Anfängen; so sei wenigstens in einem Beispiel gezeigt, daß man ältere Vorstellungen bei genügendem Studium archivalischer Unterlagen in Zukunft wird korrigieren können. Es geschah schon wiederholt der RIEGELHAUBE Erwähnung, die allgemein als Münchner Riegelhaube bezeichnet wird. Sie war in der ersten Hälfte des 19. Jahrhunderts vorzugsweise bürgerlicher Kopfschmuck, wurde aber auch gern auf dem Lande von Wirtinnen und ihren Töchtern oder von Posthalterinnen und Müllerinnen getragen. Das Fichtelgebirgsmuseum in Wunsiedel besitzt Riegelhauben, die aufgrund des auf der Unterseite befindlichen Firmenschildes als Arbeiten Regensburger Haubenmacherinnen ausgewiesen sind.[113] Es handelt sich um die Inventarnummern 727, 729, 3316 und 4187. Das Firmenschild der

Trauerhaube (Stickerei auf schwarzem Samt mit schwarzen und dunkelblauen Glasperlen) Inv. Nr. 729, weist folgenden Text auf: »Th. Pielmeyer, Schmidbauer, Stickerin und Haubenmacherin, hat ihren Laden bei St. Kassian Lit. E Nr. 112 in Regensburg.«[114] – Th. Pielmeyer ist mit Tinte durchgestrichen und durch ein handgeschriebenes »Magdalene« ersetzt. Nach Auskunft des Stadtarchivs Regensburg handelt es sich bei den beiden Personen um die Gold- und Silberriegelhaubenmacherin Theresia Pielmeyer, ledig, geboren am 23. März 1813 zu Regensburg, Tochter des Schreinermeister Thomas Pielmeyer, verstorben am 4. Januar 1853, und um die Magdalena Stadler, Schmidbauer, Zimmermannstochter von Tiefenbrunn bei Regensburg, geboren am 29. April 1822, verstorben am 15. Januar 1877, verheiratet mit Andreas Stadler (geb. 31. 3. 1827, verst. 7. 10. 1877). Solche Firmeneintragungen sind leider sehr selten, sie genügen aber, um sich darüber klar zu werden, daß nicht jede Riegelhaube in München gefertigt sein mußte, auch wenn dieser Typ als Münchner Riegelhaube angesprochen wurde.

Leider besitzen wir bis jetzt keine systematischen Vergleiche über Brautausstattungen, wie sie uns beispielsweise aus Hessen und aus Ungarn bekannt sind. Um eine Vorstellung zu vermitteln, sei eine hessische Brautausstattung in Erinnerung gerufen, die sich auf eine Hochzeit in der Schwalm vom Jahre 1941 bezieht und detailliert alle Hemden, Röcke, Schürzen, Strümpfe, Strumpfbänder, Mieder, Jacken, Handschuhe, Hals- und Kopftücher, seidene und samtene Bänder mit Blumen gewebt, Kappen und Kappenschnüre (Mützenbänder), weitere Einzelstücke und schließlich die Leinenaussteuer für Haus und Wirtschaft aufführt, darunter 27 Bettbezüge, 50 Bettücher, Handtücher, Tischtücher, Säcke und unverarbeitetes Tuch.

Die Aufstellung lautet wie folgt:

A. Aussteuer in Leibwäsche und Kleidung

Kleidung	Stück-zahl	Bezeichnung	Erläuterung
a) Hemden	25	»Kleinwerkshemden«	Werktagshemden, Leinen mit Wergein-schlag
	12	Schmaltuchshemden	Sonntagshemden, rein Leinen
	1	Bräutigamshemd	rein Leinen
zusammen	38 Stück		
b) Röcke	12	rot eingefaßte Beiderwandröcke (1. Garnitur)	werden in der Ehe nicht mehr getragen, aber für die Kinder aufgehoben
	12	grün eingefaßt, 1. Garnitur	
	10	grün eingefaßt, 2. Garnitur	für die verschiedenen Anlässe des Lebens und des Kirchenjahres
	10	blau eingefaßt	
	10	schwarz eingefaßt	
	20	Werktagsröcke (Beiderwand)	
	1	schwarzer Tuchrock (Abendmahl)	
zusammen	75 Stück		
c) Schürzen	5	weißleinene, am oberen Rand ausge-näht und »gezackt«	werden in der Ehe nicht getragen, aber für die Kinder aufgehoben
	1	weißleinenes Vortuch	Schürze zur Getreideernte
	3	blaue Schürzen (Leinen gefärbt und »geglänzt«)	für Kirchgang und »offizielle« Anlässe
	3	schwarze Schürz., ebenso (beides 1. Garnitur	für Kirchgang und »offizielle« Anlässe
	3	blau, 2. Garnitur	für Sonntagnachmittag
	3	schwarz, 2. Garnitur	
	6	Werktagsschürzen (Druckzeug)	
	1	schwarze Atlasschürze	Abendmahlsgang
zusammen	25 Stück		
d) Strümpfe	20 Paar	baumwollene, mit den verschieden-sten Zwickeln	für den Sommer
	20 Paar	wollene, darunter 4 Paar »eingelegt« Wolle mit Baumwolle	für den Winter und für Trauer
zusammen	40 Paar		
e) Strumpf-bänder	3 Paar	rot, Wolle mit Seide gestickt, 1. Gar-nitur	werden in der Ehe nicht mehr getragen, aber aufgehoben
	3 Paar	rot, Wolle mit einfacher »Platte« aus Seidenband	
	2 Paar	grün, 1. Garnitur	
	2 Paar	grün, 2. Garnitur	jeweils zu der bestimmten Tracht
	2 Paar	blau	
	2 Paar	schwarzweiß	
	2 Paar	schwarz	
zusammen	16 Paar		

Kleidung	Stück-zahl	Bezeichnung	Erläuterung
f) Mieder	2	»Knöppdinger« mit Kissen, rot bestickt	schwarze Samtmieder z. Tragen der Röcke eingerichtet
	2	Knöppdinger, grün bestickt	
	2	Leibchen mit Kissen	nur zum Unterziehen
	1	Leibchen, schwarz, Tuch	zum Abendmahl
	1	Aufhebsmieder	zur Getreideernte
	4	weißleinene Mieder (stolz ausgenäht)	Sonntagsanzug im Sommer
	2	weißleinene Mieder mit »Müsterchen«	
	2	weißleinene Mieder, gesteppt	
	2	blaue Mieder, 1 Tuch, 1 Limmet (Mull)	Festanzug
	4	schwarze Mieder, »ausgenäht« od. »gesteppt«	für Beichtfeiern u. Nachmittagsgottes- dienst an Abendmahlstagen
	1	Sammetbrust	zum Hochzeitsanzug der Mädchen
	1	»Oberteil« mit blauen gestickten Är- meln zum Überziehen	zum Brautschmuck
zusammen	24 Stück		
g) Jacken	1	grüne Tuchjacke	
	1	grüne Tibetjacke	
	1	dickblumige Atlasjacke	
	1	grüne Atlasjacke	
	1	schwarze Kaschmirjacke	sämtlich mit herzförmigem Ver- schluß
	1	schwarze Atlasjacke	
	1	schwarze Glanz-Tibetjacke	
	1	schwarze Seidenjacke, blumig	
	1	schwarze wollene Jacke	
	2	Druckzeugjacken	mit senkrechtem Verschluß auf der Brust (sogen. »stracke« Jacken)
	2	Sommerjacken	
	1	dickblumige Musselinjacke	
	1	kurze Atlasjacke	
zusammen	15 Stück		
h) Hand- schuhe	2 Paar	Zwickelhandschuhe, Baumwolle	für Kirchgang u. Beerdigung
	2 Paar	Trauerhandschuhe, Wolle	für Kirchgang u. Beerdigung
	2 Paar	»lange« Handschuhe	für Kirchgang und Hochzeit
	2 Paar	Fausthandschuhe (lang)	für den Winter
	2 Paar	Fausthandschuhe (kurz)	
zusammen	10 Paar		
i) Halstü- cher u. Kopftü- cher	5	rotseid. (davon 2 »fischerige«) Flam- mentücher	
	5	grünseidene Flammentücher	
	2	blauseidene (davon 1 »fischerig«)	
	5	schwarzseidene	
	1	Zugehnshalstuch	
	1	Florhalstuch	
	4	schwarze Franseltücher (Wolle)	

Kleidung	Stück-zahl	Bezeichnung	Erläuterung
	1	grünes Franseltuch	
	1	blaues Franseltuch	
	1	blumiges Franseltuch	
	5	Untertücher (Baumwolle und Musselin)	
	3	Kutten (schwarz-wollen)	Kopftücher für die Ernte
	2	weiße Kopftücher (Baumwolle)	Kopftücher für die Ernte
zusammen	37 Stück		
k) Seidene und samtene Bänder mit Blumen gewebt	32	grünseidene Schnüre zum Kopfputz der Braut	
	9	Samtbänder zum Braut»brett«	Rückenschmuck
	9	rotseidene Schnüre zum Hochzeitsschmuck	Rückenschmuck
	10	seidene Schnüre in die Bernsteinketten	im Nacken
	4	»dicke« Schürztuchschnüre	nach vorn über die Schürze
	4	»genähte« Schürztuchschnüre (gestickt)	nach hinten über die Röcke
	4	Samtbänder zum Abendmahlsschmuck	im Nacken
zusammen	72 Stück		
l) Kappen	4	rotseidene Kappen, gestickt	werden für die Kinder aufgehoben
	3	»farbige« Kappen (grün und rot)	
	1	blaue, gestickt	zum Wechsel in besonderen Zeiten des Lebens und des Kirchenjahres
	1	schwarz und grün, gestickt	
	2	schwarz-weiße	
	3	schwarze, ungestickt	
	1	Abendmahlskappe	
	1	Ketzekappe mit Mullschleier (Knüpftuch)	für schwere Trauer und Beerdigung
	2	Ziehhauben (1 gezackt, 1 Striffelziehhaube)	für Abendmahl in gewöhnl. u. Trauerzeiten
zusammen	18 Stück		
m) Kappenschnüre (Mützenbänder)	5 Paar	rot gezackt	werden für die Kinder aufgehoben
	3 Paar	grün gezackt	
	1 Paar	grün eingezogen	zu den bestimmten Anlässen
	1 Paar	blau eingezogen	
	2 Paar	blau gezackt	
	1 Paar	grün-schwarz gezackt	
	1 Paar	schwarz-weiß eingezog.	
	1 Paar	glattes Bürstenband	
	1 Paar	Doppelband	zum Abtrauern
	2 Paar	Lotband	
	1 Paar	glattes Bürstenband mit Bügel	

Kleidung	Stück-zahl	Bezeichnung	Erläuterung
	1 Paar	blumiges Bürstenband	
	2 Paar	wollene Kappenschnüre	für tiefe Trauer
zusammen	22 Paar		
n) Verschie-denes	2	Mäntel (1 Tuch, 1 Druckzeug)	
	2 Paar	weiße Leinengamaschen	
	1	Kindertragetuch	
	1	»ausgenähte« Taufwindel	
	6	Kinderjäckchen	
	1	Taufmützchen	
	1	Halskrause (Striffel) aus gestärktem Mull für d. Brautanzug	
	2	Brustlappen (Brustschmuck), silbern und golden gestickt	
zusammen	16 Stück		

B. Leinenaussteuer für Haus und Wirtschaft

1. Bettwäsche:
   25 Bettbezüge
     (davon 2 mit »Brautmuster«
       2 einfach blau
       2 einfach rot, die anderen weiß)
   1 Bettbezug »Doppelt Kölsch« (blau-weiß, Drell gewebt)
   1 Bettbezug »Marktziechenwerk« (blau-weiß bedruckt)
   —————————
   zus. 27 Bettbezüge
   dazu 27 »Pehl« (Pfühle) = lange Kissen
   und 54 Kissenbezüge
       50 Bettücher
       2 »ausgenähte« Garnituren (gesticktes Bettzeug für die Paradebetten)

2. Handtücher:
     8 Dutzend Handtücher
     6 Paradehandtücher
       (2 für gewöhnliche Sonntage)
       2 für Festtage (ausgenäht)
       2 für Trauertage)

3. Tischtücher:
     17 Brottücher, und zwar
       4 für den Werktag (Backtücher)
       4 »gebildte« für den Sonntag
       4 »gebildte« Streifentücher (Hochzeit)
       4 »Lichetücher« mit starken Streifen (für Beerdigung)
       1 Tauftuch (wird gestärkt)

4. Säcke:
     40 Leinensäcke (mit blauen Streifen)
     40 Bastsäcke
       2 Wagentücher (für die Erntewagen)

5. Unverarbeitetes Tuch:
       2 Steigen (je 20 Ellen) Leinen für Hemden
       1 Steige schwarzen Beiderwand
       1 Steige blauen Beiderwand
       1 Stück Leinen für 12 Windeln.
Dieser Schwälmer Brautausstattung kann, soweit bis jetzt bekannt ist, keine vergleichbare Aufzeichnung aus Bayern gegenübergestellt werden.

Mit den Hinweisen auf bäuerlichen Schmuck haben wir die Welt des Alltags und der Arbeit bereits verlassen. So sei als Gegensatz dazu noch kurz das festliche Jahr auf dem Lande skizziert.

Das festliche Jahr.
Bräuche im geistlichen und
weltlichen Bereich

»Ist kein Dörfl so klein, es hätte seinen Kirchtag.«
Karl Frh. von Leoprechting, 1855

Feste und Feiern überhöhen den Alltag. Wir finden sie zu allen Zeiten, bei allen Völkern, in Stadt und Land. Sie haben vielfach – nicht immer – eine kultische Wurzel. Man kann sie in kirchliche und weltliche Feste einteilen, wobei beides oft ineinander übergeht, zum Beispiel beim Kirchweihfest, bei der Hochzeit, beim Erntedankfest. Feste fordern den ganzen Menschen und erscheinen in der Regel als Gesamtheit in Form und Farben, in Lied und Tanz, in Gesängen und gesprochenen Versen. Sicher dienen sie auch der Erholung. Der Philosoph Pieper[115] definierte das Fest 1963: »Ein Fest feiern heißt die immer schon und alle Tage vollzogene Gutheißung der Welt aus besonderem Anlaß auf unalltägliche Weise begehen.« Die seelische Haltung der am Fest Teilnehmenden reicht von frommer Begeisterung bis zum lauten Exzeß. Goethe hat dies beim Osterspaziergang des *Faust* sehr drastisch dargestellt, wenn er dies spricht: »Ich höre schon des Dorfs Getümmel. Hier ist des Volkes wahrer Himmel. Zufrieden, jauchzet Groß und Klein: hier bin ich Mensch, hier darf ich's sein.« Dagegen nörgelt sein Begleiter Wagner: »Das Fiedeln, Schreien, Kegelschieben, ist mir ein gar verhaßter Klang; sie toben wie vom bösen Geist getrieben und nennen's Freude, nennen's Gesang.«

Goethe kann uns auch am besten in den Aufbau eines Festes einführen, wenn wir einige Abschnitte aus seiner Beschreibung des Rochusfestes bei Bingen am 16. August 1814 nachlesen. Die dortige Wallfahrt auf den Rochusberg lag seit 1795 darnieder, als die Kirche zerstört wurde. An dem genannten Tage galt es, den Wiederaufbau und die Weihe zu feiern. Dieses Fest ist umso bemerkenswerter, als man damals noch in Bayern, insbesondere in den mainfränkischen Diözesen, heftig gegen derartiges volksfrommes Brauchtum zu Felde zog. Goethe weilte damals gerade im Rheingau und hatte sich mit seinen Freunden auf den Weg zum Rochusberg gemacht. Gleich einleitend schreibt er: »Damit wir aber sogleich erführen, daß wir uns in ein frommes Land bewegten, entgegnete uns vor Mosbach ein italienischer Gipsgießer, auf dem Haupte sein wohlbeladenes Brett, gar kühnlich im Gleichgewichte schwenkend. Die darauf schwebenden Figuren aber waren nicht etwa, wie man sie nordwärts antrifft, farblose Götter und Heldenbilder, sondern, der frohen und heiteren Gegend gemäß, bunt angemalte Heilige. Die Mutter Gottes thronte über allen; aus den 14 Nothelfern waren die vorzüglichsten auserlesen; der heilige Rochus, in schwarzer Pilgerkleidung stand voran, neben ihm sein brottragendes Hündlein.« Als die Reisegesellschaft in die Nähe des Rochusberges kam, notierte Goethe: »Den Berg aufwärts wimmelt's bunt von Menschen, auf mehr oder weniger gähen Fußpfaden die Höhe zu ersteigen bemüht. Fortwährendes Kanonieren deutet auf eine Folge wallfahrender Ortschaften.« Etwas später erzählt der Dichter: »Den steilsten, zick zack über Felsen springenden Stieg erklommen wir mit hunderten und aberhunderten, langsam öfters rastend und scherzend … oben um die Kapelle finden wir Drang und Bewegung. Wir dringen mit hinein … Die Menge bewegte sich von der Haupttür gegen den Hochaltar, wandte sich dann links, wo sie einer im Glassarge liegenden Reliquie große Verehrung bezeigte. Man betastete den Kasten, bestrich ihn, segnete sich und verweilte solange man konnte; aber einer verdrängte den anderen und so ward auch ich im Strome vorbei und zur Seitenpforte hinausgeschoben … Und nun ergreift uns das Gewühl! Tausende und abertausend Gestalten streiten sich um unsere Aufmerksamkeit. Diese Völkerschaften sind an Kleidertracht nicht auffallend verschieden, aber von der

Fronleichnamsprozession in Wackersberg, Isarwinkel, mit dem Ehrengeleit der Schützen und den Fahnenträgern.

mannigfaltigsten Gesichtsbildung... Eine Reihe von Buden, wie ein Kirchweihfest sie fordert, stehen unfern der Kapelle. Vorangeordnet sieht man Kerzen, gelbe, weiße, gemalte, den verschiedenen Vermögen der Weihenden angemessen. Gebetbücher folgen, Offizium zu ehren des Gefeierten. Vergebens fragten wir nach einem erfreulichen Hefte, wodurch uns sein Leben, Leisten und Leiden klar würde. Rosenkränze jedoch aller Art fanden sich häufig. Sodann war aber auch für Wecken, Semmeln, Pfeffernüsse und mancherlei Buttergebackenes gesorgt, nicht weniger für Spielsachen und Galanteriewaren, Kinder verschiedenen Alters anzulocken. Prozessionen dauerten fort. Dörfer unterscheiden sich von Dörfern. Der Anblick hätte einen ruhigen Beobachter Resultate verliehen. Im Ganzen durfte man sagen: die Kinder schön, die Jugend nicht, die alten Gesichter sehr ausgearbeitet; mancher Greis befand sich darunter. Sie zogen mit Angesang und Antwort, Fahnen flatterten, Standarten schwankten, eine große und größere Kerze erhub Zug für Zug. Jede Gemeinde hat ihre Mutter Gottes, von Kindern und Jungfrauen getragen, neugekleidet mit vielen rosenfarbenen, reichlichen, im Winde flatternden Schleifen geziert. Anmutig und einzig war ein Jesuskind, ein großes Kreuz haltend und das Marterinstrument freundlich anblickend ... Sie hatten es in neuen Goldstoff gekleidet und es nahm sich, als Jugendfürstchen, gar hübsch und heiter aus. Eine große Bewegung aber verkündet, nun komme die Hauptprozession von Bingen herauf ... Die Prozession kommt bergauf, gereiht und geordnet wie die übrigen. Vorweg die kleinsten Knaben, Jünglinge und Männer hinterdrein. Getragen der heilige Rochus, in schwarzsamtenem Pilgerkleide, dazu, von gleichem Stoff, einen langen goldverbrämten Königsmantel, unter welchem ein kleiner Hund, das Brot zwischen den Zähnen haltend, hervorschaut. Folgen sogleich mittlere Knaben in kurzen, schwarzen Pilgerkutten, Muscheln auf Hut und Kragen, Stäbe in Händen. Dann treten ernste Männer heran, weder für Bauern noch Bürger zu halten. An ihren ausgearbeiteten Gesichtern glaubte ich Schiffer zu erkennen, Menschen, die ein gefährliches, bedenkliches Handwerk, wo jeder Augenblick sinnig beachtet werden muß, ihr ganzes Leben über sorgfältig betreiben. Ein rotseidner Baldachin wankte herauf; unter ihm verehrte man das Hochwürdigste. Vom Bischof getragen, von geistlich Würdigen

umgeben, von östreichischen Kriegern begleitet, gefolgt von zeitigen Autoritäten [gemeint sind weltliche Würdenträger, Amtspersonen]. So ward vorangeschritten, um dies politisch-religiöse Fest zu feiern, welches für ein Symbol gelten sollte des wieder gewonnenen linken Rheinufers, so wie der Glaubensfreiheit an Wunder und Zeichen. Sollte ich aber die allgemeinsten Eindrücke kürzlich aussprechen, die alle Prozessionen bei mir zurückließen, so würde ich sagen: die Kinder waren sämtlich froh, wohlgemut und behäglich, als bei einem neuen, wundersamen, heiteren Ereignis. Die jungen Leute dagegen traten gleichgültig anher. Denn sie, in böser Zeit Geborene, konnte das Fest an nichts erinnern; und wer sich des Guten nicht erinnert, hofft nicht. Die Alten aber waren alle gerührt, als von einem glücklichen für sie unnütz zurückkehrenden Zeitalter. Nach dem Gottesdienst laben sich alle in Gezelten und Buden« und ebenso Goethe mit seinen Freunden.

In unserem Zusammenhang müssen wir auf die Wiedergabe der Predigt des Bischofs verzichten, die an sich aus geschichtlichen Gründen außerordentlich aufschlußreich ist, da sie die in Bayern erst unter König Ludwig I. vollzogene Wendung von der Aufklärung zur Romantik in etwa schon vorausgenommen hat.

Eines der am meisten diskutierten Probleme war die bis zur Barockzeit stark angewachsene ZAHL DER FESTTAGE. In den Bistümern Würzburg und Bamberg erfolgte eine Reduzierung der Feiertage bereits 1770; in Altbayern 1772, veranlaßt durch ein Breve des Papstes Clemens XIV. für den Churfürsten Max III. Joseph.[116]

Gegen Mitte des 19. Jahrhunderts praktizierte man in Bayern einen Mittelweg. Die Feiertage der Dienstboten auf dem Lande setzten sich zusammen aus gebotenen, verbotenen und bedungenen Feiertagen. Wimmer[117] brachte eine gute Übersicht. Zunächst standen da die 52 Sonntage, die selbstverständlich zu halten waren. Daran schlossen sich als gebotene Feiertage der Neujahrstag, Heilig Drei König, Mariä Lichtmeß, Josephi, Maria Verkündigung, Ostermontag, Christi Himmelfahrt, Pfingstmontag, Fronleichnam, Johannes der Täufer, Peter und Paul, Mariä Himmelfahrt, Mariä Geburt (bekanntlich hieß und heißt die Zeit zwischen den beiden Marienfesten der Frauendreißiger), Allerheiligen, Mariä Empfängnis, der Heilige Christtag und der Stephanitag. Mit den Sonntagen waren dies 69 Tage.

Fronleichnamsprozession in Gotteszell,
Bayerischer Wald, um 1950.

Die verbotenen oder abgeschafften Feiertage sind von den Bauern damals noch zu beachten gewesen. Sie setzten sich zusammen aus folgenden Tagen: Im Januar Fabian und Sebastian. Im Februar Blasiustag, Fastnachtsmontag und Fastnachtsdienstag. Im März Mittefasten (beweglich, wie auch die folgenden drei Tage), im Monat April Gründonnerstag, Karfreitag, Osterdienstag, Georgi. Im Mai, Philippi und Jakobitag (= 1. Mai), Heilig Kreuzerfindung, die drei Bittage in der Woche vor Christi Himmelfahrt, der sogenannte Schauerfreitag, das heißt der Freitag nach Christi Himmelfahrt, Pfingstdienstag. Im Juni Benno (16.); im Juli Mariä Heimsuchung (22.), Jakobi (25.), Anna (26.); August, Laurentius (10.), Bartholomäus (24.). Im September Heilig Kreuz Er-

höhung (14.), Matthäus (21.), Michaeli (29.); im Oktober Simon und Judas (27.), Wolfgang (31. Diözesanheiliger, das Landgericht gehört zur Diözese Regensburg); November Allerseelen, Martin, Katharina, Andreas. Im Dezember Nikolaus, Drischlegel (Niederlegen des Dreschflegels, d. h. Beendigung der Drescharbeit), Thomas, Johannes Evangelist und Unschuldige Kinder. Insgesamt gab es also 36 abgeschaffte Feiertage. Wimmer fährt fort: »Außer diesen abgeschafften, an welchen mit Ausnahme der gerade notwendigsten Arbeit keine andere verrichtet wird, gibt es hie und da auch noch sogenannte bedungene, ›begehrte‹, das ist solche, welche schon gleich beim Eintritt des Dienstboten in den Dienst als Bedingung gestellt werden. Unter diesen sind vorzugsweise zu rechnen: 1. ein Tag zum Besuch des Gerner Marktes, als welcher meistens der Tag des Rennens bestimmt wird, 2. ein weiterer zur Wallfahrt nach Altötting.

Sind diese Feiertage nicht allgemein, so ist doch noch zu berücksichtigen, daß über den bereits erwähnten noch die in jeder Gemeinde treffenden Nachkirchweihen und Kirchenpatrozinia gerechnet werden müssen, wodurch die Anzahl der jährlichen wirklichen Arbeitstage immerhin die Zahl von 260 kaum überschreiten wird. Wird dann an einem solchen von jeher gehaltenen Feiertag besonders bei Heu- oder Erntezeit dessen ungeachtet irgendeine Arbeit verlangt, so ist es gerade nicht ungewöhnlich, daß den Dienstboten hierfür eine besondere Bezahlung von täglich 12 Kreuzer oder wenigstens bessere Kost gegeben wird.«

Diese Aufstellung sollte vor allem klarmachen, wie stark die Arbeit auf dem Land durch den einstigen Festkalender rhythmisiert war. Vom inneren Gehalt her besteht bei den Festen im allgemeinen kein Unterschied zwischen Stadt und Land, aber in der Durchführung konnte es deutliche Unterschiede geben. Ein Musterbeispiel hierfür ist das Fronleichnamsfest, das zunächst nur in den Städten gefeiert wurde und mit großem Aufwand nur in Städten möglich war. Dies galt insbesondere für die barocke Ausformung solcher PROZESSIONEN. Peter Dörfler[118] setzte sich in seinen *Feiertagsgeschichten im Jahresring* mit dem Problem des Unterschiedes einer hauptstädtischen zu einer dörflichen Prozession in einer sehr klaren Schilderung auseinander. Die Prozession sei in den Städten durch die Trennung der Prozessionsteilnehmer von den Zuschauern charakterisiert. Daheim aber, er meint seinen Geburtsort im östlichen Schwaben, war die Fronleichnamsprozession »eine einzige Gemeinschaft, ohne Gegenüber, etwas selbstverständliches, sie ist das ganze Dorf in frommen Dienste... mit einer großen Blumenlese fing es an. Die Blumen – ja zuerst und überall seh ich Blumen. Die Wege der Prozession vom Hof weg sollten bestreut werden, und so wurden wir täglich mit Körben ausgeschickt und zogen auf den weichen Pfaden, die unter unseren bloßen Füßen zu leben schienen, die Höhen hinan ... Zu Hause wurde die Beute zunächst in den Keller gelegt, damit sie zum Feste frisch bliebe. Wenn wir so Tag um Tag zum Blumenbrocken auszogen, ging die Natur förmlich mit uns hinab in das Dorf, wir fanden uns im Traume noch

Fronleichnamsprozession auf dem Staffelsee, Oberbayern, um 1950.

mitten unter den wilden Blumen, den Hummeln und Bienen. … Unser Hof hatte einen der 4 Altäre, an denen die Anfänge der Evangelien gesungen und der Segen gegeben wird, aufzustellen. Während des Jahres lag er verstaubt und voll Spinnweben in der dunklen Kammer. Nun wurde er hervorgeholt und zusammengesetzt, geschmückt aber erst am frühen Morgen … Beim Gottesdienst warten wir alle ungeduldig auf den Augenblick, wo sich die angesammelte Menschentraube in Bewegung setzt. Der Baldachinhimmel wird losgekettet, vier Männer packen die Stangen. Die hochragenden Fahnen beugen sich, um durch die Pforte ins Freie zu kommen. Der Wind greift in das Tuch. Der stärkste Jüngling stemmt sich ein, die höchste Fahne zu heben, und setzt seine Kraft gegen die zerrenden Kobolde da oben.«

Peter Dörfler erinnert dann auch an den Umstand, daß bis in seine früheste Jugend hinein bei der Prozession noch Tracht getragen wurde: »Einstmals, flimmerten noch die Reginakappen der Frauen in den Blust der Gärten hinein, die karmesinroten Wiener Schals strichen freundnachbarlich farbig an den Blumenwiesen hin, und blaue Mäntel und Schnallenschuhe der Männer, blitzende Silberknöpf an roten Leibchen waren wie aus Wald und Wiesen herausgewachsen. Natur und Volk war ein einziges Gemälde.« Dörfler vergißt nicht darauf hinzuweisen, daß im übrigen eine solche Dorfprozession höchst bescheiden war: »Es gab da keine schmetternde Musik, keine Innungstafeln noch Bruderschaften, die in hochroten oder blauen Kaftanen schritten, Kerzen mit bemalten Tafeln in den Händen. Es gab nur groß und klein, trippelnde Kinder und am Schluß alte Weiber, die am Stecken humpelten, die Jungfrauen mit ihrer Standarte, die Krieger und Veteranen mit Fahne und Abzeichen und als Ehrengarde die Feuerwehrleute in ihren messingenen Helmen. Es gab wirklich nur zu sehen, was eben so ein winziges Dörflein leisten konnte. Nichts anderes war es als die Prozession einer großen Familie, und das Schönste war dies ehrerbietige, einträchtige Tun, das die vielerlei Riegel des Alltags zurückschob.«

Nicht vergessen sei, daß zum Fronleichnamstag und zur Prozession auch ein reicher Schmuck an jungen Birken gehörte, die teils am Prozessionsweg, teils an den Häusern, vor allem aber in der Kirche aufgestellt wurden. Nach Beendigung der Prozession pflegte man einzelne Zweige mit nach Hause zu nehmen. Das beschränkte sich nicht nur auf die katholische Bevölkerung. In den konfessionell gemischten Gebieten Oberfrankens tat die evangelische Bevölkerung, wie überliefert ist, zuweilen ein Gleiches. Ähnlich ist man auch mit den Blumenkränzen, den Antlaskränzlein (= Fronleichnamskränzlein) am Fronleichnamstag verfahren, die bei der Prozession um die Kerzen gelegt wurden und dann als geweihtes Mittel gegen allerlei Übel aufbewahrt wurden. Eine nicht minder große Rolle spielten die Blumen und Kräuter am Tage Mariä Himmelfahrt, an dem zum Beispiel am Lechrain vor Beginn des Gottesdienstes die sogenannten SANGEN geweiht wurden. Leoprechting berichtet, daß von diesen KRÄUTERBUSCHEN jedes Haus einen weihen ließ. Im Einzelnen zählt er auf: »In diesen Sangen sollen vorzugsweise folgende Kräuter eingebunden sein – vor allem die Himmelkerzen in Mitte des Busches und hoch hinausragen, das Wollkraut, davon der Wollenblumentee bereitet wird; gewöhnliche Mooskolben, Bibernell, Frauenkraut [= Hartheu], Glocken [= Rapunzel], Teufelsabbiß, gemeiner Kümmel, Geschwulstkraut [= Waldminze], Mühlkraut [= Reinfarn], Rauten, unseres Herren Kron, Kraftwurz [die Wurzel der Wetterdistel], Liebstöckel, dann noch Teufelsklatten und Fünffingerkraut… Diese Sangen werden zuoberst auf dem Boden aufbewahrt und sind gut gegen den Wetterschlag. In den Rauchnächten werden sie verbrannt und mit ihnen geräuchert, besonders in den Stallungen.« Der Mariä Himmelfahrtstag am Lechrain erinnert auch daran, daß an ihm, wie auch an Mariä Geburt, große Prozessionen bzw. Wallfahrten nach Kloster Lechfeld stattgefunden haben, die ein ähnliches Bild geboten haben, wie es uns Goethe aus Anlaß des Rochusfestes bei Bingen geschildert hat.

Vergleichbar große Fest- und Wallfahrtszüge gab es allenthalben in Bayern. Es sei nur an die Heilig Kreuzfeste in Scheyern und auf dem Kreuzberg in der Rhön erinnert, an Andechs, Altötting, Bogenberg, Gößweinstein, Vierzehnheiligen, an Wemding im Ries und den Dreifaltigkeitsberg bei Dingolfing, und nicht zu vergessen die Heilig Blutwallfahrt nach Walldürn im badischen Frankenland. Vergleichbar war seit jeher aber auch die Leonhardifahrt in Tölz, bei der die Landbevölkerung der näheren und weiteren Umgebung bis zu 40 Wagen alljährlich aufgeboten hat.

Es ist unmöglich, alle derartigen geistlichen und

Fronleichnamsprozession in Ostrachtal bei Sonthofen, um 1940.

weltlichen Feste Bayerns aufzuführen. Notwendig erscheint es jedoch noch, des Johannistages zu gedenken, da sich hier Weltliches mit Kirchlichem in sehr enger Verbindung von jeher gezeigt hat. Andreas Schmeller hat sich für dieses Thema offenbar immer sehr interessiert und in seinem Wörterbuch reiches Material zusammengetragen. Es geht vor allem um das Sonnwendfeuer, das, wie er schreibt, seit Jahrhunderten, früher als unchristlich, in neuester Zeit als feuergefährlich oder holzvergeudend verboten wurde und das dennoch immer wieder, wenn auch nicht in allen Orten zu Johanni aufleuchtet. Sebastian Frank berichtet aus Franken: »An St. Johanstag machen sie ein Sinetfeuer, tragen auch sondere Kränz auf, von Beifuß und Eichenkraut gemacht, und hat schier ein jeder blau Kraut, Rittersporn genannt in der Hand. Welcher dadurch ins Feuer siehet, dem tut das ganze Jahr kein Aug weh. Wer vom Feuer heim zu Haus hinweg gehen will, der wirft dies sein Kraut in das Feuer, sprechend: es gehe hinweg und werd verbrennt mit diesem Kraut all mein Unglück.« Ein weiterer Beleg aus Nürnberg vom Jahre 1653 besagt: »Demnach bishero die Erfahrung bezeugt, daß alter heidnische böser Gewohnheit nach jährlichen an dem Johannes-Tag auf dem Land, sowohl in den Städten als in den Dörfern von jungen Leuten Geld und Holz gesammelt, und darauf das sogenannt Sonnenwend- oder Zimmetsfeuer angezündet, dabei gezecht und getrunken, um solch Feuer getanzet, darüber gesprungen, mit Anzündung gewissen Kräuter und Blumen und Steckung der Brandt aus solchem Feuer in die Felder, und sonst in vielerlei Weg aberglaubische Werk getrieben worden.« So wurde dies damals verboten.

Beim Holz Einsammeln waren Sprüchlein üblich[119]. Ein fränkisches zitiert Schmeller:

»Da kommen drei Herren gegangen
mit Spießen und mit Stangen.
Florian, Florian, Florian.
Zündt dem Mädle den Rocken an,
daß sie nimmer spinnen kann!
Ist ein guter Herr im Haus,
lang ein Scheitlein Holz heraus!
Ei du lieber Six, gibt uns fein ein Dicks;
Ei du lieber Hans, gib uns fein ein langs!
Ei du lieber Thuma, laß ein Scheitlein kumma!
Wir hören drei Schlüßelein klingen,
und uns ein Scheitlein bringen,
Tür und Tor ist aufgegangen.«

Nach empfangenem Holz bedanken sie sich mit dem Versprechen:

»Wenn wir übers Jahr wieder rumsingen,
wollen wir der Frau ein Pelz mitbringen.«

Schmeller fährt fort: »In Altbayern singen die Jungen:

Haliger St. Veit,
schick uns a Scheit,
haliger St. Wendel,
schick uns an Bengl,
haliger St. Floria,
kent uns des Fuier a.«

Er schildert anschließend seine Begegnung am Abend des Johannistages 1847 mit einem Haufen Auer Jungen, die am Wege zwischen Feldern um einen Stoß gesammelter Holzstücke sitzen. Sie bezeichneten diesen Stoß als »Summerfeuer«. Es folgt dann wieder ein langes Sprüchlein der Buben, das endet:

»...haliger St. Jacob,
schick uns an Hackstock!
aus is's.«

Schmeller meint dann noch, daß vieles Abergläubische, was bei diesem Brauch vorkommt, wenigstens ebenso unschädlich sei als hundert andere Dinge, die der gemeine Mann zu glauben hat.

Nicht weniger enge Verbindung hatte kirchliches und weltliches Brauchtum von jeher bei den Kirchweihfeiern. Das weltliche Vergnügen fand man vorzugsweise beim Kirchweihtanz. In Franken waren diese Tänze besonders sorgfältig geregelt, wobei es einst viele mögliche Formen gab. Ein Bericht aus Altenmuhr in Mittelfranken sei herangezogen, den Friedrich Panzer[120] in seinen *Bayerischen Sagen und Bräuchen* aufgeschrieben hat. Der Kirchweihtanz führt in Franken die Bezeichnung »Plantanz«, und so trägt die Schilderung Panzers den Titel: *Der Blon zu Altenmuhr*, wobei Blon die Dialektform von Plan ist. Panzer schreibt: »Die Kirchweih in Altenmuhr in Mittelfranken trifft auf den nächsten Sonntag nach Jacobi. Nach Beendigung des Nachmittagsgottesdienstes wird auf dem freien Platz in des Dorfes Mitte um die Linde der Blon aufgeführt. Fehlt die Linde, so bringen die Burschen aus dem Walde einen Maienbaum und pflanzen ihn am vorherigen Samstag auf obigen Platze auf. An diesem Abend versammeln sich die Bursche, welche den Blon aufführen wollen, im Wirtshause und bestimmen die beiden Plotzknechte durch das Los.« Panzer erklärt später, »Plotzknechte« (Platzknechte) heißen die Festburschen, die beim Tanz einen Degen zu tragen haben. Die »Plotzen« ist nürnbergisch jeder breite oder auch sonst geringe Säbel; Platzknechte und Platzmaidlein heißen die beim Kirchweihtanz zur Aufrechterhaltung der Tanzordnung bestimmten Personen.

Panzer erläutert weiter, den Plotzknechten obliegt: »das Fest zu leiten, die Aufsicht über Tanz und Musik zu führen und für Speise und Trank der Teilnehmer am Plon zu sorgen, solange die Kirchweih dauert. Die Plotzknechte wählen zwei Mädchen, Plotzmenscher oder Plotzjungfer genannt. Letztere müssen aus eigenem Gelde die Preise ankaufen, welche ausgetanzt werden, bestehend aus einem schwarzen mit Blumen und Bändern gezierten Filzhut und aus einem oder zwei gleicherweise geschmückten, schwarzseidenen Halstüchern oder aus großen, mit farbigen Bändern umwundenen Bretzen und Putzsachen. In früheren Zeiten sollen auch junge Schafe ausgetanzt worden sein, wie jetzt noch bei Kirchweihen Schafe ausgekegelt werden. Auch Muskatnüsse liefern die Plotzjungfern, das Bier zu würzen. Sie zieren die Hüte der Plotzknechte, welchen ein Säbel oder Degen zur Seite hängt, mit Blumen, und ihre Stirne selbst schmückt ein Blumenkranz.

Wenn nun der Nachmittagsgottesdienst vorüber ist so ertönt Freuderuf aus hundert Kehlen: zum Blon zum Blon, zum Blon und es bewegt sich nach dem Wirtshaus ein Zug der Tänzer und Tänzerinnen, die Plotzknechte mit ihren Plotzmenschern an der Spitze gefolgt von Alt und Jung. Hier werden die geputzten Preise zur Schau ausgestellt, dann so viele Loszettel geschrieben als Tänzer am Blon teilnehmen, in einen Hut gelegt und gezogen, um die Stelle zu bestimmen welche jeder Tänzer im Reigen um die Linde einzunehmen hat. Ist dieses geschehen, so geht der Zug in der vorigen Ordnung mit klingenden Spiel durch das Dorf. Auf wessen Gesundheit einer der Plotzknechte trinkt, das ist eine Ehre: wenn er aber jemand aus seiner mit Blumen gezierten Kanne einen Verehrertrunk reicht, so ist das eine noch größere Ehre, welche durch eine Gabe im mindesten von 6 kr, von Reichen selbst mit einem Kronentaler, erwidert wird. Von dem zusammengebrachten Gelde müssen die Plotzknechte die Zeche für die ganze Kirchweih bezahlen und den Ausfall aus eigenen Mitteln decken, denn alle

übrigen Teilnehmer am Blon sind zechfrei. Nach geschehenem Umzug gehts zum Blon, wo die Preise auf die Linde aufgehängt werden und die Tänzer mit den Tänzerinnen nach Ordnung der Lose um die Linde einen Kreis bilden, in welchen die Plotzknechte und Plotzmenscher stehen. Vor aller Augen wird ein brennender Lunten mit einer Schnur an der Linde aufgehängt. Nun gibt einer der Plotzknechte dem Tänzer, welcher die Nummer 1 gezogen hat, eine Haselgerte in die Hand. Dieser tanzt dreimal um die Linde herum und muß dann die Haselgerte dem Plotzknechte, welcher seine Stelle nicht verändert hat, zurückgeben. Nun erhält der Tänzer, welcher die Nummer 2 gezogen hat, die Haselgerte, tanzt dreimal um die Linde herum und gibt die Haselgerte dem Plotzknecht zurück. So bekommt einer nach dem andern die Haselgerte. Der andere Plotzknecht hat die brennende Lunte fortwährend im Auge. Ist die Glut im Lunten so weit gegen die Schnur

Darstellung eines Bauerntanzes gegen Mitte des 16. Jhs. Holzschnitt von David Kandel im Kräuterbuch des Hieronymus Bock 1546.

Tanzlinde in Peesten bei Kulmbach.
Zustand des späten 19. Jhs.

gedrungen, daß diese abbrennt, und dann der Lunten vom Baume herabfällt, so ruft er halt! Welcher Tänzer nun in diesem Augenblicke die Haselgerte in der Hand hat, erhält unter Jauchzen und Jubel die erste der aufgehängten Gaben. Auf gleiche Weise und nach vorausgegangener Verlosung neuer Reihenfolge werden die übrigen Preise ausgetanzt, was meistens bis zum Abend währt. Dann ziehen sie ins Wirtshaus, die Plotzknechte mit den Plotzjungfern haben ihren Tisch obenan, stoßen ihre Schwerter in die Decke und zechen und tanzen bis zum frühen Morgen.«

Anschließend bringt Panzer eine ausführliche Darstellung des »Kirchweiheingraben« in Altenmuhr. Auch dieser Brauch beschränkte sich natürlich nicht auf diesen Ort, so sei hier ein kürzerer Bericht aus Lehrberg bei Ansbach angefügt, der ebenfalls von Panzer stammt: »Am Schluß der Kirchweih in Lehrberg in Mittelfranken bewegte sich ein Zug der Tänzer und Tänzerinnen mit Musik, Spaten und Schaufeln nach einem Platz nächst der Kehlmühle in Lehrberg. Einer der Burschen mußte sich totstellen und wurde auf einer Bahre mitgetragen. Andere trugen Gefäße gefüllt mit Bier und Wein. Am Ort angelangt, wurde eine Grube gemacht, der scheinbar Tote hineingelegt und Bier und Wein nachgegossen. Zwei Plotzknechte und zwei Plotzjungfern, welche geflochtene Weidengerten mit farbigen Bändern trugen, führten den Reigen auf. Das nennt man die Kirchweih eingraben.«

Es ist aufschlußreich, aus Altbayern eine Parallele zum Tanz von Altenmuhr zu schildern. Schmeller schreibt unter dem Stichwort »Huettanz«: »Tanz, bei welchem die Paare unter einem ausgespannten Seile, auf welchen ein neuer, mit Bändern gezierter Hut hängt, im Kreise herumtanzen. Während des Tanzes wird in einiger Entfernung ein Schuß getan, und derjenige Tänzer, welcher sich in diesem Augenblick unter dem Seile befindet erhält den Hut als Geschenk.« Schmeller bringt hierzu keine Ortsangaben. Bekanntlich haben sich die Huttänze im Dachauerland bis in unser Jahrhundert erhalten.

Bei diesen weltlichen Tanz- und Spielveranstaltungen wurden auch häufig »Liedlein«, in Franken »Schlumperliedlein«, in Altbayern »Schnadahüpfl« genannt, gesungen. Schmeller[121] schreibt hierzu: »Die meist sehr einfachen Tanzmelodien auch (wohl aus) welche(n) diese Liedchen gemacht sind, kommen bei aller übrigen Abwechslung gewöhnlich darüber überein, daß sich von jedem seiner beiden Teile (welchen die Versteile entsprechen) der erste Takt im Akkord des Grundtons, der zweite und dritte in dem der Dominante, und der vierte wieder in dem des Grundtons bewegt. Wo, dem sechsfüßigen Vers entsprechend jeder Teil aus sechs Takten besteht, wiederholt sich gewöhnlich viermal die Reihe: Grundakkord, Dominanten, Akkord, Grundakkord. Doch gibt es auch weniger einfache Schnitterhüpfleinmelodien, die aber mehr von der eigentlichen Kunstmusik ausgehen, öfter bloß gewissen Gegenden und Zeiten eigen sind … Diese Liedchen bloß als letzte, abgebrochene Lebenszeichen einer weiland voller strömenden Volkslyrik betrachten, hieße wohl ihre Natur und Bestimmung verkennen. Wenn die aus der mittelhochdeutschen Sprache als Reigen und Tanzweisen auf uns gekommenen Lieder in der Regel längeren Atems sind, so ist daraus kaum etwas anderes zu schließen, als daß man damals, wie jetzt, noch formelle Dichterschöpfungen, nicht aber auch die kurzen, formlosen, jedem Mund ex tempore entschlüpfenden, gereimten Einfälle des Aufschreibens wert gehalten.«

Schmeller rührt hier an das Grundproblem aller Volksmusik und Volksdichtung. Grundsätzlich muß man davon ausgehen, daß es neben der auf festen Regeln beruhenden Sprach- und Tonkunst auch eine solche gab, die sozusagen ungebunden und ohne den Zwang einer festen Zucht zustande gekommen ist. Diese Parallelität hat es offenbar, wie Walter Wiora[122] nachgewiesen hat, bereits in der Antike gegeben.

Was nun die von Lied und Musik begleiteten Tänze angeht, so bestehen hier noch weitere Schwierigkeiten, weil uns zwar häufig Tanzbezeichnungen aus älterer Zeit überliefert sind, aber keine exakten Beschreibungen des Tanzablaufes bzw. der Tanzfiguren. Hier steckt die Forschung noch ganz in den Anfängen. Nur in seltenen Fällen findet man in der Literatur etwas deutlichere Hinweise, so bei dem Wiener Arzt Josef

August Schultes[123] oder in der *Aurora*, [124]*Zeitschrift aus Bayern* 1828, worauf kürzlich der Musikhistoriker Robert Münster hingewiesen hat. Es handelt sich dabei um einen anonymen Aufsatz, aus dem einige Stellen zum besseren Verständnis gebracht seien. Es geht um die Tanzweise im oberbayerischen Alpen- und Alpenvorland. Der unbekannte Berichterstatter schreibt: »Vorerst muß die leidende Partie der Tänzerin von der Tätigen des Tänzers ausgeschieden werden. Denn das Mädchen, so wie es nach den ersten Rädern, die es an den über sie gehaltenen Fingern des Tänzers um sich selbst schlägt, losgelassen wird, tanzt für sich allein, in dem sie stets sich um ihrer eigne Achse und somit langsam walzend um die Achse des Saales dreht, scheinbar unbekümmert um ihren Tänzer, in deß sie doch stets die Augen auf ihn gerichtet hält und allen seinen Bewegungen folgt, denen sie bald auszuweichen, bald entgegenzukommen scheint. Der ganze Ausdruck ihres Tanzes ist daher nur ein mit sich selbst zufrieden sein und sich selbst vergnügen, kurz ein leidendes sich suchen und finden lassen. Je graziöser, je züchtiger, je ruhiger und verschämter ihre ganze Haltung und ihr Walzen ist, desto schöner und an-

Hackbrettspieler in Hohenaschau 1825.
Aquarell von Lorenz Quaglio II.

mutiger ist das ganze Spiel ihres Tanzes. Ganz anders ist es mit dem Jüngling. Hier ist alles lebendige Tätigkeit, Entwicklung, der höchsten Kraft, der gewandtesten Fertigkeit, des bald absichtlichen, bald schalkhaft verdeckten Strebens nach ihr – der Einzigen. So bald er das Mädchen einige mal um sich selbst an seinem Finger herumgewirbelt hat, beginnt der gewöhnliche Tanz damit, daß er hinter ihr her mit den Füßen den Takt in schnellen Schlägen stampft, dann mit den Fingern und der Zunge, wie mit Kastanetten, schnalzt (schnaggelt) und abwechselnd dazwischen taktgemäß und schrillend pfeift, nun in die Höhe springt, wieder auf Knie und Fußsohlen mit den Händen patscht, mit den Füßen bis an die Diele ihrer niedern Tanzböden schlägt, mitunter jauchzt und johlt, kurz in stäter, lebendigster Bewegung und Kraftanstrengung ist.« Das sind Hinweise auf die Frühstufe des Schuhplattlers.

In dem gleichen Aufsatz beschäftigt sich der unbekannte Verfasser auch mit dem Problem der Schnaderhüpfel. Er schreibt: »Was aber diesen feinen Liedern den ganz eigentümlichen Reiz gibt, ist, daß sie alle den objektiven Charakter der Naivität, nie den subjektiven der Sentimentalität an sich tragen und daß selbst die Klagenden nie ganz frei sind von einem leisen Anstrich erheiternder und scherzhafter Ironie. Als sprächen alle Lieder des Hochlandes: nur Genuß ist Leben und Schmerz und Traurigkeit verwimmert leicht im regen Getriebe des Lebens.« Etwas weiter unten heißt es: »Die Bewahrerinnen dieser Nationalgesänge sind vorzüglich die Mädchen des Hochlandes, denn sie erfassen am schnellsten und tiefsten den lebendigen Sinn dieser Nationalgesänge und üben sich frühzeitig bei ihren Zusammenkünften in der Kunkel und auf den Alpen in dem Ton derselben ein. Man findet daher nicht wenig unter ihnen, die mehrere Hundert dieser Lieder in ihrem Gedächtnisse aufbewahrt haben und ebenso gewandt sind, nicht nur jedes Neue auf der Stelle zu behalten, sondern auch jedem Trotzliede aus dem Stehgreife mit einem passenden, selbstverfertigten Gegenliede zu begegnen ... Und wer ist in der Regel der unterliegende Teil? So weit meine Beobachtung reicht immer der Mann; denn so sehr er sich auch anstrengen mag, immer neue und neue Lieder augenblicks aus dem Stehgreife zu singen, so überwiegt ihn doch mehrenteils das Mädchen, teils durch den größeren Vorrat von gelernten und treu im Gedächtnis gewahrten Liedern, teils dadurch, daß der Mann

immer der herausfordernde ist und sie Leichtigkeit der Fantasie und Geschicklichkeit genug hat, jedes Liedchen mit einer leichten Wendung umzudrehen und die Spitze gegen ihn zu kehren, sodaß, wenn auch er als der produktivere Geist in diesem Kampfe erscheint, sie doch stets das reichhaltigere Gedächtnis, die größere Gewandtheit und somit das siegreiche Ende des Kampfes für sich behält.«

Die recht frühe, ausführliche Tanzbeschreibung des Wiener Arztes Josef August Schultes sei ergänzend zitiert: »Während wir in einem kerkerähnlichen Zimmer dem Mittagsmahl entgegenharren, eröffnete die prima Donna der Gegend im Flötze des Hauses, das heute zu einem Tanzsaal umgestaltet war, den Ball. Auf einer hölzernen Bühne thronte das Orchester, drei Schulmeister mit einem Hackbrette und zwei krächzenden Violinen. Nach jedem 12. Takte schwieg die Musik und das tanzende Paar hörte auf sich zu drehen. Der Tänzer, der seine Dirne am Arme im Kreise herumführte, fing jetzt an zu singen und erst, wenn das Liedchen zu Ende war, hob die Musik oder vielmehr das Stampfen der Musikanten mit den Füßen, das alle Musik überlärmte mit neuem Feuer an. Der guturale hohe Ton, in dem die Lieder gesungen wurden, die komischen Dissonanzen in ihrer Melodie und mehr noch der Dialekt der Sprache machte uns, so aufmerksam wir lauschten, den Gesang ganz unverständlich, und alles was wir herauszubringen vermochten, war, daß diese Lieder Satiren auf diese oder jene Dirne, auf diesen oder jenen Buben sind, die an irgendein verunglücktes Abenteuer oder an irgendeine lächerliche Begebenheit seit dem letzten Jahre erinnert. Je artiger, das heißt je gröber die Fesceninnen [Faszetien?] waren, desto lauter hallten die mächtigen Taktschläge unter den Füßen des applaudierenden Orchesters. Der kurze Tanz hatte mit unserem Steyrischen einige Ähnlichkeit, ohne übrigens die Leichtigkeit des Spieles mit den Armen und die Mannigfaltigkeit der wechselvollen Figuren zu haben, die den steyrischen Tanz so sehr auszeichnet. Das non plus ultra schien hier ein schneller Dreher der Dirne am Finger des Tänzers zu sein, unter welchem das kurze Röckchen hoch über jene Teile aufflog, die man nicht ohne Lächeln sehen kann.« Hier handelt es sich um ein Zufallserlebnis des Wieners, den ein starker Regen mit seinem Begleiter in Lend festgehalten hatte, als dort gerade Kirchweih gefeiert wurde.

Jedes Fest verläuft in einer bestimmten, schon vorgegebenen, in einer überlieferten Ordnung. Beim HOCHZEITSFEST auf dem Lande lassen sich folgende Teile immer deutlich erkennen: Das Abholen der Braut aus dem Elternhause und das Geleit zur Kirche, die eigentliche Trauungsfeierlichkeit, der Zug von der Kirche zum Wirtshaus oder jenem Anwesen, bei dem das Hochzeitsmahl abgehalten wird. Während oder nach dem Hochzeitsmahl, das fast regelmäßig in drei Teilen gehalten wird, folgt die Abdankung, das Tanzen und vielfach die Heimführung des Paares in das neue Heim.

Auf daß dieses alles wohlgeordnet abläuft, bedarf es eines Zeremonienmeisters, des HOCHZEITSLADERS, in Altbayern »Prokurator« genannt, in Franken häufig des Lehrers.

Diese Leiter des Festes hatten Texte vorzutragen, natürlich auswendig. Hierfür standen ihnen Aufzeichnungen zur Verfügung, die uns in den seltensten Fällen erhalten sind. Leopold Schmidt hat einmal ein solches Merkheft aus Langau bei Geras in Niederösterreich nachgewiesen. Für Altbayern besitzen wir u.a. aus der Zeit von 1907 eine Sammlung solcher Texte, die Franz J. Bronner[125] sich von zwei Hochzeitsladern in der Ingolstädter Gegend besorgt hatte und die bei der Ladung zur Hochzeit, bei der Ansprache vor dem Haus der Braut, am Hochzeitstag und bei der Abdankung vorzutragen waren. Seine Gewährsleute waren der Distriktwegemacher Anton Betz in Menning bei Pförring und der damals schon betagte Prokurator und Polizeidiener Sailer in Kösching. An den Texten erkennt man, daß sie sicher nicht in allem improvisiert waren, sondern daß diese Hochzeitslader offenbar aus älteren Quellen geschöpft haben, auf die wahrscheinlich Predigten oder Textbücher, wie von Abraham a Sancta Clara, eingewirkt haben.

Der Ladespruch lautete in der Ingolstädter Gegend:

»Einen schönen Gruß vom Hochzeiter Georg Winauer und von seiner Braut Katharina Stuffer; sie lassen anfragen, ob sie vielleicht auch einen Gast kriegen.

Zum hochheiligen Sakrament der Ehe haben sich nämlich versprochen der ehr- und tugendsame Jüngling Georg Winauer, Bauerssohn von M... und angehender Siglbauer, und die ehr- und tugendreiche Jungfrau Katharina Stuffer, Heißenbauerstochter von alldort.

Diese beiden Brautpersonen lassen freundlichst bitten und höflichst einladen zu der am kommenden Dienstag den 24. dieses Monats, früh 8 Uhr in dem lobwürdigen,

weitberühmten Pfarrgotteshause zu M... stattfindenden Trauung und in gleicher Weise auf eine angestellte Mahlzeit oder Obdotation. Es wird sie ungemein freuen, wenn ihr durch ein ehrenvolles Erscheinen diesen Jubeltag verherrlichen helfet. Der Ausgang wird stattfinden von der ehrenwerten Behausung des Herrn Hochzeiters mit frischem Trunk Bier und Glas Wein oder Branntwein und ich hoffe gewiß, ihr werdet ein sicherer Gast sein. Das Mahl ist angedingt wie gewöhnlich auf 6 Mark bei Herrn Xaver..., Gastwirt zu M...

Nun ist euch meine Einladung bekannt; gebt mir darauf die Hand für einen gewissen Hochzeitgast! Das ehr- und tugendreiche Brautpaar wird es euch schon wieder erstatten; ist es nicht dies, so in einem anderen Stück. Amen.«

Am Morgen des Hochzeitstages sprach der Hochzeitslader vor dem Hause der Braut mit ernstem feierlichen Ton:

»Verehrte Anwesende! Aus diesem Hause scheidet heute ein Glied der Familie: eine Jungfrau Braut. Sie nimmt Abschied von Eltern und Geschwistern, von Verwandten und Bekannten, von Freunden und Freundinnen ihres Heimatdorfes und tritt in einen neuen Stand, den Ehestand.

Es ist der Eintritt in die Ehe eine gar ernste Sache und oft der erste Schritt zu einem langen Leidensweg, der am Grabe endet. Darum will die Jungfer Braut, bevor sie Abschied nimmt von allen ihren Freunden und Bekannten, die sie vielleicht schon einmal beleidigt hat, um Verzeihung bitten. Sie will auch nochmals öffentlich ihren Dank aussprechen gegenüber ihren Eltern und Geschwistern für alles Gute, das von ihnen an ihr geübt worden ist.

Wir hoffen nicht, daß der Schritt, den unsere Jungfrau Braut heute begeht, ein unglücklicher, wie wir vorhin schwarz geschildert haben, sein wird, sondern es möge sie Glück und Segen begleiten von heute ab alle Tage ihres Lebens.

Geliebteste Jungfrau Braut, der heutige Tag ist für dich ein erhabener Freudentag. Und doch sollst auch heute du nicht so ganz von Kummer verschont sein. Denn der unerbittliche Tod hat deine liebe, gute Mutter, die dich heute so gerne segnen möchte, schon vor zehn Jahren aus eurer Mitte hinweggerissen. Ehe du darum die Schwelle des Hauses überschreitest, laß uns all mitsammen für die Dahingeschiedene und für alle verstorbenen Voreltern und Verwandten ein andächtiges Vaterunser und Ave Maria beten. – (Tränen der Rührung stehlen sich in die Augen der Versammelten.)

Und nun Jungfrau Braut, hinweg mit allem Zaudern, hinweg mit aller Bangigkeit! beginnt der Prokurator herzhaft und ermunternd.

Frisch eingestiegen in den Wagen
ohne Zagen,
ohne Beben,
der uns führen soll in eine neue Zukunft, in eine neues
Leben!
In Gottes Namen tritt mutig über die Schwelle deines
Elternhauses zum letztenmal als Jungfrau mit dem
Gruß aller Gläubigen:
Gelobt sei Jesus Christus!«

Nach dem Abendessen hielt der Hochzeitslader
folgende Ansprache:

»Verehrte Hochzeitgäste! Das Hochzeitmahl ist nun zu
Ende und ich bin bestellt, allen verehrten Hochzeitgä-
sten den schuldigen Dank für ihre ehrenvolle Gegen-
wart abzustatten. Da ich mir heute gerade Dinge von
Wichtigkeit vorgenommen habe, so bitte ich alle Anwe-
senden um Stillschweigen. Verehrte Hochzeitgäste! Was
war das Ziel und der Endzweck unserer heutigen
Zusammenkunft? Wir haben uns heute im löbl. Pfarr-
gotteshause versammelt, um der Feier des Bundes der
Ehe, den die beiden gegenwärtigen Brautpersonen ge-
schlossen haben, beizuwohnen. Wir haben uns gefreut,
als sie einander die Hand gaben und vor Gott und der
Welt sich ewige Liebe und Treue schwuren. Hernach
begaben wir uns in dieses auserlesene Gasthaus und
feierten dem Hochzeitpaare zu Ehren diesen festlichen
Tag.
Wir waren lustig in Ehren,
das soll uns niemand wehren.
Denn lustig vor allen,
soll auch dem lieben Gott gefallen.
Somit wäre der erste Teil geschlossen.
Der zweite möchte schon etwas heller klingen,
wenn zu Ende bare Taler springen.
Denn es gilt dem heiligen Ehestand, den hat Gott, der
Herr, dem ersten Menschenpaar schon im Paradies
eingesetzt und Christus hat ihn bei der Hochzeit zu
Kana zu einem Sakrament erhoben. Er hat also mit
Gott angefangen und wird auch mit Gott fortgesetzt und
fortgepflanzt. Und diese Ehe, die die gegenwärtigen
zwei Brautpersonen geschlossen haben,
sie möge hier auf Erden
ein Muster guter Ehen werden! –
Und der himmlische Friede möge über sie herabkom-
men und möge sie und alle anwesenden Hochzeitgäste
beglücken; denn der Friede ist das einzige, wahre
Kleinod, das hier auf Erden beglückt, welches noch
beglückt, da wo Ansehen, Schönheit, Geld und Gut
aufgehört haben – Güter zu sein. Und nun wende ich
mich an die Hochzeitgäste, ja eines nicht zu vergessen,
das sogen. Hasen- oder Weisgeld.
Nur da recht in den Sack gegriffen,

da wird drauf wunderschön gepfiffen.
Was soll man denn so schmarisch leben?
Wir leben heut in Saus und Braus
Laßt uns das Geschenk nicht reuen,
und sparen wir wieder zu Haus!
Was hat denn a so ein armer Teufel, wie unsereiner,
wenn er heimkommt?
Koa Hendl (Hühnlein), koa Antl (Entlein),
koa Pfifferl, koa Schwanzl,
höchstens, wenn er heimkommt und hat a wenig z'viel
hinter d'Bind'n (Halsbinde) 'gossen, da darf er sich
elendi akreuzig'n, bis er d' Stiefel rabringt und darf
koa Wörtl nöt sag'n. Denn die liab'n Weiber, die hab'n
es scho von ihrer Stammutter Eva her geerbt, mit ihren
Männern zu zanken.
Will das oane süß, will das andre sauer.
Will's oane schneiden, will's andre hauen.
Will's oan vom Gries, will's andre vom Mehl.
Geht oans langsam, lauft's andre schnell.
Aber alle diese Untugenden wünsche ich tausend Mei-
len entfernt von unserm heutigen Brautpaar, sondern
gerade das Gegenteil von diesen Untugenden. Das möge
der gütige Vater im Himmel mit seinem Segen so
einrichten! Ihm darum Dank vor allem! Jetzt bedankt
sich das heutige Brautpaar gegen den Hochwürden,
Hochwohlgebornen Herrn Pfarrer... für die in der
Pfarrkirche vollzogene Trauung und Kopulation.
Ein Vivat ihm zu Ehren,
Musikanten, laßt euch hören.

Die Musikanten spielen einen schmetternden
Tusch und der Brautführer singt ein neckisches
Gstanzl:

Dem Pfarrer von M...
bin i a nimma guat,
weil er all schöane Diandln
in Ehstand einituat.«
(Die Musik bläst die Melodie nach.)

Der Dank des Brautpaares wurde vom Hochzeitslader wie folgt ausgedrückt:

»Unser gegenwärtiges, edles Brautpaar läßt ferner sei-
ne Danksagung abstatten gegen den ehr- und tugendsa-
men Jüngling Xaver Stuffer, als der Jungfrau Hochzei-
terin vielgeliebten Bruder, heute fungierend als Braut-
führer.«

Diesen Worten fügt der Hochzeitslader diesmal
noch hinzu:

»Jetzt kommt ein junger Bursch daher
geblasen, gepfiffen zu seiner Ehr,
ihr Musike, wie sich's gebührt,
er hat die Braut sehr schön geführt.
Ja, Brautführer und Kranzljungfer samt ihrem
Kranzl,

die machen doch heut noch a Tanzl.
Denn schöne Jungfern hat man gern.
Ihr Musikanten, laßt euch hör'n!«
Bei den Kranzljungfrauen, als diese zum Schenken antreten, ertönt als Neckg'stanzl für die Erste:
»Wunderschöne Kranzljungfrau,
kraus auf deine Haar!
Dein wunderschöns Kranzl
muaß ower (herab) dies Jahr.«
Für die Zweite:
»Dös is halt das Diandl,
die Buab'n a so foppt,
die hat halt sein Herzl
mit Sagspän ausg'schoppt.«
Aus dem letzten Teil der Ansprachen des Hochzeitsladers seien noch folgende Texte zitiert:
»Auch ich bedanke mich
nach allen meinen Kräften,
und empfehle mich künftiglich
zu drollich (ähnlich) guten Geschäften.
Hab ich etwas nicht recht gemacht,
so kann ich nichts dafür;
denn es fehlt mir halt an Kraft,
zu danken nach Gebühr.
Nun wünsch ich mit Bedacht
die angenehmste Ruh
dem Brautpaar jede Nacht
und Gottes Segen dazu.
Wünsche Friede und Einigkeit
ein Leben zuckersüß,
voll der Zufriedenheit
so wie im Paradies.
Und wünsch den jungen Herren
und den Jungfrauen zart und fein,
daß sie in allen Ehren
auch bald im Brautstand sei'n.
Ihr jungen, lieben Herren,
verweilt nicht, kommet bald!
Was sollt ihr euch lang scheren (plagen)?
die Jungfrauen werden sonst alt!
Und ihr, ihr Jungfrauen alle,
zündet die Lampen an;
sonst wischt (kommt) euch aus der Mann!
Denn ich Hochzeitlader will,
daß immer Hochzeit sei.
Mir wird es nicht zu viel;
denn ich bin gern dabei. –
Nun hat der Dank ein End,
und jetzt ist's auch genug;
ich mach ein Kompliment
und seh'n mich nach dem Krug.
Er trinkt und macht Miene zum Herabsteigen,

verläßt seinen Standort aber nicht, sondern spricht:
Und (be-)vor ich geh,
weiß ich dem Hochzeiter noch einen Rat,
auf den soll er aber achten,
sonst ist es am Ende zu spat.
Soll aufschauen auf d'Hosen,
daß ihm (die junge Frau) nöt z'weit einergreift (d. h.
die Herrschaft abgewinnt)
sonst mueß er amol tanzen,
wie's Weiberl pfeift.
Und schließlich bedankt sich der Herr Gastgeber durch meine Person allen Gästen und Anwesenden und läßt sagen:
Ich danke meinen werten Gäst'
hier bei diesem Hochzeitschmaus.
Seid ihr zufrieden, ist's das best',
es ist zwar noch nicht aus.
Ich bin gewiß recht räsonabel;
ein Mann, wie sich's gebührt,
die Gäste zu bedienen,
wenn einer den Daumen nur rührt (einen Wink gibt).
Drum werden auch recht gute, frische
fünf Maß Bier zu guterletzt
auf jeden dieser Hochzeittische
zu trinken gratis vorgesetzt.
Seid alle nun zufrieden; ich bin es auch und tue, was
ich kann.
Doch geht hernach die Zeche
jeden selber wieder an.
Von nun an – der Wirt macht fünf Kreidestriche auf den Tisch und wischt bei jeder Maß, die er bringt, einen Strich weg – zahlt jeder Gast sein Bier selber.
Mitten in die freudig gehobene Stimmung bringt der Hochzeitlader wieder etwas Rührung, indem er – wie morgens beim Aussegnen der Braut aus dem Elternhause – noch einmal der verstorbenen Mutter gedenkt:
Verehrliche Hochzeitgäste! Gegenwärtiges, edles Braut-
paar bedankt sich nochmals am Schlusse der Hochzeit
bei allen Festteilnehmern für die ehrenvolle Gegen-
wart. Allein es fehlet doch noch ein herzlieber Hochzeit-
gast, dessen ich nicht die Ehre hatte, ihn persönlich zur
Feier laden zu können. Ein Hochzeitgast fehlt noch,
welcher gewiß am heutigen Tage, an dem schönsten
Ehrentage der beiden Brautleute, das Maß der Freuden
gefüllt hätte. Es ist die liebe, gute Mutter der Braut, die
leider schon gestorben. Damit wir aber an dem schön-
sten Ehrentag dieser Mutter ehrend gedenken, so laßt
uns für sie und die ganze, verstorbene Verwandtschaft
ein andächtiges Vaterunser und Ave Maria beten.

Bei der Aufforderung zum feierlichen Memento erhebt sich die ganze Gesellschaft und schlägt das Kreuzzeichen. In hellem Diskant und in tiefen Brummbässen erschallet das christliche Gebet. Noch kommt ein weihevoller Augenblick, der namentlich die weichen Frauenherzen zu Tränen rührt. Zum Abschluß seiner Ansprache wendet sich der Hochzeitlader an die Braut, um ihr die Bedeutung des Eheringes zu erklären, und da gilt dann der Spruch: Wenn die Braut nicht weint, daß es sie nur so stößt, ist die Hochzeit nicht schön. Er spricht also:

Gott grüße dich, du edle Braut,
auf die heut jedes Auge schaut!
Zum letztenmal bist du bekränzt;
aber doch zum erstenmal da glänzt
an deiner Hand der gold'ne Ring,
nach dem schon längst dein Sehnen ging.
Man schätzt nicht recht das kleine Ding.
Wer von dem gold'nen Ehering
sich gold'ne Tage nur verspricht,
der kennt die Wege Gottes nicht.
Oft – wie des Ringes Glanz erbleicht,
oft – wird dein Auge trüb und feucht;
oft gäbest du ihn wieder her,
oft würfest ihn sogar ins Meer.
Bald mit dem Eheringe und dem Mann
des Lebens Ernst erst recht begann.
Doch zage und verzage nicht,
es wird schon wieder hell und licht!
Nach Regenzeit folgt Sonnenschein,
folgt Freude, Trost, auch Angst und Pein.
Du, Bräutigam, halt' aus bei deiner Braut,
die fest auf deinen Beistand traut!
Blickt beide auf den Ehering hin
und denkt an seinen Wert und Sinn.
Zwar ruht der Wert des Ringes nicht
in seinem Preise und Gewicht;
auch nicht in seiner Form und G'stalt,
auch nicht in seinem Goldgehalt.
Der Ehering hat so hohen Wert,
wenn man ihn heilig hält und wert;
weil er als Unterpfand und Bild
der ew'gen Lieb' und Treue gilt.
Und nun, Musikanten, so laßt euch hören
und blaset ein Vivat der ganzen Gesellschaft zu Ehren!«

Schließlich kommt das Hoch auf Bräutigam und Braut. Es wird hier wortwörtlich gebracht, da schon in diesen wenigen Zeilen bei einem Vergleich mit älteren Texten die zeitlichen Unterschiede erkennbar werden. Leoprechting bringt eine Hochzeit vom Lechrain, die ebenfalls zum Schluß dieses Tuschblasen schildert. Der Köschinger Text lautet:
»Es leben hoch der Herrn Bräutigam,
es leben hoch die Jungfer Braut
es leben hoch auch alle hoch verehrten Hochzeitgäste!«
Zum Schluß: »auch lebe hoch der Hochzeitlader«. Bei Leoprechting heißt es:
»Es lebe der Herr Hochzeiter!
Es lebe die Jungfrau Hochzeiterin!
Es leben alle Hochzeitgäste,
Es lebe der Abdanker! (Rufen die Gäste, fügen die Gäste hinzu).
Es lebe die ganze Gesellschaft.«
In dem Trachtenbuch des Freiherrn von Lipowsky endet der Text des Hochzeitladers, nachdem die Gäste bestätigt haben, daß das Essen und Trinken gut war:
»Hierüber haben der Wirt und d'Wirtin große Freud,
auch selbst der Hochzeiter und d'Hochzeiterin sind erfreut.
Drum lassen sich beide durch mich bei den Gästen bedanken
öffentlich und herzlich, und also nit in Gedanken,
auch lassens euch bitten inniglich,
ihr möcht ihnen bleiben schwesterlich und brüderlich
gut Freund und gewogen ewiglich.«
Schmeller bringt einen Hochzeitsabdankungsvers, der offensichtlich älter als die bisher zitierten gewesen sind: »Dem vielg'ehrten Brautpaar z'Ehrn, laßts an frischn Ju-Schroa hern.«
Man sieht also, wie wichtig es wäre, auch bei solchen überlieferten Texten ältere und jüngere Schichten herauszuarbeiten. Friedrich Panzer[126] brachte den Spruch des Hochzeitsladers in einigen Dörfern bei München. Dieser Spruch beginnt: »Der Hochzeiter und die Hochzeiterin lassen euch, als ihre vielgeliebten Vettern, gar freundlich grüßen und ich grüße euch als gebetener Beistand.« Dann folgt die eigentliche Einladung mit Angabe des Wirtshauses und des Mahlgeldes, das in diesem Fall auf 1 fl. 12 kr. festgelegt war. Anschließend folgt der Dank bei der Morgensuppe und schließlich bringt der letzte Abschnitt den Dank an Eltern, Vettern und Basen, der zum Schluß in einem ungemein ernsten Ton schließt: »Es läßt der Hochzeiter und die Hochzeiterin gar traurig Urlaub nehmen von dem Firma-

ment und Himmelsgestirn, so Gott der Herr selbst geschaffen hat; von dem Heerwagen auf welchen der Herr gen Himmel gefahren ist, von dem heiligen drei Königsstern, welcher den drei Weisen aus dem Morgenlande erschienen ist, von unserer lieben Frauen Sohn und der Morgenröt, die alle Tag über uns aufgeht. Er läßt gar traurig Urlaub nehmen von dem heiligen Benediktenkreuz, das ist allzeit gesegnet und geweiht, von dem heiligen Petrusstab, so Gott der Herr selber in den Händen hat.

…Er muß auch Urlaub nehmen von dem kleinen Kind auf der Gassen, von Laub und Gras, und was Gott der Allmächtige auf dieser Welt erschaffen hat.«

Es gibt zahllose kleinere Abwandlungen des Hochzeitsbrauches. Von Interesse dürfte es jedoch sein, eine evangelische Hochzeit aus der Gegend von Michelrieth im Spessart noch kurz in Erinnerung zu rufen, die uns Fentsch in der *Bavaria*[127] aufgezeichnet hat. »Acht Tage vor der Hochzeit, welche regelmäßig an einem Dienstage abgehalten wird, gehen die Hochzeitlader aus. Zwei Mannspersonen aus der Verwandtschaft übernehmen dieses Geschäft, sprechen erst bei Pfarrer und Schullehrer zu und bringen sodann die Ladung allen übrigen von den Brautleuten bezeichneten Hochzeitsgästen. Ein großes spanisches Rohr, mit Bändern geschmückt, ist ihr Abzeichen. Allenthalben lautet ihr Ladspruch gleichmäßig in folgender Weise: *Weswegen wir da sind, daß werden sie wissen. Sie sollen sich heut über acht Tage früh acht Uhr in der Behausung des N. in N. einfinden, den christlichen Kirchgang der Brautleute schmücken und zieren, den Segen Gottes vor dem Altar erbitten und erflehen und mithelfen nach Hause tragen, und, was der gütige Gott in Küche und Keller beschert, mithelfen genießen und verzehren. Wir versehen keines Ausbleibens, und sind ihres Kommens gewärtig.* Am Hochzeitstag selbst Schlag nach acht Uhr erscheinen die Gäste im Hochzeitshaus, erhalten Brühsuppe und Weck, Rindfleisch mit Meerrettich, die Braut wird mittlerweile angezogen, der Schullehrer beginnt und schließt diesen Morgenimbiß mit einem Gebet.« Der Schullehrer übernimmt hier die Rolle des altbayerischen Prokurators. »Nach der Trauung begibt sich der ganze Zug in die eigens gereinigte und hergerichtete Scheuer. Hier hält vor allem der Schullehrer die übliche Scheuerpredigt, in welcher er dem Brautpaar Glück wünscht und Segen verkündet. Dann folgt der Scheuertanz. Braut und Bräutigam haben die ersten drei

Reihen zu tanzen; ihnen folgen dann die übrigen Gäste, bis endlich das fertige Mahl angekündigt wird. Ist das Mahl vorüber, so holen die Weiber der Taufpaten und Gevatter die Hochzeitsgeschenke, unter denen etliche zinnerne Teller und Leuchter mit brennendem Lichte nicht fehlen dürfen. Durchschnittlich sind diese Gaben sehr bescheiden und verdienen kaum die gewohnte Ehre hereingeblasen zu werden … Darnach wird gebetet und ein geistliches Lied nach Wahl der Braut gesungen, worauf die Vorbereitungen zum Tanze getroffen werden.« Zum Schluß vermerkt Fentsch noch: »Von einem Kammerwagen ist keine Rede. Das hat seine einfachere Rechtfertigung darin, daß im bräutlichen Hause durch den Einzug der Braut oder des Bräutigams keine wesentliche Veränderung weder im Regiment noch sonst im Hausstande vor sich geht. Vorrat, Einrichtung, Gerätschaften – aller Bedarf ist bereits im Hause vorhanden, das neue Familienmitglied erhält bloß Mitgenuß und Mitverwaltungsrecht.«

Es scheint wichtig, daran zu erinnern, daß man sich über die Größe solcher Festlichkeiten klar sein muß. So war beispielsweise die Zahl der Musikanten bei den Hochzeiten im allgemeinen klein, ja es war vielfach verboten, mehr als zwei Spieler zu verpflichten. Joachim Jahn[128] bringt, wie oben berichtet, vom Jahre 1787 unter Ziffer 51 folgenden Beleg: »Bei Hochzeiten dürfen ohne Erlaubnis nicht mehr als 50 Personen anwesend sein. Außerdem war nur ein Sackpfeifer und ein Schalmeispieler zugelassen. Das war offenbar eine Besetzung, die seit Jahrhunderten üblich war. Die *Bavaria* verweist auf das Allgäu:

»So waren lange Zeit in Weiler ein alter Mann, der die Geige strich, und seine Frau, die das Hackbrett schlug, die ganze Kapelle bei allen Hochzeiten.« Seit der Jahrhundertmitte trat ziemlich allgemein die Zither an die Stelle des Hackbrettes, für die das Trachtenwerk von Lipowsky schon für die Zeit um 1830 aus der Kemptener Gegend einen Bildbeleg bringt. Die Bildquellen sind für das Thema der instrumentalen Begleitmusik grundsätzlich wichtig, vor allem weil sie über das immer stärker werdende Element der Blechbläser ziemlich gut Auskunft geben.

Der Hinweis auf Weiler im Allgäu erinnert uns an die Angaben über die Allgäuer Hochzeit bei Schelbert, bei der größere Feierlichkeiten überhaupt nicht vorkommen. Wenn man Schelbert wirklich folgen darf, dann dürften diese im Allgäu eine Ausnahme gewesen sein. Schelbert weist auch darauf hin, daß im Unterschied zum oberbayerischen Alpenland in den Allgäuer Alpen wenig musiziert, gesungen und gejodelt wird. »Ein stets singendes und kalkulierendes und überall nach Verbesserung trachtendes Volk, wie das des Allgäus, singt und musiziert überhaupt nicht gar viel, und die Allgäuer Sennen haben offenbar meistens anders zu tun, als zu musizieren, zu jodeln und zu singen.« Anders sah es in den Allgäuer Gungelstuben aus. Dort gaben die Weiber »gern noch etwas z'bescht, namentlich in Gesang und Tanz. Von den Eltern oder der Schul her wissen sie noch manche Lieder, zumal sie in ledigen Jahren und auch in fröhlichen Tagen des Ehestandes dieselben oft gesungen, und die eine oder andere von ihnen jahrelang auf die Orgel gegangen.«

Auch aus dem Bezirksamt Cham in der Oberpfalz hat Johann Brunner[129] schon um die Zeit des Ersten Weltkrieges folgendes festgestellt: »Von unserm Landvolk bekommt man selten Gesänge zu hören, da die Leute auch hier nur aus sich herausgehen, wenn sie unter sich sind. Vor nicht bäuerlichen Zuhörern tun sie anfangs gschamig. Der Boden, worauf der alte Volksgesang gedieh, waren die Spinnstuben. Mit ihnen sind nun auch die alten Lieder fast verschwunden.« Die Allgäuer Schilderung wie auch die der Oberpfälzer erinnern uns aber wieder an den Artikel in der *Aurora,* der deutlich herausarbeitet, daß die eigentlichen Träger des Liedgutes immer die Frauen und Mädchen gewesen sind. Fentsch stellt dies auch ausdrücklich für die Gegend um Neustadt an der Saale fest.

Ganz bewußt haben wir Hochzeitsmahl und Hochzeitsgewand von der Schilderung des Ablaufes einer Landhochzeit getrennt, um so den dramatischen Verlauf deutlicher herausarbeiten zu können. Bei einer Einzelanalyse müßte man natürlich noch die Tradition alter Initiationsriten, wie auch der Bräuche um das Ausscheiden aus den Jugendgemeinschaften, zeichnen. Eines kann aber die Situation von einst und jetzt schlagartig erhellen. Das Brautgewand des frühen 19. Jahrhunderts war nichts anderes als das gesteigerte Kirchengewand. Eine »Trachtenhochzeit« gab es nicht. Dieser Begriff setzt andere neben dem Trauerkleid in Form des Kirchgewandes bestehende Formen voraus. Darüber hinaus sollte uns klar sein, daß in früheren Zeiten mit Sicherheit nicht so viele Trachtenausstattungen vorhanden waren, wie das heute in Folge der Tätigkeit der Trachtenvereine möglich geworden ist. Die zahlreichen Votivtafeln, auf denen die Kinderschar vom Größten bis zum Kleinsten in Tracht dargestellt ist, entstanden ohne Zweifel aus der Überlegung des Malers, eine Familie auf diese Weise repräsentativ vorzuführen. Damit mag das Kapitel Bräuche im weltlichen und geistlichen Bereich abgeschlossen sein. Das 19. Jahrhundert brachte neben dem festen Kanon in steigendem Maße Festlichkeiten allgemeinen Charakters wie beispielsweise Pferderennen, an denen gerade der Altbayer seit Jahrhunderten seine Freude hatte, Schützenfeste, Feste der landwirtschaftlichen Vereine und vieles mehr. Hier liegen die Wurzeln für jene Betriebsamkeit, ohne die heute keine Gemeinde auszukommen glaubt.

Zitherspielerin aus der Kemptener Gegend.
Kolorierte Lithographie im Trachtenwerk von
Lipowsky nach Aquarell von Lorenz Quaglio II.

Dreikönigssinger.
Augsburger Stich aus der Mitte des 18. Jhs.

Zusammenfassung

Und heute? – so wird mancher Leser bei den vorangegangenen Darstellungen gefragt haben. Vieles, was einst selbstverständlich war, ist heute der großen Menge – auch auf dem Lande – unbekannt. Es gibt Gegenden, wo Zuhörer empört sind, wenn man ihnen erzählt, daß ihre Voreltern unter einem Strohdach gewohnt haben, daß das Geflügel in der Stube gehalten wurde. Das klingt heute in der Regel unglaubhaft. Die Gegenwart kennt andere Probleme: Darf ein Hahn in der Frühe krähen? Darf die Kirche mit Glockengeläut auf die Tagzeiten aufmerksam machen? Darf eine Katze beim Mäusefangen ein fremdes Grundstück betreten, darf ein Schweinestall oder eine Fuhre Mist die Luft verpesten? Muß nicht jedes Dorf heute ein geheiztes Freibad haben? Darf man noch Wälder betreten am Abend und die Tiere des Waldes in ihrer Ruhe stören? Das sind alles Dinge, die eine vollkommen durchorganisierte Welt beschäftigen, eine Welt, die nur zu schnell bereit ist, alles was dem Egoismus zuwiderläuft, durch Gerichtsurteile verbieten zu lassen. Wie konnte es soweit kommen? Zunächst war man hochbeglückt über den elektrischen Strom, über Kanalisation und asphaltierte Straßen, über Hörfunk und Fernsehen, über die günstige Verkehrsanbindung an die nächsten größeren und großen Zentren. »Wir haben ein Recht auf Schnellzugsanschluß«, konnte man nach dem Zweiten Weltkrieg von jenen hören, die das Schicksal auf das Land verschlagen hatte.

Auch die Formen und Vorstellungen von Repräsentation haben sich geändert. Wurde der wohlhabende Bauer früher bewundert wegen seiner Rösser und seines reichen Wagengeschirrs, so ist er heute auf einen schweren Mercedes stolz und vor allem auf seine Weltkenntnis, die er sich auf Flugreisen in andere Kontinente erworben hat. Auch die Dorfjugend unterscheidet sich in ihren Freizeitvergnügungen in nichts von der städtischen, mit schweren Motorrädern und ihren Abenden in der Discothek.

Das alles gilt nicht nur für die ausgesprochenen Ballungsgebiete. Es wird sogar die Frage gestellt, ob Dörfer heute nicht überhaupt überflüssig sind. Da gibt es beispielsweise ein Kirchdorf in einer relativ kargen Gegend, mit 12 Bauernhöfen mittlerer Größe. Einer der Bauern hatte sich emporgearbeitet und wollte mit Zustimmung der Behörden die übrigen aufkaufen. Er plante, die Grundstücke in Zukunft nur noch mit einem Maschinenpark zu bewirtschaften. Dazu benötigte er eine Maschinenhalle. Bergeräume schienen ihm überflüssig, da er die Ernte gleich vom Feld weg verkaufen wollte. Er hatte auch nicht die Absicht, in dem Ort auf die Dauer zu wohnen, sondern in den nächstgelegenen Markt zu ziehen. Was sollte mit den übrigen Bauernfamilien geschehen? Ihre Häuser als Ferienaufenthalt anzubieten im Rahmen der heute so beliebten Programme des »Urlaubs auf dem Bauernhof« wäre nicht sinnvoll gewesen, denn die Gegend bot zu wenig an Badegelegenheiten, und auch die Wälder lagen in größerer Entfernung, wie überhaupt die Landschaft für Urlauber keine Aussichtsmöglichkeiten erkennen ließ. Man dachte also an eine Absiedlung und hätte die Kirche in Zukunft ungenützt und einsam in der Gegend stehenlassen.

Das Projekt ist vielleicht noch nicht zustandegekommen, aber in manchen Gegenden werden ähnliche Überlegungen angestellt, ganze Gegenden abzusiedeln und nur temporär genutzte Feriendörfer zu bauen. Welche Zukunftsbilder! Ballungsräume auf der einen Seite mit einer unerträglichen Dichte der Bevölkerung, Leerräume auf der anderen, dazwischen Inseln normaler Siedlung und Nutzung. Jedes der vorstehend behandelten Themen könnte mit gegenteiligem Ablauf in der Gegenwart fortgeführt werden. Dabei wird man immer darauf stoßen, daß sich die Entwicklung nicht mehr zurückschrauben läßt. Die Dorfschmiede ist nun einmal durch die KFZ-Werkstatt ersetzt. Die Kleidung an Werktag und Sonntag ist ohne die Konfektionsware nicht mehr denkbar, auch wenn man im einzelnen Fall aus den verschiedensten Motiven heraus Anschluß an historische Trachten sucht. Solche Versuche sind an sich nicht neu. Es sei nur an den deutschen Verein für ländliche Wohlfahrts- und Heimatpflege erinnert, der in der zweiten Hälfte des 19. Jahrhunderts gegründet wurde und zu dessen Wortführern Heinrich Sohnrey, Oscar Schwindrazheim und vor allem Paul Schultze-Naumburg gehörten. Die Bemühungen entstanden damals hauptsächlich, um die Landflucht zu bekämpfen und den bäuerlichen Hausfleiß wieder zu beleben.

Selbst auf dem Gebiet der Volksreligiosität schieden sich die Geister nicht nur im Zeitalter der Aufklärung und Romantik. Der Begriff Volksreligiosität blieb auch im Zeitalter der Liturgiereform kontrovers. Man hat aber den Eindruck, daß viele besonnene Geistliche die bildende und bindende Kraft von Prozessionen, Flurumgängen, Fußwallfahrten und so mancher volkstümlicher Weihehandlungen im Laufe des Kirchenjahres wieder zu würdigen wissen.

Auf jeden Fall herrscht in unserer Zeit eine große Unsicherheit. Es ist wieder einmal Mode geworden, die Vergangenheit zu verklären und ein Zurück zu fordern. Die nüchterne Prüfung aller Nachrichten über das einstige Leben auf dem Lande kann eine Mahnung zur Bescheidenheit werden, auf daß die Nachwelt uns nicht der Uneinsichtigkeit zeihe. Was uns darüber hinaus noch bleibt? Sicher die Erkenntnis, daß das Dichterwort »Die Erde bleibt noch lange jung« heute nur noch Poesie ist, während die Wissenschaft das Altern eben dieser Erde und alles dessen, was sie trägt, zur Kenntnis nehmen muß. Starke Naturen werden mit dieser Einsicht dennoch leben und schöpferisch wirken können.

ANHANG

Anmerkungen

1 Johann Andreas Schmeller, Bayerisches Wörterbuch. Neudruck mit Vorwort 1961 von Otto Basler, München 1983; hier I, Sp. 1483.

2 Helge Gerndt, Kultur als Forschungsfeld. Über volkskundliches Denken und Arbeiten, München 1981, S. 54.

3 Werner Rösener, Bauern im Mittelalter, München 1985.

4 Pankraz Fried, Beiträge zur Geschichte des Kleinbauerntums (Söldnertums) im westlichen Oberbayern. Mitteilungen der geographischen Gesellschaft, München 1966, S. 5—39.

5 Schmeller II, Sp. 444.

6 Schmeller II, Sp. 602.

7 Bayerische Staatsbibliothek München, Handschriftenabteilung, Cbm 1533.

8 Pankraz Fried, Die ländlichen Rechtsquellen aus den Pfalz-Neuburgischen Ämtern/Hochstätt, Neuburg, Monheim und Reichertshofen vom Jahre 1585, Sigmaringen 1983.

9 Werner Schultheiß, Das Weistum Henfenfelds von 1530. Altnürnberger Landschaft, 8. Jg., 1959, Heft 2, S. 37 ff.

10 Monumenta boica, Bd. 32, S. 283.

11 Fritz Zimmermann, Die Rechtsnatur der altbayerischen Dorfgemeinden und ihre Gemeindenutzungsrechte, Straubing 1950.

12 Bayerisches Landrecht, München 1616, 5. Buch, 6. Titel, Artikel 3, S. 690.

13 Die folgenden Dorfordnungen sind abgedruckt bei Karl Kollnig, Die Weistümer der Zent Schriesheim, Stuttgart 1968.

14 Aus der Sammlung von auf Schatthausen bezüglichen Urkunden im Baron von Göler'schen Archiv Schloß Schatthausen.

15 Die Waldverordnung von 1706 ist ein sehr beredtes Beispiel dafür, daß Herrschaftsrechte alte bäuerliche Formen der aneignenden Wirtschaft eingeengt haben.

16 Joachim Jahn, Historischer Atlas von Bayern, Teil Schwaben, Heft 11, Augsburger Land, München 1984.

17 Schmeller II, Sp. 224 f.

18 Josef Hopfenzitz, Studien zur oberdeutschen Agrarstruktur und Grundherrschaft. Das Urbar der Deutschordenskommende Öttingen von 1346/47, München 1982.

19 Albert Ilien, Utz Jeggle, Leben auf dem Dorf, Darmstadt 1978.

20 Eduard Fentsch, in: Bavaria, Landes und Volkskunde des Königreichs Bayern, Bd. V., München 1866, S. 228.

21 Siehe hierzu Joseph Maria Ritz, Dorfforschung in Franken, Festschrift Spindler, Zeitschrift für bayerische Landesgeschichte München 1954, S. 308—314.
Ferner Friedrich Eigler, Die Entwicklung von Plansiedlungen auf der südlichen Frankenalb, München 1975.

22 Dietmar Stutzer, Wohlgewachsen, munter von Gebärden. Leben im churfürstlichen Bayern. Rosenheim 1979, S. 294 ff.

23 Joseph Blau, Böhmerwälder Hausindustrie und Volkskunst, 2 Bände, Prag 1917/1918.

24 Oskar Moser, Materialien zur Geschichte und Typologie der Getreidemühle (Kornfege), Wien 1983.

25 Schmeller II, Sp. 870 nach Scheyrer Dienstbotenordnung um 1500, Handschriftenabteilung der Bayer. Staatsbibliothek, Cgm 698.

26 Werner Rösener, Bauern im Mittelalter, München 1985.

27 Heinrich Mörtel, Bauernarbeit im Nordost-Oberfranken um 1900, Hof 1973.

28 Joseph Schelbert, Das Landvolk des Allgäus, Kempten 1873. Neubesorgt von Aegidius Kolb und Eva Kohl, Kempten 1983, S. 100.

29 Oberpfälzisches Wochenblatt Nr. 19, Amberg vom 8. 5. 1800, S. 177.

30 Johann Brunner, Heimatbuch des bayerischen Bezirksamtes Cham, München 1922, S. 109.

31 Johann Brunner, S. 106.

32 Meier Helmbrecht von Wernher dem Gartenaere. Herausgegeben von Friedrich Panzer, 7. Auflage besorgt von Kurt Ruh, Tübingen 1965, Vers 1359 ff.

33 Ernst Schlee, Deutsche Volkskunst, N. F., Schleswig-Holstein, Weimar o. J. (1938).

34 Robert Reiter, Begleitheft zur Ausstellung Waschen und Wäschepflege im Coburger Land, Coburg 1982.

35 Sonderausstellung Waschtag, Wien 1981. Österr. Museum für Volkskunde.

36 Eduard Fentsch, in: Bavaria III, Oberfranken, S. 103.

37 Anna Wimscheider, Herbstmilch, Lebenserinnerungen einer Bäuerin, München 1984.

38 Max Frommer, Vom Leben auf dem Lande, Isingen 1910, neu Stuttgart 1983, hier S. 220 ff.

39 Joseph Schelbert, vgl. Anm. 28, S. 241 ff.

40 Josef Hazzi, Statistische Aufschlüsse über das Herzogtum Bayern, Nürnberg 1801—1806.

41 Wilhelm Brenner-Schäffer, Zur Oberpfälzer Volksmedizin. Darstellung der sanitätlichen Volks-Sitten, Amberg 1861.

42 Joseph Rohrer, Uiber die Tiroler, Wien 1796.

43 Torsten Gebhard, Die Landschaftszeichnungen des Grafen Friedrich Casimir von Ortenburg (1591—1658), in: Bayer. Jahrbuch für Volkskunde, 1983/84, S. 53—62.

44 Nach Schmeller I, Sp. 1371.

45 Schmeller II, Sp. 720.

46 Abgebildet in: Handbuch der deutschen Volkskunde, herausgegeben von Wilhelm Peßler, Bd. 2, Potsdam o. J. (1938), Tafel XIII.

47 Eduard Nübling, Die Dreistammesecke. Zeitschrift des hist. Vereins für Schwaben und Neuburg, Bd. 53, 1938, S. 158—299.

48 Schmeller I, Sp. 1214.

49 Heinrich Marzell, Wörterbuch der deutschen Pflanzennamen, 5 Bände, Leipzig 1937—1958.

50 Schmeller I, Sp. 961.

51 Schelbert, S. 163 ff.

52 Schelbert, S. 164.

53 Schmeller I, Sp. 1152.

54 Schmeller I, Sp. 850.

55 Schmeller I, Sp. 850.

56 Schmeller II, Sp. 889.

57 Friedrich Panzer, Bayerische Sagen und Bräuche, 2 Bände,

München 1848. Herausgegeben und eingeleitet von Will-Erich Peuckert, Göttingen 1954; hier Bd. II, Nr. 258.

58 Albert Wild, Entgegnungsschrift zu Wilhelm Brenner-Schäffer. Vgl. Anm. 41 (beigebunden).

59 Lorenz Westenrieder, Beschreibung des Würm- oder Starnberger Sees, München 1784. Vgl. Bayern-Jahrbuch f. Volkskunde 1953, S. 173.

60 Ernst Heimeran, Echter hundertjähriger Kalender, München 1934.

61 Bavaria IV, S. 257.

62 Karl von Leoprechting, Aus dem Lechrain, München 1855. Neuauflage München 1975 unter dem Titel, Bauernleben und Volksglaube in Oberbayern; hier S. 65 f.

63 Leoprechting, S. 203 f.

64 Peter Dörfler, Feiertagsgeschichten im Jahresring, Bonn 1934, S. 9 ff.

65 Schelbert (vgl. Anm. 28), S. 203.

66 Torsten Gebhard, Überlegungen zur Geschichte des Rosenkranzes und seiner Verwendung im volksfrommen Brauch, in: Festschrift Norbert Lieb, München 1986.

67 Max Frommer, S. 235 f.

68 Walter Hartinger, Denen Gott genad. Totenbrauchtum und Arme Seelenglauben in der Oberpfalz, Regensburg 1979, und ders. in: Jahrbuch für Volkskunde, 1982, S. 126—148.

69 Schmeller I, Sp. 1372 f.

70 Hans Baumgartner, Bairische Sagen, Kassel 1983.

71 Barbara Goy, Aufklärung und Volksfrömmigkeit in den Bistümern Würzburg und Bamberg, Würzburg 1969.

72 Max Rumpf, Religiöse Volkskunde, Stuttgart 1933.

73 Pedanios Dioskurides, Kräuterbuch. Übersetzt von Johann Gantz, Frankfurt 1610.

74 Georg Friedrich Fischer in: Bavaria III, Oberfranken, S. 401.

75 Johann Brunner (vgl. Anm. 30), S. 88 f.

76 Leoprechting (vgl. Anm. 62), S. 163.

77 Rudolf Kriss, Volkskundliches aus altbayerischen Gnadenstätten, Baden bei Wien o. J. (um 1930), S. 197 f.

78 Elfriede Grabner, Medizin im Spiegel der Volkskunde, in: Österr. Ärztezeitung, Sammlung von Titelblättern, Wien, 1982, und dies., Grundfragen einer ostalpinen Volksmedizin, Wien 1985.

79 Johannes Götte, Vergil — Landleben — Bucolica Georgica Catalepta. Lat. und deutsch, München 1960⁴, III, Vers 441 ff.

80 Der gegenwärtige Verbleib des Hausmittelbuches konnte nicht ermittelt werden.

81 Max Höfler, Ein Sindelsdorfer Hausmittelbuch für Tierkrankheiten, in: Janus, Jg. 1910, Seite 577—608; 675—697; 754—779; 834—858.

82 Bayerische Hefte für Volkskunde, 1917.

83 Schmeller I, Sp. 444.

84 Bavaria, Oberfranken, Seite 360 f.

85 Rudolf Kriss, Sitte und Brauch im Berchtesgadener Land, München 1947, Seite 159.

86 Joseph Wimmer, Die socialen und volkswirtschaftlichen Zustände des königlichen Landgerichtes Eggenfelden; geschrieben im Frühjahr 1858, Landshut 1862, Neudruck Eggenfelden 1969.

87 Schelbert, S. 82 ff.

88 Schmeller II, Sp. 554.

89 Schmeller II, Sp. 553.

90 Schelbert, Seite 244.

91 Wimmer, S. 42 ff.

92 Bavaria, Mittelfranken, Seite 999—1001.

93 Brunner (vgl. Anm. 30), S. 219 f.

94 Schmeller I, Sp. 1728.

95 Gertrud Benker, Altoberpfälzer Kost, in: Bayer. Jahrbuch für Volkskunde, 1966/67, S. 172—204.

96 Josef Scheidl, Bäuerliche Dienstbotenkost im 18. Jh., in: Bayer. Hefte für Volkskunde, Bd. 4, 1917, S. 146—150 (von 1768).

97 Schmeller I, Sp. 1348.

98 Anna Wimscheider, S. 115.

99 Anni Gamerith, Lebendiges Ganzkorn, Bad Goisern 1956, S. 39 f.

100 Ordnung der Erdinger Müller aus der Zeit um 1600. Abgedruckt bei W. Zils, Bayerisches Handwerk, München o. J. (1927), S. 104—111.

101 Edgar Harvolk, Der Breinstampf in Ankenform. Museum für deutsche Volkskunde Berlin — Lebendiges Gestern, Berlin 1975, S. 170—174.

102 Schmeller I, Sp. 904.

103 Rudolf Helm, Die bäuerlichen Männertrachten im Germanischen Nationalmuseum Nürnberg, Heidelberg 1932, S. 154—162.

104 Johann Pezzl, Reise durch den bairischen Kreis. Salzburg und Leipzig 1784. Neudruck München 1973, S. 143.

105 Alfred Weitnauer, Tracht und Gwand im Schwabenland, Kempten 1957.

106 Johann Pfeufer, Die Gautracht — Träger und Trageweise, in: Bayerisches Jahrbuch für Volkskunde, 1968, S. 127—134.

107 Schelbert, S. 74.

108 Wimmer, S. 26 f.

109 Johann Ernst Fabri, Briefe eines Reisenden über das Hochstift Passau an seinen Freund zu …, Nürnberg 1796.

110 Eduard Rühl, Das grüne Tuch, in: Schönere Heimat, 1955, S. 115 f.

111 Josef Plank, Entwurf einer medizinischen Topographie des Landgerichtes Greding bei Hilpolstein, Neuburg/Donau 1823.

112 Eduard Rühl, Sterbende Volkskunst. Bayerischer Heimatschutz 1933, Seite 78—80.

113 Oskar von Zaborsky — Wahlstätten, G. M. Ritz, Die Tracht in der Oberpfalz, Kallmünz 1985.

114 Eigene Ermittlung.

115 Josef Pieper, Über das Phänomen des Festes, Köln 1963.

116 Barbara Goy (vgl. Anm. 71), S. 57, 70.

117 Wimmer, S. 30—32.

118 Peter Dörfler, S. 90 ff.

119 Schmeller II, Sp. 300 f.

120 Friedrich Panzer, Bd. 2, Seite 254 ff.

121 Schmeller II, Sp. 587.

122 Walter Wiora, Vom antiken Ursprung des Begriffes Volkslied. Ausstellungskatalog der Bayer. Staatsbibliothek München, Volksmusik in Bayern, München 1985, S. 9—13.

123 Joseph August Schultes (1773—1831), Reise auf den Glockner; Reisen durch Salzburg und Berchtesgaden, 3. Band, S. 120 ff.

124 Aurora, Zeitschrift aus Bayern, 1828, Nr. 39—44.

125 Franz J. Bronner, Von deutscher Sitt und Art, München 1908. Altbayerische Hochzeit. S. 285—303.

126 Friedrich Panzer, Band 2, Nr. 554.

127 Bavaria, Unterfranken, S. 246—249.

128 Joachim Jahn, (vgl. Anm. 16), S. 452, Ziffer 51.

129 Johann Brunner, S. 201.

Schrifttum

Die Literatur der Jahre 1985 und 1986 konnte nur gelegentlich berücksichtigt werden

Abel, Wilhelm, Agrarkrisen und Agrarkonjunkturen in Mitteleuropa, vom 13. bis zum 19. Jh., Berlin 1935

ders., Geschichte der deutschen Landwirtschaft vom frühen Mittelalter bis zum 19. Jh., 3. Auflg., Stuttgart 1978

Adrian, Walther, So wurde Brot aus Halm und Glut, Bielefeld, 2. Auflg. 1959 = 1. Bd. der Reihe »Geschichte und Entwicklung der Hausbäckerei«

Angeletti, Charlotte, Geformtes Wachs, Kerzen, Votive, Wachsfiguren, München 1980

Armbruster, Ludwig, Die alte Bienenzucht in den Alpen, Neumünster/Holstein 1928

Assion, Peter, Bäuerliches Tagwerk vor der Mechanisierung. In: Ländliche Kulturformen im deutschen Süden. Festschrift für Heiner Heimberger, Stuttgart 1971

Aubin-Zorn, Handbuch der deutschen Wirtschafts- und Sozialgeschichte, 2 Bde., Stuttgart 1971, 1976

Ausstellungskatalog: Heiliggeistkugeln aus dem Bayerischen Wald. Straubing 8. Juni – 14. Sept. 1983

Ausstellungskatalog: Volksmusik in Bayern. Bayer. Staatsbibliothek, München 1985

Ausstellungskatalog: Unter der Bedeckung eines Hutes. Österr. Museum für Volkskunde, Wien 1984

Bauer, Ingolf, Volkstümliche Möbel aus Niederbayern. Bildführer Nr. 9 Bayer. Nationalmuseum, München 1984

Baumgartner, Hans, Bairische Sagen, Kassel 1983

Bavaria. Landes- und Volkskunde Bayerns, München 1860–1867.

Bayerischer Landesverein für Heimatpflege (Hrsg.), Volksmusik in Bayern, Studienausgabe München 1978

Beck, Rainer, Naturale Ökonomie. Forschungshefte des Bayer. Nationalmuseums, München 1986

Bedal, Karl, Haus und Hof im Fichtelgebirge und im Frankenwald, Hof 1975

Bedal, Konrad, Historische Hausforschung. Eine Einführung in Arbeitsweise, Begriffe und Literatur, Münster 1978

Benker, Gertrud, Altoberpfälzer Kost. In: Bayer. Jahrbuch für Volkskunde, München 1966/67, S. 172–204

dies., Kuchelgeschirr und Essensbräuch, Regensburg 1977

Bertrich, Fred, Kulturgeschichte des Waschens, Düsseldorf 1966 (Vgl. auch Grünn und Reiter)

Bleibrunner, Hans, Andachtsbilder aus Altbayern, München 1971

Blickle, P., Die Revolution von 1525, München 1975

ders., Deutsche Untertanen. Ein Widerspruch, München 1983

Blum, Gerome, Die bäuerliche Welt. Geschichte und Kultur in sieben Jahrhunderten, München 1982

Bockhorn, Olaf, Wagen und Schlitten im Mühlviertel, Linz 1973, 1978

Boemus, Johannes, Omnium gentium mores, leges et ritus, Augsburg 1520

Bog, Ingomar, Dorfgemeinde, Freiheit und Unfreiheit in Franken. Quellen und Forschungen zur Agrargeschichte. Bd. 3, Stuttgart 1956

Bosl, Karl, Der kleine Mann – die kleinen Leute. In: Dona ethnologica. Beiträge zur vergleichenden Volkskunde. Leopold Kretzenbacher zum 60. Geburtstag, München 1973, S. 97–111

Brade, Christian, Die mittelalterlichen Kernspaltflöten Mittel- und Nordeuropas. Ein Beitrag zur Überlieferung prähistorischer und zur Typologie mittelalterlicher Kernspaltflöten. Göttinger Schriften zur Vor- und Frühgeschichte, Bd. 14, Neumünster 1975

Brenner, Wilhelm, Zur oberpfälzer Volksmedizin. Darstellung der sänitätlichen Volks-Sitten, Amberg 1861

Bringemeier, Martha, Mode und Tracht, Münster 1980

Brunner-Schubert, Lebensformen in mittelfränkischen Gemeinden. Untersuchungen und Analysen aufgrund des Antwortmaterials der Münchner Umfrage von 1908/9 und Nacherhebungen aus den Jahren 1970–1973, München 1974

Brückner, G., Das Nordfränkische Bauernhaus. In: Globus, Bd. 7, Hildburghausen 1865

Brückner, Wolfgang, Die Verehrung des heiligen Blutes in Walldürn. Veröffentlichungen des Geschichts-Kunstvereins Aschaffenburg, Bd. 3, Aschaffenburg 1958

Bucher, Anton von, Bairische Sinnenlust, bestehend in Welt- und geistlichen Komödien Exempeln und Satiren. 1782

Celtis, Konrad, De origine, situ, moribus et institutis Norimbergae libellus 1502

Christ, Hermann, Zur Geschichte des alten Bauerngartens der Schweiz und angrenzender Gegend, Basel 1922

Deneke, Bernward, Franz Zell als Sammler ländlicher Altertümer. Bayer. Jahrbuch für Volkskunde 1972–75, Volkach 1975, S. 116–125

Dick, Alfred, Zum Wilden Mann. Rede zur Eröffnung des Hauses Wilder Mann am Rathausplatz in Passau. 15. März 1985. Privatdruck

Dinklage, Karl, Fränkische Bauernweistümer, Würzburg 1954 (Siehe auch Werkmüller)

Dinzelbacher, Peter, Mittelalterliche Volkskultur, Skizze ihrer Forschungsproblematik und bibliographische Einführung. In: Jahrbuch der Oswald von Wolkenstein Gesellschaft, hrsg. von Hans Dieter Mück und Ulrich Müller, Bd. 3, 1984/85

Dietfurth, Franz Wilhelm Freiherr von, Fränkische Volkslieder aus dem Munde des Volkes gesammelt, 2 Bde., Leipzig 1855

Dietzfelbinger, Christoph, Kinder auf den illustrierten Flugblättern des 16. und 17. Jh. Ein Beitrag zur Geschichte des Alltags. Mag. Arb. 1983/84

Dipper, Ch., Die Bauernbefreiung in Deutschland, 1790–1850. Stuttgart 1980

Dollinger, Philippe, Der bayerische Bauernstand vom 9. bis 13. Jh. hrsg. von Franz Irsigler, München 1982

Doppelmayr, Friedrich Wilhelm, Zeichnungen und Skizzen nach der Natur aus den Gegenden des königlich bairischen Landgerichts Rosenheim. Hrsg. Eugen Weigl, Rosenheim 1982

Dülmen van (Hrsg.), Kultur der einfachen Leute, München 1983

Dünninger, Josef/Horst Schopf, Bräuche und Feste im fränkischen Jahreslauf, Kulmbach 1971

Ebner, Robert, Das Bruderschaftswesen im alten Bistum Würzburg, Würzburg 1978

Eichenseer, Adolf J., Volksgesang im Inn-Oberland, Rosenheim 1969

Eigler, Friedrich, Die Entwicklung von Plansiedlungen auf der südlichen Frankenalb. Studien zur Bayer. Verfassungs- und Sozialgeschichte Bd. VI, München 1975

Eisenbrand, Theodor, Ehehaltordnungen im Hochstift Eichstätt, Diss. Erlangen 1938

Elkar, Rainer (Hrsg.), Deutsches Handwerk im Spätmittelalter und früher Neuzeit. Göttinger Beiträge zur Wirtschafts- und Sozialgeschichte Bd. 9, Göttingen 1983

Emmerich, W., Zur Kritik der Volkstumsideologien, Frankfurt a.M. 1971

Epperlein, Siegfried, Der Bauer im Bilde des Mittelalters, Berlin 1975

Flügel, Dr., Volksmedizin und Aberglauben im Frankenwald, Kirchenlamitz um 1860

Freckmann, Klaus/Franz Wierschem, Schiefer, Schutz und Ornament, Köln 1982

Fried, Pankraz (Hrsg.), Die ländlichen Rechtsquellen aus den Pfalz-Neuburgischen Ämtern Höchstätt, Neuburg, Monheim und Reichertshofen vom Jahre 1585, Sigmaringen 1983

Frauendorfer, Sigmund von, Ideengeschichte der Agrarwirtschaft und Agrarpolitik im deutschen Sprachgebiet, Wien 1957

Frommer, Max, Vom Leben auf dem Lande, Stuttgart 1983

Gamerith, Anni, Lebendiges Ganzkorn. Neue Sicht zur Getreidefrage, Bad Goisern 1956

Gantner, Benno Constantin, Die Fischerei in Percha. In: Festschrift 1200 Jahre Percha 785−1985, Starnberg 1985, S. 33−41

Garve, Christian, Über den Charakter der Bauern, 1786

Grabner, Elfriede, Medizin im Spiegel der Volkskunde. Österr. Ärztezeitung, Sammlung der Titelblätter, Wien 1982

Gebhard, Torsten, Der Bauernhof in Bayern, München 2. Auflg. 1976

ders., Die Landschaftszeichnungen des Grafen Friedrich Casimir von Ortenburg (1591−1658), ein Beitrag zur Bildquellenforschung aus volkskundlicher Sicht. In: Bayer. Jahrbuch für Volkskunde 1983/84, S. 53 ff.

Gebhard, Torsten, und Helmut Sperber, Alte bäuerliche Geräte aus Süddeutschland, München 1978

Gensler, I. A., Geschichte des fränkischen Gaues Grabfeld. 2 Bde., Schleusingen 1802−1803

Genth, Karin, Trachten in Unterfranken, Würzburg 1982

Geremus, Wolfgang, Die Wiederaufbauformen der bäuerlichen Anwesen nach Ende des 30jährigen Krieges (ca. 1650−1800), dargestellt am Untersuchungsgebiet des Landkreises Coburg, Diss. Braunschweig 1969

Gerndt, Helge, Kultur als Forschungsfeld. Über volkskundliches Denken und Arbeiten, München 1981

Gillmeister-Geisenhof, Evelyn, Weissenburger Land, die Protestantische Tracht. Trachten in Bayern, Heft 3, München 1985

Gläntzer, V., Ländliches Wohnen vor der Industrialisierung. Münster in Westfalen, Münster 1980

Goertz, Hartmann, Mariechen saß weinend im Garten. 171 Lieder aus der Küche, München 1963

Goy, Barbara, Aufklärung und Volksfrömmigkeit in den Bistümern Würzburg und Bamberg, Würzburg 1969

Greiner, A., Lebensweise der Coburger Bürger und Bauern im 17. Jh., Coburg 1918

Greverus, Ina-Maria, Kultur und Alltagswelt, München 1978

Greverus, Ina-Maria, und Erika Haindl, Versuche, der Zivilisation zu entkommen, München 1983

Gribl, Albrecht A., Unser liebe Frau zu Dorfen. Kultformen und Wallfahrtsleben des 18. Jh., Dorfen 1981

Grueber, Bernhard, Der Bayrische Wald, Regensburg 1846

Gruner, Johann Gerhard, Historisch-statistische Beschreibung des Fürstentums Coburg, Coburg 1783

Habrich, Christa, Bayerische Volksmedizin als Gegenstand wissenschaftlicher Forschung. Jahrbuch des deutschen Medizinhistorischen Museums Nr. 4, Ingolstadt 1882/83

Hacquet, Philipp, Arzney und Chirurgie der Armen, oder Hausarzneybuch für die Bürger und Landman, Leipzig 1769

Haller, Reinhard, Berg- und hüttenmännisches Leben in der Hofmark Bodenmais 1580−1820, Zwiesel 1970

ders., Volkstümliche Schnitzerei, München 1981

ders., Herrgotten und Heilige. Volkstümliche Schnitzwerke in der Oberpfalz, Regensburg 1982

Hansen, Wilhelm, Hauswesen und Tagewerk im alten Lippe, Münster 1982

ders., Kalenderminiaturen der Stundenbücher. Mittelalterliches Leben im Jahreslauf, München 1984

Hansmann, Liselotte, und Lenz Kriss-Rettenbeck, Amulett und Talisman, München 2. Auflg. 1980

Harnisch, Felizitas, Die Erforschung der nordbairischen Mundart von den Anfängen bis 1980, Wiesbaden 1983

Hartinger, Walter, Bayerische Dienstboten auf dem Lande vom 16.−18. Jh. In: Zeitschrift für Bayer. Landesgeschichte 38 (1975), S. 598−638

ders., Denen Gott genad. Totenbrauchtum und Armeseelenglaube in der Oberpfalz, Regensburg 1979

ders., Rechtspflege und Volksleben. Zur Funktion des Rechts im absolutistischen Bayern. Festschrift für Karl Sigismund Kramer. Das Recht der kleinen Leute. Beiträge zur rechtlichen Volkskunde. Hrsg. von Konrad Köstlin und Kai Detlev Sievers, Berlin 1976, S. 50−68

Hartl, Maria, Häuslerleut. Vom Leben und Wirken einer Bauersfrau, München 1986

Haushofer, Heinz, Die Landwirtschaft im technischen Zeitalter, Stuttgart, 2. Auflg. 1972

Heckl, Rudolf, Das Einhaus mit dem Rauch. In: Oberösterr. Heimatblätter, Heft 3/4, Linz 1954

Heidrich, Beate, Fest und Aufklärung. Der Diskurs über die Volksvergnügen in Bayerischen Zeitschriften (1765−1815). Münchner Beiträge zur Volkskunde Bd. 2, München 1984.

Heidrich, Hermann, Die Ordnung des Wohnens. Familie und ländliche Kultur im 18. und frühen 19. Jh., Diss. Saarbrücken 1983

Hörger, Hermann, Kirche, Dorfreligion und bäuerliche Gesellschaft. Strukturanalyse zur gesellschaftsgebundenen Religiosität ländlicher Unterschichten des 17. bis 19. Jh., aufgezeigt an bayerischen Beispielen, Teil 2, München 1983

Hohberg, Wolfgang Helmhard, Georgica curiosa, Nürnberg 1682

Holzmann H., Heuziehen in Tirol. Festschrift zu Hermann Wopfners 80. Geburtstag, Innsbruck 1956

Horbelt, M., Siedlungsbild und Siedlungsentwicklung im Grabfeld, Heidelberg 1936

Hubbard, William H., Familiengeschichte, München 1983

Ilien, Albert, und Jeggle Utz, Leben auf dem Dorf. Zur Sozialgeschichte des Dorfes und zur Sozialpsychologie seiner Bewohner, Opladen 1978

Jäger, A., Briefe über die hohe Rhön, Fulda 1803

Kapfhammer, Günther, Brauchtum in den Alpenländern, München 1977

Kellenbenz, Hermann, Deutsche Wirtschaftsgeschichte, Bd. 1 1977, Bd. 2 1981

Ketsch, Peter, Frauen im Mittelalter, Düsseldorf 1983/84

Kiem, Pauli, Alte oberbayerische Volkslieder, München 6. Auflg. 1980

Knüttel, Barbara, Manns- und Weibskleider in unterfränkischen Nachlaßinventaren, Würzburg 1983

Kolb, Ägidius, Tischgebräuche in St. Peter nach dem Speisebuch um 1728. Studien und Mitteilungen zur Geschichte des Benediktinerordens und seiner Zweige, St. Ottilien 1982, S. 570−600

Kollnig, Karl, Die Weistümer der Zent Schriesheim, Stuttgart 1968

Kramer, Karl Sigismund, Fränkisches Alltagsleben um 1500. Eid, Macht und Zoll im Volkacher Saalbuch, Würzburg 1985

ders., Bauern und Bürger im nachmittelalterlichen Unterfranken, Volkach 1957

ders., Volksleben im Fürstentum Ansbach und seinen Nachbargebieten, Volkach 1961

ders., Volksleben im Hochstift Bamberg und Fürstentum Coburg, Volkach 1967

Kraus, Andreas, Bayerische Geschichte, München 1983

Kremer, Dominikus, Maineck. Geschichte eines hoffürstlich bambergischen Dorfes, Münsterschwarzach 1983

Kretzenbacher, Leopold, Kettenkirchen in Bayern und Österreich. Abhandlungen der Bayer. Akademie der Wissenschaften, philos. hist. Klasse 1977, 1

Kriechbammer, Jakob, Medizinische Topographie des Landgerichtsbezirkes Tölz 1806. In: Beiträge zur isarwinkler Heimatkunde Bd. 1, Tölz 1985. Hrsg. Joseph Katzemeyer

Kriss, Rudolf, Die Volkskunde der altbayerischen Gnadenstätten, München-Pasing 1955

ders., Sitte und Brauch im Berchtesgadener Land, München-Pasing 1947

Kriss-Rettenbeck, Lenz, Bilder und Zeichen religiösen Volksglaubens, München 2. Auflg. 1971

ders., Ex Voto. Zeichen und Abbild im christlichen Votivbrauchtum, Zürich−Freiburg im Breisgau 1972

Kriss-Rettenbeck, Lenz, und Gerda Möhler (Hrsg.), Wallfahrt kennt keine Grenzen. Themen zu einer Ausstellung des Bayerischen Nationalmuseums und des Adalbert Stifter Vereins München, München 1984

Kuczynski, J., Geschichte des Alltags des deutschen Volkes, I, Berlin 1980

Küster, Jürgen, Wörterbuch der Feste und Bräuche im Jahreslauf, Freiburg im Breisgau 1985 (Herderbücherei Nr. 1177)

Kuhn, O., Geologie von Bayern, München 1954

Lammert, Gottfried, Geschichte der Seuchen, Hunger- und Kriegsnot zur Zeit des 30jährigen Krieges, Wiesbaden 1890

ders., Volksmedizin und medizinaler Aberglauben in Bayern

und den angrenzenden Bezirken, begründet auf der Geschichte der Medizin und Kultur, Würzburg 1869

Lang, Karin Helga, Die Wallfahrten im Altlandkreis Kaufbeuren, 2 Bde., Zulassungsarbeit für das Lehramt an Grundschulen, Augsburg 1982

Lechner, Josef, Bäuerliches Leben und Arbeiten in Rehling und im nordwestlichen Aichacher Land um die Jahrhundertwende, Frankfurt/Main 1983

Lehmann, Siegfried, Bäuerliche Symbolik. In: Symbolon Bd. 8, Basel 1967/68

Liebenau, Theodor von, Geschichte der Fischerei in der Schweiz, Bern 1897 (betrifft auch Bodensee)

Lipp, Franz Carl, Goldhaube und Kopftuch, Linz 1980

Lonicer, Adam, Volksständiges Kreutterbuch von allen Erdgewächs, Augsburg 1783/84

Maier, Gerhard, Die Antlasschützen-Kompanie Lenggries. Festschrift zur 350sten Jahresfeier am 7./8. August 1982, Miesbach 1982

Mann, Harald Johannes, Die barocken Totenbruderschaften. In: Zeitschrift für Bayerische Landesgeschichte 1976, S. 127−151

Marcellus (Empiricus), siehe Niedermann, Max

Martin, Peter, Ralf, Vogeding, Konrad Bedal, Hirten, Schäfer und arme Leute. Die Schäferei aus Hambühl und ihre Bewohner, Bad Windsheim 1984

Marzell, Heinrich, Neues illustriertes Kräuterbuch, Reutlingen 1923

ders., Wörterbuch der deutschen Pflanzennamen, 5 Bde., Leipzig (1937), 1943−1958

Meier-Oberist Edmund, Kulturgeschichte des Wohnens im abendländischen Raum, Hamburg 1956

Meiners, Uwe, Die Kornfege in Mitteleuropa. Wort- und Sachkundliche Studie zur Geschichte einer frühen landwirtschaftlichen Maschine, Münster 1983. Siehe auch Moser, Oskar

Mestemacher, Jürgen Heinrich, Altes bäuerliches Arbeitsgerät in Oberbayern, München 1985

Metz, Martin, Die medizinischen Denkmale der Landkreise Bad Tölz−Wolfratshausen, Diss. med. LMU München 1979

Meise, Hans, So backt der Bauer sein Brot, Bielefeld 1959

Meyer-Heisig, Erich, Die deutsche Bauernstube, Nürnberg 1952

Mitterwieser, Alois/Torsten Gebhard, Geschichte der Fronleichnamsprozession in Bayern, München 1949

Mitzka, Walther, Deutsche Bauer- und Fischerboote, 1933

ders., Volkskundliche Verkehrsmittel zu Wasser und zu Lande. In: Wilhelm Pessler (Hrsg.), Handbuch der deutschen Volkskunde III, Potsdam o.J., S. 1−17

ders., Deutsche Mundarten, Heidelberg 1943

Möser, Justus, Patriotische Phanthasien, Berlin 1778

Mollat, Michel, Die Armen im Mittelalter, München 1984

Montanus, Die deutschen Volksfeste, Volksbräuche und deutscher Volksglaube, Iserlohn 1854−58

Moser, Georg, Studien zur Dialektgeographie des Staudengebietes und des anstoßenden Lechrains, Marburg 1936

Moser, Hans, Chronik von Kiefersfelden, Rosenheim 1959

ders., Volksbräuche im geschichtlichen Wandel, München 1985

Moser, Oskar, Materialien zur Geschichte und Typologie der Getreidewinde (Kornfege), Wien 1984

Münster, Robert, Volksmusik in Bayern. Ausstellungskatalog München 1985

Most, Georg Friedrich, Encyclopaedie der Volksmedicin, Leipzig 1843, Graz 1973

Münsterer, Hanns Otto, Amulettkreuze und Kreuzamulette. Studien zur religiösen Volkskunde, Regensburg 1983

Müller, Heiner, Die Umsiedler oder das Leben auf dem Lande, 1975

Niedermann, Max Marcellus (Empiricus), De medicamentis Corp. med. lat., Bd. V, Berlin, 2. Aufl. 1968

Niethammer, Lutz, Wohnen im Wandel, Wuppertal 1979

Panzer, Friedrich, Bayerische Bräuche und Sagen. Beitrag zur deutschen Mythologie, 2 Bde., München 1848

Petzold, Leander, Heinrich, Plempe, Bibliographie zur Ikonographie und materiellen Kultur des Wallfahrtswesens, Freiburg i. B. 1972

ders., Volkstümliche Feste, München 1983

Phayer, E. M., Religion und das gewöhnliche Volk in Bayern in der Zeit von 1750 bis 1850, München 1978

Pieper, Josef, Über das Phänomen des Festes, Köln 1963

Rall, Hans, Zeittafel zur Geschichte Bayerns, München 1974

Rammelmeier, Spiel und Spielzeug des Nordgaukindes, 1932

Rassem, Mohammed, Die Volkstumswissenschaft und der Etatismus, 2. Auflg. 1978

Reiter, Robert, Waschen und Wäschepflege im Coburger Land, Coburg 1982

Ritz, Gislind/Oskar von Zaborsky, Die Tracht in der Oberpfalz, 2 Bde., Kallmünz 1985

Röhrich, Lutz, Lexikon der sprichwörtlichen Redensarten, 2 Bde., Freiburg, Basel, Wien 1974

Rösener, Werner, Bauern im Mittelalter, München 1985

Rosenfeld, Helmut, Bauernkalender und Mandlkalender als literarisches Phänomen des 16. Jh. etc. Gutenberg-Jahrbuch 1961

ders., Kalender, Einblattkalender, Bauernkalender und Bauernpraktik. In: Bayer. Jahrbuch für Volkskunde, München 1962, S. 7—24

Roth, Elisabeth, Hösbach, Geschichte und Gegenwart eines Dorfes vor dem Spessart, Hösbach 1983

Rumpf, Max, Religiöse Volkskunde, Stuttgart 1933

Sandberger, Adolf, Altbayerische Studien zur Geschichte von Siedlung, Recht und Landwirtschaft, München 1985

Saupe, Heinrich Albin, Der Indiculus superstitionum et paganiarum, Leipzig 1891

Schäffer, Jakob Christian Gottlieb, Versuch einer medicinischen Ortbeschreibung der Stadt Regensburg, Regensburg 1787

Scheck, Wolf/Ernst Schusser, Volksmusik in Oberbayern. Herausgegeben vom Bezirk Oberbayern, München 1985

Schelbert, Joseph, Das Landvolk des Allgäus, Kempten 1873. Neubesorgt von Ägidius Kolb und Erich Kohl, Kempten 1983

Scheyer, Walter, Die Dorfverfassung der Gemeinden im Bereich des ehem. Hochstifts Würzburg, Neustadt/Aisch 1976

Schiller, Rainer, Der gemeine Hirte... In: Altnürnberger Landschaft, Bd. 18, Nürnberg 1973

Schlicht, Josef, Bayrisch Land und Bayrisch Volk, München 1875

Schlögl, Alois, Bayerische Agrargeschichte, München 1954

Schmeller, Johann Andreas, Die Mundarten Bayerns, München 1821

ders., Bayerisches Wörterbuch, 4. Neudruck mit Vorwort von 1961 von Otto Basler, München 1983

Schödel, J., Die Mundart des Rezat-Altmühlraumes. Erlanger Beiträge zur Sprach- und Kunstwissenschaft, Nürnberg 1962

Schönwerth, Franz, Aus der Oberpfalz. Sitten und Sagen, Augsburg 1857—1859

Schremmer, Ernst, Die Wirtschaft Bayerns vom hohen Mittelalter bis zur Industrialisierung, München 1970

Schwanitz, Franz, Die Entstehung der Kulturpflanzen, Berlin, Göttingen, Heidelberg 1957

Schwarz, Ernst, Sprache und Siedlung in Nordostbayern, Erlangen 1960

Schwemmer, Wilhelm/Konrad Längenfelder (Hrsg.), Altnürnberger Landschaft um 1759. 70 Kupferstiche von C. M. und M. Roth um 1750, Nürnberg 1972

Seemüller, J. (Hrsg.), Seifried Helbling, Wien 1886

Singer, Friedrich Wilhelm, Sechsämterischer Kloaida-Schrank (3 Teile), Arzberg 1979, 1980 (3 Teile)

Seymour, Joan, Das große Buch vom Leben auf dem Lande, Ravensburg o. J.

Sohnrey, Heinrich (Hrsg.), Kunst auf dem Lande, Berlin 1905

Sperber, Helmut, Die Entwicklung der Pflugformen in Altbayern vom 16. Jh. bis zur Mitte des 19. Jh., Diss. München 1977

ders., Pflüge, Eggen, Ackerwalzen. Schwere Ackergeräte aus Bayern und den Ostalpen, München 1980

Spindler, Max, Handbuch der bayerischen Geschichte, 6 Bde., München 1984, bes. Bd. IV

Stark, Werner, Die Straße. Eine soziologische und sozialhistorische Untersuchung, Köln 1959

Stoffel, Felix, Die Fischereiverhältnisse am Bodensee, Bern 1906

Stutzer, Dietmar, Wohl gewachsen, munter von Gebärden. Leben in Churbaiern, Rosenheim 1979

Tauber, J., Herd und Ofen im Mittelalter. Untersuchungen zur Kulturgeschichte der Nordwestschweiz. Schweizer Beiträge zur Kulturgeschichte und Archäologie des Mittelalters, Bd. 7, Olten 1980

Teuteberg, H. J. und G. Wiegelmann, Der Wandel der Nahrungsgewohnheiten unter dem Einfluß der Industrialisierung, Göttingen 1972

Thoma, Annette, Bei uns, Rosenheim 1974

Trukenbrod, Klaus, Dialektgeographie des Obermainraumes und der nördlichen fränkischen Schweiz, Kulmbach 1973

Uhlig, Otto, Die Schwabenkinder aus Tirol und Vorarlberg. Innsbruck/Stuttgart 2. Auflg. 1983

Utz, Hans J., Wallfahrten im Bistum Regensburg, München, Zürich 1981

Veröffentlichungen des Instituts für mittelalterliche Realienkunde Österreichs, Nr. 6: Die Erforschung von Alltag und Sachkultur des Mittelalters, Wien 1984

Vierhaus, R., Der Adel vor der Revolution, Göttingen 1971

Volkert, Wilhelm (Hrsg.), Handbuch der bayerischen Ämter, Gemeinden und Gerichte 1799—1980, München 1982

Waas, Adolf, Die große Wendung im deutschen Bauernkrieg, München 1939

ders., Die Bauern im Kampf um Gerechtigkeit 1300—1525, München 1964

Wabro, Gustav, Der Ostalbkreis, Stuttgart 1978

Wagner, Eberhard, Vom Aberglauben in Franken, Nürnberg 1973

Walther, Paul, Schwäbische Volkskunde, 1929; unveränderter Neudruck 1980

Weber-Kellermann, Ingeborg, Frauenleben im 19. Jh., München 1983

Weitnauer, Alfred, Tracht und Gwand im Schwabenland, Kempten 1957

Wenskus, R. H., Wort und Begriff Bauer, Göttingen 1975

Werkmüller, Dieter, Über Aufkommen und Verbreitung der Weistümer, Berlin 1972

Werner, Otmar, Die Mundarten des Frankenwaldes. Schriften des Instituts für fränkische Landesforschung an der Universität Erlangen, historische Reihe Bd. 10, Kallmünz 1961

Wiegelmann, Günter (Hrsg.), Geschichte der Alltagskultur, München 1980

Will, Christoph, Die Korbflechterei, Schönheit und Reichtum eines alten Handwerks. Material, Technik, Anwendung, München 1983

Wimmer, Erich, Studium der Volkskunde in Bayern. Ethnologia Bavarica, Heft 12, Würzburg, München 1986

Wimmer, Josef, Die socialen und volkswirtschaftlichen Zustände des königlichen Landgerichtes Eggenfelden 1858, Landshut 1862; Neudruck Anstorf 1969

Wimschneider, Anna, Herbstmilch. Lebenserinnerungen einer Bäuerin, München 1984

Wirleitner, Franz, Bauernkost im Lande Salzburg, Salzburg 1951

Wiswe, Hans, Kulturgeschichte der Kochkunst, München 1970

Wohlhaupter, Eugen, Hoch- und Niedergericht in der mittelalterlichen Gerichtsverfassung Bayerns, Heidelberg 1929

Yermoloff, Alexis, Die landwirtschaftlichen Volkskalender. Die landwirtschaftliche Volksweisheit in Sprichwörtern, Redensarten, Wetterregeln, Leipzig 1905

Zaborsky, Oskar von, Im alten Waldlerhaus. Bayer. Jahrbuch für Volkskunde, München 1952, S. 25−33

ders., Hinterlassenschaftsinventare aus dem Bayerischen Wald. Bayer. Jahrbuch für Volkskunde, München 1956, S. 10−14

Zell, Franz, Bauernkalender vom Jahre 1548. In: Volkskunst und Volkskunde II, München 1904, S. 1 f.

Zull, Gertraud, Das Bild vom Dienstmädchen um die Jahrhundertwende, München 1984

Register

Bildnachweis

(Museumsfotos werden nicht eigens vermerkt)

S. 27 Luftbild-Bertram, München-Riem, Freigabe Reg. v. Obb. G 4/1.
S. 31 Bayerisches Landesamt für Denkmalpflege
S. 35/36 Zeichnungen von Albrecht Bedal
S. 37, S. 40 Bayerisches Landesamt für Denkmalpflege
S. 42 Zeichnungen von Albrecht Bedal
S. 46 oben Hist. Verein Bad Tölz
S. 82 Walter Endrei, Budapest

S. 89/90 oben, S. 91 rechts, 93 oben, 94 alle Bayerisches Landesamt für Denkmalpflege
S. 97 Claus Hansmann, Stockdorf
S. 107 Staatsbibliothek Augsburg
S. 126 unten P. E. Rattelmüller
S. 131 Stefan Hirsch
S. 132 Erika Groth-Schmachtenberger, Murnau
S. 134 Fränk. Schweiz-Verein, Ebermannstadt
S. 142, S. 145 P. E. Rattelmüller
S. 147 Lala Aufsberg, Sonthofen